新しい教育の原理

変動する時代の人間・社会・文化

今津孝次郎
Kojiro Imazu

馬越徹
Toru Umakoshi

早川操
Misao Hayakawa

編

名古屋大学出版会

新しい教育の原理

目　　次

はじめに 1

I
変動する時代の人間と教育

第1章　人間像のゆらぎと教育 …………………………………… 10

はじめに　10
1．新しい時代に生きる人間像　12
2．越境型人間を育成するための教育　16
3．越境型共同体を築くための教育の課題　21
おわりに　25

第2章　社会の変容と学校教育 …………………………………… 27

はじめに　27
1．学校の歴史　28
2．日本における近代教育制度の発展　31
3．現代社会と近代学校教育制度　34
4．学校教育における教師の役割　38
おわりに　43

第3章　揺れる知識観と学力への問い …………………………… 46

はじめに　46
1．総合的な学習による「生きる力」の育成　49
2．アメリカ教育改革の動向と質的な知識観　50
3．探究学習の可能性　57
おわりに　60

第4章　価値の相対化と道徳教育 …………………………62

　はじめに　62
　1．価値相対化と現代人の不安　62
　2．倫理的価値の探究　65
　3．日本の道徳教育　71
　4．現代における倫理・道徳教育の可能性と課題　74
　おわりに　78

第5章　生涯学習という考え方 ……………………………80

　はじめに　80
　1．生涯学習概念の登場とその定着　81
　2．生涯を通した「学び」への転換——成人期の成長とは　88
　3．生涯学習社会における新たな人間像と学び　93
　おわりに　97

II
新たな社会関係と教育

第1章　学校教育とその機能不全 …………………………100

　はじめに　100
　1．学校に期待されている機能とは　101
　2．「教育病理」論の登場と衰退　105
　3．個人を優位に据える思想の危うさ　109
　4．学校教育をめぐるどの部分に「病理」があるのか　113
　おわりに　116

第2章　メディア革命と情報教育 …………………………118

　はじめに　118

1. メディア革命とは何なのか　119
2. 情報教育の誕生と変遷　121
3. 情報社会の光と影——情報教育の課題　125
4. 情報教育の未来——生涯学習社会に向けて　128
おわりに　130

第3章　ジェンダーと教育　133

はじめに　133
1. 機会の平等と結果の不平等　134
2. 性役割の社会化と隠れたカリキュラム　137
3. 性差を生み出す学校　141
4. ジェンダー・フリー教育の可能性　145
おわりに　147

第4章　社会のなかの学校とその改革　149

はじめに　149
1. 英米での新自由主義的教育政策　152
2. 日本での展開　153
3. 背景と特性　156
4. 改革は何をもたらすのか　158
おわりに　162

III 教育文化の再構築に向けて

第1章　教育制度の再構築　166

はじめに　166
1. 近代教育制度の光と影　167

2．教育制度改革の課題と方向性　170
　　3．新しい教育制度構築に向けての検討課題　176
　　おわりに　183

第2章　新しいカリキュラムと学力観の転換 ……………………………185
　　はじめに　185
　　1．カリキュラム研究と学校カリキュラム　186
　　2．現行の学習指導要領の特徴　189
　　3．新しい学力観とその育て方　191
　　4．学力観の相違と「学力低下」問題　196
　　おわりに　198

第3章　国民教育と市民教育 ……………………………………………200
　　はじめに　200
　　1．二つの国民理解　200
　　2．歴史教育は国民を越えられるか　203
　　3．政治教育の可能性　210
　　おわりに　216

第4章　新時代の宗教教育 ………………………………………………219
　　はじめに　219
　　1．日本における近代学校制度と宗教　220
　　2．第二次大戦後の日本における宗教と教育　222
　　3．諸外国における宗教と教育　228
　　4．宗教と教育をめぐる新動向　234
　　おわりに　239

第5章　グローバル時代における多文化共生教育 ……………………241
　　はじめに　241
　　1．多文化化する子どもたち　242

2．学校教育の現状——ニューカマーの子どもの場合　243
3．行き悩む子どもたち　245
4．グローバル時代における日本の学校の選択　248
5．多文化共生教育の構想　253
おわりに　258

あとがき　261
索　　引　265

はじめに

　わが国の社会は，高度経済成長を遂げたあとの成熟段階に入り，ここ十数年のあいだに世界的な規模での高度情報化や市場経済化の影響を受けて，いまだかつてなかったほどの大きな社会的・文化的変動に直面している。しかも，わが国は世界の国々の中でももっとも急速に少子高齢社会に突入し，グローバル経済のなかに取り込まれて，教育も明治以来の「量的」整備充実から「質的多様化」に向けて大きく舵を切り替えることを求められている。それに呼応して，現在の教育改革は，国家レベルから地方自治体レベルにいたるまで矢継ぎ早に進行している。

　ここ数年における教育改革の具体的な事例についてあげてみても，教育基本法の見直し，6-3-3 制の再検討，学校選択制度の実施，中・高一貫教育，21 世紀 COE プログラム，特色ある大学教育支援プログラム（特色 GP），現代的教育ニーズ取組支援プログラム（現代 GP），週 5 日制にともなう 3 学期制の見直し，総合的な学習・情報教育・英語教育などを含めたカリキュラム改革，スーパーサイエンス・ハイスクールやスーパーラングエージ・ハイスクールなどの英才教育，絶対評価の導入，習熟度別学習指導，キャリア教育の充実，民間人校長や職員評価の導入，など枚挙に暇がない。時代の変化や社会の変動に対応するため，教育改革のさまざまな方策が導入・実施されるなか，教育関係者や保護者には目先の個々の動きに振り回されない大きな視野と将来の見通しをもった確かな見取り図を描くことが求められている。

では，21世紀の教育についてのビジョンや視座を構築するにはどうしたらよいのか。そのためには，教師をめざす若い学生だけでなく，戸惑いながらも教育実践に打ち込む現職教員や教育行政関係者，さらには変動する時代の教育に関心を寄せる保護者や一般市民にも参考となるようなテーマや話題に積極的に取り組む必要がある。新たな教育の方向性を示すためには，変動する時代における教育の課題や問題を「人間・社会・文化」という幅広い観点から奥深い洞察でもって解明する議論に基づかなければならない。時代が変動し社会が変貌を遂げようとしているからこそ，ゆらぎの構図を解読し，そのゆれ幅の範囲を調べ，何がゆらぎの原因となっているのかを探究しなければならないのである。それを自分で読み解いて新たなビジョンを構築し，みずからの選んだ教育や学習を追究していく。本書は，そのような課題に向き合うための指針となるように構成されたものである。

本書のねらいと視点

 本書は，21世紀の変動する社会・文化環境下における人間形成の問題と課題をさまざまな角度から読み解くことによって，未来の教育においても大きな役割を果たす学校教育のあり方や課題について幅広い視野から検討することをねらいとする。そのさい，時代の流れを踏まえたうえで教育の問い直しを求める視点，社会・文化との関連で人間形成や教育を幅広く捉える視点，国際化との関連で教育を考察する視点，を重視している。

 第一に，今後の教育のあり方を考えるために，ここ十数年の間に展開されてきた社会変動の激しさ・速さ・深さを十分認識したうえで，われわれ日本人の生活の変化，世代間の考え方や生き方のずれや葛藤を読み込んで検討してみたい。

 世界的な規模での社会変化の影響は，あらゆる世代にみられる生きることの難しさに現れてきている。わが国では，フリーターやニートに代表されるように，何をしていいかわからず浮遊して将来の生活に見通しがもてない若者の増加が社会問題視されている。成人は変化する社会に戸惑い傷ついて，社会人と

しての自信がゆらいでいる。世代間の価値観や考え方の落差があまりにも大きくて，大人のなかには子どもや若者を育てることに戸惑いをみせる者も多い。児童虐待などのように，子どもを育てることの難しさを感じている親も多い。教育はさまざまな方策でもって，あらゆる世代の人々に生きることの支援をすることが求められている。

　学校教育においても，ステレオタイプ化されたジェンダー観がもたらすさまざまな影響についての研究が近年進められている。性差に基づいた不平等の生産・再生産は，知らないうちに家庭や学校で日常的に行われている。親子関係や教師・生徒関係にひそむ無意識のジェンダー観によって，生きることに問題や障害をもたらすことがあれば，それを解読して変えていかなければならない。男性や女性であるという属性のせいで，生きることに不自由を生みださないような教育実践のあり方が求められている。

　成人にとっても，新しい時代の変化によって，みずからが学んだ知識や身につけた生き方にゆらぎが生じている。時代やライフスタイルの変化とともに，成人も新しい知識を学び続けることによって，みずからの生き方を考えることが求められている。成人も，ゆらぎのなかで一定の方向性を見つけるために，さまざまな生涯学習の機会を利用して，みずからの生きがいを発見し続けなければならない。現在では，人間のアイデンティティは生涯にわたって創られるという考え方も普及しはじめ，成人や高齢者の自己実現のための学習や尊厳ある生き方の支援に努力が注がれている。子どもや若者だけでなく，成人にとっても意味ある人生を実感できる教育・学習のあり方が求められており，変動する社会にあって教育がどのような指針や方向性を指し示せるかが問われている。

　第二に，この四半世紀の間に教育についての考え方が大きく変化したため，教育の新たな役割や新たな領域の広がりについても考慮してみたい。

　現在でも教育といえば学校教育が中心的な役割を占めることはいうまでもないが，現代の教育改革では学校に関しても新たな役割や制度形態が次から次へと要求されている。総合的な学習に代表されるように，生きる力を育てるような新たな教育観が，従来のテストスコアによって測定される「学力」中心の伝統的な教育に一石を投じようとしている。それにつれて，これまでは慎重に取

り扱われてきた習熟度別学習指導，絶対評価，飛び級などにみられる英才教育などが一部の学校で実施され，画一的と批判されてきた平等主義的な教育に変化をもたらしはじめている。さらに，学校選択，6年制中等教育学校，民間人校長などの導入によって，学校教育制度や運営にも多様なあり方が求められるようになってきた。教育基本法の見直しについても検討されるなか，学校は新たな役割を担うとともに，大きな転換点を迎えている。

　また，若い世代の価値観の急速な変化にともなって，大人の世代が当然視している価値観や倫理観が通用しないことも多く，道徳教育も新たな対応を求められている。学校教育においても，何を指針として道徳を教えるのかが問われている。同様に，政治教育や宗教教育はこれまで公教育では避けられてきた課題であったが，学校で学ぶ中立的客観的な知識だけでは対処できない，日常生活のなかの政治的・宗教的な問題がある。世界の国々では学校や社会においてどのような政治教育や宗教教育を展開するのかが共通の課題となっている。学校も，知識についてだけでなく価値についての教育を避けて通れない時代が到来した。

　新たな教育的課題からの挑戦を前にして，子どもや若者を教え育てる親や教師は，重層的で入り組んだ諸課題に立ち向かうことが求められている。親にとっては，学校選択，ゆとり教育のなかでの子どもの学力向上，コミュニティスクールにみる学校への参加と協力の要請など，新たな教育に対応することが求められるようになってきた。教師にとっても，教科の学習指導，生活指導，道徳教育のほかにも，総合的な学習，心の教育，生きる力の育成など，教育学・心理学・社会学の専門知識を駆使した新たな教育力が期待されている。学校教育に求められる新たな社会的要請は，学校のシステムや機能そのもののあり方を考え直すことをも求めている。

　第三には，新しい時代の教育を考えるにあたって，国際的な視点の導入が重要である。現在，世界の多くの国々で教育改革が進行中で，教育においても，競争・効率・自己責任などを中心とした市場主義原理の導入が共通の課題となっている。わが国でも，ゆとりや生きる力を重視する日本特有の教育が展開されるなかで，テストスコアで評価される従来の学力観に基づいた教育との葛藤

が指摘されている。アメリカでは，わが国と逆の方向性をもった基準中心の学校改革が進展しており，テストスコアによる学校教育の評価が展開されている。わが国でも，学校間における卓越した教育追求のために一部の地域では学校選択が実施され，親や子どもから選択してもらうために校長や教師も競争を余儀なくされている。現在では，国際化に対応するために小学校の段階からの英語教育導入も計画されている。高校では，スーパーサイエンス・ハイスクールなどのように科学技術の最先端を学習する若者を育てようとしている。高等教育においても，世界に通用する大学づくりのための改革が進んでおり，優れた教育研究を推進するために21世紀COEプログラム，特色GP・現代GPなどのプログラムが実施されている。国際化の名の下に，教育の領域においても競争が広がりつつある。

　国際化のインパクトは，競争と同時に，多様な文化・民族・宗教をもつ人々との共生という課題も投げかけている。わが国に在住する外国人や異なる文化圏で教育を受けた人々にたいして，日本の社会や文化への適応を求めるだけでなく，彼らの文化や伝統を受け入れて互いに交流しあって学ぶことも必要である。異なる文化に育った人々が互いに交流しあうなかで，自文化によって当然視されてきたものを改めて問い直し再構築していく態度を身につけていくことができる。異文化との接触から学ぶ態度は新しい自己形成のチャンスでもあり，そのためにも若い時期から多様な文化に接するような教育が求められている。国際化が投げかけている異文化との共存という課題は，学校だけでなく社会のさまざまな状況にも影響が及んでいる。

　新しい時代の流れのなかで，日本独自の教育システムの維持とともに，世界に通用する学校教育あるいはワールド・クラスの教育システムづくりが求められている。本書では，世界の教育文化との比較をつうじて多様なビジョンや選択肢を視野に入れ，複眼的かつ重層的な教育・学習のシステムのあり方を探求したい。

本書の構成

　本書は，3部から成っている。第Ⅰ部は5章から構成され，教育と人間形成の基本問題を解明している。第1章では，現代における人間形成の課題を越境交流の観点から考察する。第2章では，学校教育の歴史的展開と教師の役割について述べる。第3章では，新たな知識観とそれに基づいた学習や学力のあり方を探究する。第4章では，新しい倫理的価値の追求と道徳教育の行方について検討する。第5章では，生涯学習の発展と生涯にわたる自己形成のための学びを提案する。

　第Ⅱ部は4章から構成され，教育と社会のかかわりについての基本的な課題を検討している。第1章では，学校が抱える問題を機能不全というアナロジーを手がかりにして，学校教育の課題について解明する。第2章では，メディア革命の意義を考えることによって情報教育の課題を検討する。第3章では，学校教育における性差の生産・再生産に焦点を当てて，ジェンダー・フリーの教育の可能性を追求する。第4章では，市場原理の導入がもたらした教育政策の課題を浮き彫りにし，現代の教育改革の行方を検討する。

　第Ⅲ部は5章から構成され，国際的な視点をまじえて新しい教育文化の構築について提案する。第1章では，現在進行中の教育改革を包括的な視点から検討することによって，新たな教育システムづくりの可能性を提示する。第2章は，わが国のカリキュラム研究に基づいて，総合的な学習・個性重視の教育・学力低下について論じる。第3章は，わが国とドイツの歴史教育を手がかりに，政治教育の課題として国民教育から市民教育への転換の可能性について検討する。第4章は，世界の宗教教育を検討するなかで，多文化社会化するわが国における宗教と教育をめぐる課題について考察する。最終章の第5章では，わが国の学校に学ぶ多文化化する子どもたちの教育を調べるなかで，グローバル時代における多文化共生教育の可能性について追求する。

　以上のような構成により，本書は，新しい時代の流れをつかむ新鮮な感性，多様な視座との対話を通じて幅広く思考する態度，さまざまなビジョンに積極

的に関与して新たな共同体を構築する行動力などの育成についての提案を行う。それによって，これからの教育のあり方を考え，その具体的実践に取り組む人々に求められる基本的態度や考え方の形成に役立つことを期待したい。将来の教育者をめざす若者や教育を通じて人間・社会・文化のあり方を考えようとする人々のために，その基本的視点を提供できれば幸いである。

今津 孝次郎・馬越 徹・早川 操

I
変動する時代の人間と教育

I-1 人間像のゆらぎと教育

はじめに

　20世紀はじめ，スペインの哲学者オルテガ・イ・ガセットは，かつての栄光を失って没落したスペインを目の当たりにしてその原因を考えた。彼が見いだした原因は二つである。一つは，世界の富を集めたおかげで豊かになったスペインでは，努力して働かなくても暮らせることであった。そのような生活は，昔から貴族階級にだけ許された特権であった。それが多くの大衆の手に入ったのである。しかし，豊かな社会には，物質的に満ち足りた生活とともに，「なまけぐせ」がついてしまうという落とし穴があった。もう一つの原因は，そこから生まれてくるものであった。それは，みずから努力して働くことをやめて，満足しきって甘やかされた人間の登場であった。オルテガは，このような大衆を「月光貴族」と呼んだ（オルテガ，1989）。彼らは，手にはいるものはなんでも楽しむことのできる存在であるが，暗闇が迫ってくるなかで青白い光を美しく反射させて輝くだけのひ弱な存在であった。彼らの特徴は，見た目には美しいがみずからの力で輝くことができないことにある。その意味では，月光貴族は没落しつつある社会に似つかわしい存在であり，これからもみずからの力で輝こうとする「太陽貴族」を横目で見ながら最後の豊かさを楽しんでいる人々である。

　21世紀を迎えたわが国の社会や教育のゆくえを考えたとき，オルテガの警

告は他人事と思えないものがある。20世紀後半には絶頂期にあった豊かな社会を経験し，今もなおその繁栄の照り返しを楽しんでいる人間にとって，オルテガの批判は不吉な予言と響く。経済的繁栄とともに，「なんでもあり」と呼ばれる日本版ポストモダン的生き方や考え方の広がりによって，若者や子どもだけでなく成人も，目の前に広がる華やかで多様な選択肢にとまどいを見せている。現代では，より多くの欲望をもつことは美徳であるように映る。それにくわえて，われわれの社会は人を暖かく包み込み平等に扱うことを理想としてきた「母性社会」であり，人間関係においては過保護とも思えるほど甘えを許してきた依存的な社会であるといわれてきた（河合，1995）。甘やかされた社会に豊かさがもたらされたことで，この社会は，何でもあるが何もほしくない世代をも生みだした。何をしていいかわからない自己拡散型の若者が増加する一方，他方では，対人関係に入っていけず友人をつくれない閉じこもり型の若者や子どもが増えてきたことは周知の事実である。

　日本の社会は新たな時代を迎えて停滞するのか，それとも活性化されるのか。学校教育や家庭教育を中心としたわが国の教育システムは，さまざまな課題を解決するための方向性を示すことが期待されている。20世紀は教育の可能性が追求された時代であったとともに，社会の病理や人間の諸問題の「万能薬」とはなれないことが指摘された時代でもあった。現在では，今後の教育のあり方をめぐって多くの提案が示されているが，改革のための基本原則は，わが国の伝統や現状を十分ふまえたうえで諸外国の教育改革の動向から学べるものを摂取する開かれた方向性をもつことであろう。われわれは，わが国の伝統にねざした教育の特徴やこれまでの教育の成果をふまえたうえで，新しい時代や社会の要請に応えるための教育のあり方を考えなければならない。

　たとえばわが国における教育文化の特徴の一つとして指摘されてきた「雑種性」に可能性の一端を見ることもできよう（加藤，1974）。そこには，これからの時代に必要とされる多様性・重層性・複合性が見いだせる。それは，みずからの文化的伝統にグローバルな動向を織り込み，伝統に根ざした考え方に新たな時代の発想を融合させる実験的試みを受け入れる可能性をもっている。

　現在，硬直した平等主義がもたらした教育システムを打開するために競争中

心の市場主義原理が導入されようとするなか，生徒間の学力格差がますます広がっていることが指摘されている。他方，画一的で受動的になった教育内容や方法を活性化するために，多様で能動的な学習内容や方法が組み込まれようとしている。このように，現在の教育改革のエネルギーは，多様な方面へと広がろうとしている。まさに 21 世紀は，わが国の教育の地平を広げる可能性に挑戦状が突きつけられている状態であるといえよう。

1．新しい時代に生きる人間像

（1）教育改革の時代

　1980 年代中頃から始まった現在の教育改革は，21 世紀に入ってその具体的な姿が明らかになってきた。その特徴を簡潔に述べるならば，それは多様な教育実践を試みて競争するなかで，個性的で卓越した教育成果を達成する改革である。そのような教育成果を促進するために現在採用されている方策が，いわゆる市場原理に基づいた規制緩和・競争・財政援助である。これによって，教育の世界においても優れた教育プログラムを実現するために「なんでもあり」的状況が出現してきている。やがてそれらが役に立つか，具体的な成果を達成できたかによって評価される時期が訪れるだろう。さまざまな教育改革への取り組みによって，全国津々浦々どこの学校に行っても同じカリキュラム・同じ指導方法で教えられていて，画一的で変わりばえのしない教育が支配している日本の学校教育，というイメージは今や大きく変わろうとしている。

　教育の世界においてこのような競争や変化が求められる大きな原因は，わが国をとりまく社会環境が大きく変わろうとしているからである。世界に目を向ければ，社会主義体制の国々にまで，市場主義がグローバルな水準で広がりを見せている。EU の発足による欧州諸国の競争力強化，さらには東アジアを中心とするアジア諸国の経済発展など，わが国をとりまく経済的競争状態は激化している。1980 年代には世界の国々が驚いたわが国の経済的繁栄も，今や昔話になってしまった。アメリカが 80 年代半ばに「危機に立つ国家」を救う国策として取りあげたのが，学校教育の質の向上を目的とした「卓越性」追求の

教育改革であった。アメリカは，一国の経済的繁栄を実現し維持するのは卓越した教育を受けた優秀な人材にほかならないと考え，学校教育においてより「高いスタンダード」の導入を決定した。

（２）成熟社会における生涯学習

これにたいして，少子化と高齢化という双子の社会的課題を抱えたわが国では，ほぼ同じ時期に自由で個性的な教育と生涯教育体制を実現するための教育改革を開始した。最近では，これまで50年以上にわたって経験したことがなかったほどの経済的危機に直面し，「教育の質的向上」と「競争」という課題が突きつけられるようになった。わが国を含め，他の国々で展開されている教育改革の流れからも推測できるように，教育がそれぞれの国の経済発展とは切り離して考えられなくなってきたのである。わが国の教育改革では「個性化・多様化」と「卓越性・競争」という二つの流れがときにはぶつかりあいながらも，両者を推進させることによって新しい社会が築かれていくであろうと考えられている。初等・中等教育段階では，この流れは「ゆとり・生きる力」路線と「学力向上」路線としてぶつかりあっている。政府はこれらが調和的に平行して進行していくと考え，これに批判的な人々は二つの路線は両立できないと主張する。これらの流れのいずれか一方のみを認めることは多様化と競争という改革方針に反するため，両者を包み込む原理として「役に立つもの」を認めるという現実的な基準が提案されるかもしれない。

また，高齢化による成熟社会に対処するというもう一つの課題にたいしては，近い将来に人口の大半を占める成人や高齢者の生きがいづくりを支援する教育・学習体制を築くことが求められている。新しい時代の教育は，子どもや若者だけでなく成人や高齢者のためのキャリア支援や生涯学習をも視野に入れて，多様な人々に貢献することが期待されている。教育学という学問は，もともと子どもを教え指導するという「児童教育学（ペダゴジー：pedagogy＝pais［子ども］，agogos［指導する］）」に由来するものである。しかしながら，現在の教育学は，「成人教育学」を意味する「アンドラゴジー（andragogy＝andro［大人］，agogos［指導する］）」をも取り込んだ幅広い取り組みを意味する（第Ⅰ部第5章

参照)。若者や成人の教育は一方的に教えて指導するだけでなく，各自が自立して学習する主体となるようなエンパワーメントをめざす方向へと向かいつつある。

1970年代にイリッチは「脱学校化社会」論を提唱して，学校教育が植えつける依存的価値観から脱却する社会の実現をめざした（イリッチ，1978）。その目的は，あらゆることを教えてもらいたいという受動的な依存心を学校教育が植えつけるのを人々に意識させることであった。彼が提唱した「脱学校」論は，学校への依存を断ち切り，個人の自立を支援するためのスキルの学習や自発的な学習ネットワークを構築することをめざした。わが国やアメリカのその後の展開をみてもわかるように，残念ながら，イリッチの描いた教育ユートピアは部分的な実現にとどまっている。学校教育が教える価値観を全面的に受け入れることにたいする危険性を指摘した点では彼の提案は評価されるが，学校教育のもつ文化伝達的機能を全面的に否定することは無謀である。

わが国の21世紀の教育は，受動的「教育」から能動的「学習」へとその重心を移動させ，多様な学習のリソースから自発的に課題をみつけて取り組む主体的で行動的な人間を育成しようとしている。それは，成熟社会を支える生涯学習システムづくりをめざし，あらゆる世代の人々の期待に応えられるような制度づくりに取り組むことでもある。

(3) 多文化主義と教育——日本的「雑種型教育文化」の新展開

1980年代からわが国の教育改革がめざしてきた目標の一つは，教育の国際化である。その成果は高等教育で著しく，20年たらずで当時の臨時教育審議会が提案した「留学生10万人受け入れ計画」の目標を達成した。また，産業構造の変化にともなって，労働力を補うため入国を許可した外国人労働者もわが国における外国人の増加に拍車をかけている。21世紀に入ってわが国での外国人の存在は顕著なものになりつつあり，異文化との接触と同時にそれによって生じる教育文化をめぐる課題や葛藤もわれわれの日常生活のなかに入り込んできた。

異文化との関連で20世紀最後の四半世紀に話題にのぼってきたのは，教育

における「多文化主義」にどのように対処するかという課題であった。多文化主義の教育は，基本的に自文化に加えて世界の多様で異質な文化から学ぶ教育を意味する。多文化主義には主流の文化にたいして少数派に属する文化を理解することにより，文化のパースペクティブを広げるという目標がある。それは，少数派の文化と主流の文化とを対等の立場で尊重することであり，極端な場合にはこれまで主流に位置した見解にとって代わるような逆転の立場を要求するものもある。そこには，「教育や文化はポリティックス（力関係）ぬきでは語れない」という教育文化の政治的見方がひそんでいる（多文化社会研究会，1997）。

　多文化教育は，国際教育の一環としてだけでなく価値観の多様化に対応する能力を育てるためにも役立つ。ポストモダンの時代がもたらした教育の特徴の一つは「価値観の多様化」であり，多様な意味や価値への対応はこれからの教育を考えるうえで欠かせない。わが国の教育の文化や制度の根底には，平等主義の価値観が横たわっていると指摘されてきたが，それはまた画一的で一面的な価値観を教え込む傾向が強いとも批判されてきた。しかし，わが国にはこれとは別に多様な意味や価値を採り入れて生かす伝統がある。わが国では古くから中国を中心とする東アジア文化を摂取しそれを独自の文化へと変容してきた伝統があり，16世紀に始まった西欧文化との接触は限定的なものに終わったが，明治時代以降においては欧米文化や科学の成果を積極的かつ主体的に移植し，それらは学校教育の内容にも反映されてきた。

　現代では，グローバル化やIT（情報技術）の影響で世界のさまざまな文化情報や科学知識が同時的に配信され，グローバルな情報を瞬時に入手できるようになった。それによって，わが国の文化も世界の出来事や考え方の影響を受け，人々の生き方や考え方にも変化をもたらしている。われわれの考え方の枠組構造は，表層には世界に関する多様な知識が広がり，その下には伝統的文化によって蓄積されてきた諸意味の古層が広がっている。この認識構造に基づいて，多種多様な意味や価値が主体的に選択され採用されてきた。わが国の文化は異文化の考え方や価値観を旺盛に採り入れてきた「雑種性」の文化であり，そのなかで新しい文物を摂取する精神的な構えを築いてきた。わが国の文化には，

新奇で異質なものとの出会いをつうじて多様な可能性を実現する能力や努力の仕組みが織り込まれているのである。

新しい時代において求められているのは，この雑種型文化がもつ育成力を再活性化することである。情報・意味・価値が錯綜するなかで自分に必要なものを選んで，自分の経験のなかに織り込んでいく。異なる意味や価値を摂取するために他者との関わりや交流は必要であり，そのような他者をはぐくんだ異種・異文化の共同体や世界に興味をもって関与していくことも欠かせない。われわれの個性は，みずからが関与してきたさまざまな社会的状況のなかで創られ，そこでどのような経験をしてきたかによって影響を受ける。

現在の教育改革で強調されている考え方の一つに能動的な参加関与型の学習がある。具体的には，それは「体験学習」や「総合的な学習」というかたちで提案されている。このような学習方法は，試験が終われば忘れてしまう受け身的記憶型の学習の欠点を補うために，みずからの関心に気づき，感性・考え方・行動を活性化させることによって意味ある知識や技能を身につけようとするものである。それは，努力しなくても手に入り周囲の人が自分の代わりに動いてくれる子どもが，自分の身体や頭を使って多種多様な課題状況に取り組むことにより，先人が築いてきた知的文化的遺産を自分のものにする試みである。個性的経験は，文化のなかに織り込まれた伝統を学び，多様な状況に対応するなかで築くことができる。それは，新しい時代にふさわしい雑種型・異種混合型の人間を育てることにつながる。現在の教育改革は，そのような経験を蓄積するなかでみずからの意味や価値の境界枠を広げていくことのできる探究型人間の育成をめざす。

2．越境型人間を育成するための教育

（1）自己再構築の方法──越境交流の行為

日本人は，好奇心の強い人間であるといわれてきた。この好奇心のおかげで海外の文物を積極的に採り入れることによって，わが国の経済的文化的繁栄が支えられてきた。現在もなお日本の社会は経済的繁栄の恩恵を受け，あらゆる

ものが手に入る豊かさを享受している。それとともに，満たされ寛容になりすぎた社会で育てられたためか，何を求めたらよいか分からない，他者とかかわることを拒否する，自分の衝動を抑えられないなどの問題をかかえた若者や子どもの増加が社会問題や教育問題として指摘されるようになった。学校教育をはじめとする教育システムは，自己成長のための学習方法を提供することによって，将来の成長・成熟・充実に対処できるようにすることを目的としている。その意味では，教育の課題というのはいつの時代でもなくなることはない。しかし，われわれは，現在のこのような人間の問題にどのように対処するのか。そこで，すでに述べた探究型の人間の教育に焦点を当てて，そのための教育としてどのようなことに注目すべきかを考えてみよう。

　個性やアイデンティティと呼ばれるものは，さまざまな状況のなかで身体を使って感じ，考え，行動する過程で形成されてきたものである。学校教育を受ける前に，われわれは生きることをつうじて自己形成の基礎を学んでいる。学校教育では，純粋に知的な学習に取り組むなかで知的存在としての優秀性が評価されるが，学校教育を修了した後は，社会での生き方を通じて自己の存在価値を確認する。エリクソンは，人は児童期と青年期においては「学ぶ存在」や「自己アイデンティティを発見する存在」として生きていると指摘している（エリクソン，1975）。現在では，自己アイデンティティとは人間が一生かけて築きあげる自己構築のプロセスとみなされるようになってきた。その意味からしても，子ども期や青年期にすぐれた学校教育を受けることは大切であり，それによって自己形成の基盤が形成されることになる。

　しかしさらに大切なことは，青年期が「人生のターニング・ポイント」であり，それまでに築いた基盤にもとづいてそれ以後の生活のなかで他者とのつながりを築き社会に貢献していくための「第二の出発点」だということである。青年期以後においても，人はさまざまな他者と出会うことによってみずからの経験を再構築する可能性をみつける。それは，自己の意味認識枠を超えでて，他者と交流しそれによって新たな意味を学ぶことである。このように，多様で異質な価値や文化を身につけた人間と出会うことによって自己の意味認識枠を広げていく行為には，みずからの意味認識枠を組み換えていく態度とともに，

他者への関与や他の共同体との交流から学ぶという態度が含まれる。われわれは，みずからの意味認識枠を越えでて交流する行為によって自己構築の基本姿勢を学習する人間を，「越境型人間」と呼びたい（図1-1）。

新たな状況のなかでみずからの意味認識枠を越えて交流し，より豊かな枠組みを組み立てようとする行為を「越境する」ということばで表現したが，この考え方はアメリカのH.ジルーが提唱する「越境（ボーダー・クロス）」の教育学から示唆を

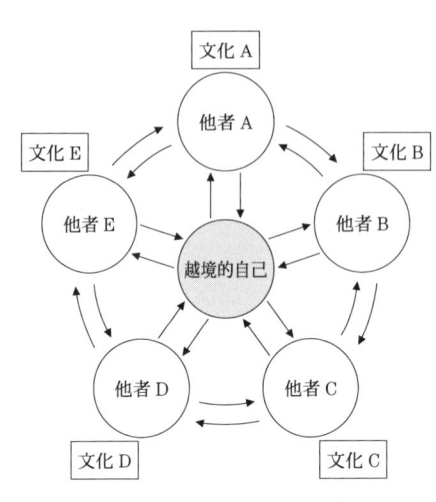

図1-1 越境型人間の対人関係図

えたものである（早川，2000）。越境教育学の理論や実践は多文化社会のアメリカでは注目されているが，わが国でどこまで普及するかはわからない。しかし，自己が立脚するアイデンティティの準拠枠はお互いの意味認識枠を越えあって交流することによって築きあげられる，という考えは示唆に富む。この考え方の根底には，一世紀近くにわたってアメリカの学校で実践されてきた「経験学習」や「問題解決学習」の伝統が横たわっている（デューイ，1998）。現在にいたるまでに，問題解決学習の呼び方や内容はさまざまに変遷してきた。しかし，その基底には，教育は現実状況とかかわりをもつべきであるという見解，知識は状況のなかで使用されるべきであるという見解が連綿と流れているのである。

（2）越境交流による相互の自己形成——自己の型を再構築し続ける

わが国の伝統的な教育文化では，子どもたちの学習を促進するにあたって「型」を学んで身につけることを重視してきた。学習の型には，すぐに習得できる簡単なものから，一生をかけて築きあげるものまで含まれる。われわれの意味認識枠は，成長する過程で習熟してきた数多くの学習の型から構成されている（辻本，1999）。それらには，歩いたり自転車に乗ったりする身体行動知の

型もあれば，どのような状況のときに喜怒哀楽の感情をコントロールしなければならないかを学ぶ感性知の型，事実や知識を学ぶ純粋知の型，さらには作品や機械などを作ったりする制作知の型もある。われわれは子どもの頃からこのような型を習得しながら成長する。

　人間の個性は，このような型のユニークな組み合わせによって決まり，新たな状況のなかでの学習や訓練によってそれをさらに強化していく。その意味では，個性には類似したものはあるとしても，まったく同一の個性は存在しない。多様な学習の型が含まれている複合型の教育活動としては，体験学習や総合的な学習がある。その学習に期待されているのは，子どもが習得してきた得意な学習の型を見いだし，それを伸ばす機会を提供することである。大切なことは，そのような機会がルーティン化してしまい，悪い意味での固定化・画一化に陥らないことである。このような学習は，大人にとってはすでに知っているものであっても，子どもにとっては自分で取り組んでみることによって新たな発見をする喜びがある。子どもは既知のものを独創的なものに変える力をもっているのであり，大人にはそれを生かす力量が求められる。

　学習状況のなかで自己の意味認識枠を越える経験をもつことは，同時に「自己の心を鍛える」ことにもつながる。課題状況のなかで葛藤を解決する行為は，たんに知的能力が要求されるだけでなく忍耐や努力を要求される。そこでは達成感や満足感とともに失敗や失望感にも耐えることを学ばなければならない。そのような過程で，自己の精神が鍛えられる。家庭や学校は，そのような子どもや若者を「ケアする場」でなければならない（ノディングズ，1997）。ケアすることは，ただ気づかって保護するだけでなく，ケアされるなかでケアされる相手が自分でケアできる存在へと成長していくことを意味する。ケアするという関係には，ケアされる相手がそれに気づき（洞察力），みずからをケアできるようになり（自立心），さらに他者をケアすることができるようになること（他者をケアする力）が含まれる。エリクソンは成人の徳（生きる力）を「ケア（育成する力）」と呼んだが，それはさまざまな対人関係のなかで他者を育てることによって実証される。家庭や学校は，将来にケアする存在になる子どもや若者を成人が育てるケアの場の代表であるが，今その役割があらためて問い直

Column

ヘンリー・ジルーの越境教育学

　ヘンリー・ジルー（Henry A. Giroux, ペンシルバニア州立大学教授, 1943年生）は，多文化社会アメリカで，人種・階級・ジェンダーなどの点で少数派に属する人々へのエンパワーメントのための変革的教育実践を追究している。彼は，教育とは誰が覇権を握るかをめぐって駆け引きが繰り広げられる「政治力学」の場であると考える。アメリカ教育においては，西洋白人男性文化中心の支配言説をめぐる学習が展開されているため，主流派に属する白人男子学生にとっては有利な場となるが，アフリカ系・ヒスパニック系の少数派の学生にとっては慣れ親しんだ日常の文化とは異なる文化の学習を強要される。彼らは，教室の中では自分たちの文化が従属的な位置へと貶められると感じ，屈折したアイデンティティをもった二流市民になりさがる恐れがある。同様のことは，ジェンダーについてもいえ，女性の従属的な地位を当然視する文化では，女性が直面する差別問題はその人自身の「個人的な問題」であるとして片づけられることが多い。

　ジルーは，このような差異が生みだす差別的状況は社会的歴史的に「作られたもの」であり，作られたものであるかぎり変容することができると考える。社会的状況には多様な声が含まれており，それぞれの声に敬意が払われるべきである。それによって，各個人は「声の対等性」を学んでいく。彼らは状況の中でみずからの「意味境界枠（ボーダー）」を認識することにより，その枠を越えて他者の多様な意味境界枠と交流して対話や行動を展開することが求められる。その過程で自己の境界枠は変容を受けて，再構築される。多様で異質な境界枠が相互に交差しあう「越境交流」の行為のなかに，ジルーは教育変革の希望を見いだすのである。

　彼の理論や実践が「境界教育学（ボーダー・ペダゴジー）」と呼ばれるのは，境界枠の交流のなかで対話や学習行為が展開されるからである。ジルーは，われわれがもつ意味の境界枠は疑わしいものであり，再検討すべき「紛争の地（ボーダーランド）」となる可能性をもつと考える。越境交流の行為が，教育や学習の中核を形成する。相互の境界枠を越えて関与しあうことを重視するという点では，ジルーの境界教育学は「越境教育学」と呼ぶのがふさわしい。

されている。家庭や学校は，子どもたちがケアされることによって新たな状況での学習や探究に挑戦する勇気を得て，他者の経験と切り結ぶような越境交流の母体となることが求められている。それは，安心や安定の場を提供することによって，不安や葛藤を解消する力を育てるという課題にほかならない。

　教育の基本は個人が置かれた状況を越えて関心を広げ，他者と交流する越境的学習行為にある。このような越境探究型の人間の特徴は，みずからが関心をもつ対象にたいして気づかい，配慮をし，それに働きかけることにある。われわれは，ケアという行為を「人間関係に織り込まれた育成力」として考えてきたが，それはさらに事物・出来事・社会制度などへの配慮や関心へと広がるものと考えたい。そのように考えるならば，人間は他者や社会をケアする存在とみなすことができる。人間がケアする対象は，身近な環境から始まり，周囲の人々・もの・遠くの人々や出来事へと広がっていく。ふつうの人間にとっては，自分の生活に関わってくる出来事については関心を向けるが，直接的間接的にも影響がなさそうな場合にはほとんど関心を示さない。

　現代社会では，自分のことだけしか気にかけない自己中心的な人々が増えていると批判される。ケアするという働きの中心にあるのは，遠くかけ離れたところにあるものであっても，多くの人々に影響を与えるような出来事にたいしては関心をむけて関与する態度をもつことである。われわれは，多様な人々の生活に影響を与えるような出来事に関与する程度が高まるに応じて，より「公共的な精神」をもった人間となる。ケアするという行為は，人間関係の面においては人間を「道徳的」存在へと導き，社会関係の面では「公共的」存在へと導く。現代は先が読めないといわれる時代ではあるが，公共的精神を身につけた新世代の育成のために教育に何ができるのかを考えなければならない。

3．越境型共同体を築くための教育の課題

　わが国では21世紀を迎えて，多元的な成熟社会が到来しつつある。教育はそれにたいして何ができるのか。ここでは新しい成熟社会を築くのにふさわしい公共的な教育の課題として，異なる年齢の人々との交流，異文化間の交流，

格差や差異をなくすための教育などのあり方について考えてみたい。21世紀のわが国は経済的には豊かな社会へと成長をとげて頂点に達したあとの高原状態を迎えているが，教育のフロンティアはさらに開拓されることをまっている。

（1）越境交流による人間的成熟

わが国における成熟社会の課題の一つとして，少子高齢化に対応するという問題がある。現代の社会では，変容する親子関係や教師・生徒関係を視野に入れた人間関係のあり方が問われている。過保護のせいで十分なしつけや訓練を受けることなく甘やかされて育った子どもの問題や，とじこもりや自己拡散に悩む若者の増加などの問題がそれである。わが国の教育では，子どもたちや若者をケアして社会に適応できるように育てる母性的な教育が支配的である。しかし，現在では相互依存という理想が甘えや過剰依存という問題をはらんだものになっているという批判があるため，若い世代をケアするなかで彼らが自立することを考えなければならない。学校はそこで提供される知識や技能への依存を助長するだけでなく，学んだ知恵が子どもや若者の将来の自立や成長の出発点となるようにしなければならない。人間の成長は学校教育が終われば終了するのではなく，そこをターニング・ポイントにして新たな成長と自立のために再出発するのである。それは，人生80年時代の残り4分の3の生活設計をたてるための基礎となる教育である。

成熟という観点から人間を見た場合，そこには「人生の四季」が展開される（レヴィンソン，1992）。人生を季節にたとえるならば，子ども期から若者の時期には成長の春を経験し，成人前期に夏を過ごし，成人期には実りの秋を迎え，そして成人後期（老人期）には静かな冬を楽しむ。人は，青年期に自立のための自己構築の基礎を対人関係のなかで身につけ，その後も持続して自己アイデンティティの再構築に取り組む。成人前期には，本質的には異なる存在でありながらも自分と共有できるものをもつ他者をパートナーとして発見し（親密さの構築），自己の境界枠を越えて結ばれる経験を追求する。そのような自己形成の型づくりは，越境的自己としての出発点である。

成人期は，それ以前に獲得してきた越境交流的な人間関係づくりに基づいて，

さまざまな場で他者をケアするネットワークを創っていく。成人期の自己は，多面的な対人関係を調整する「複合交差的な自己システムづくり」をめざす。成人の複合的自己は，異なる文化システムに生きる他の人々との交流調整に取り組んで，より充実した関係のネットワークを展開する。成人後期には，成人期に展開した関係のネットワーク全体を省みて，それを包み込む包括的な視点から鳥瞰的な自己システムを追求する。

　このように人間的成熟の観点から「自己の進化」を考えることによって，人は年齢を重ねるとともに経験の重層的複合的な局面を掘り下げて生きることの意味を実感する。山の上に行けば，自分や他の人々が通ってきた道がよく見えるように，経験が深まるほど人生の多様な意味を味わうことができるようになる。人によってはそのような深みを経験することなく人生を終えることもあるし，時と場合によっては身につけたはずの課題解決方法や葛藤対処法を発揮できないこともあるかもしれない。しかし，さまざまな問題状況に立ち向かうことによってみずからの精神を成熟させることに希望をもつのは，充実した生き方の大切な部分である。その意味では，成熟社会では経験の成熟をむかえるという楽しみを味わえるような教育のあり方が求められる。

（2）越境型社会における教育の課題

　最後に，成熟社会における教育のもう一つの課題として，新たな平等や公正の追求を考えてみよう。最近では，これまでの教育における平等志向社会に新たに不当な格差や差別が生じてきて，それが不平等を生みだすことが懸念されている。新しい時代の教育は，「ケアする社会」の実現とともに「公正な社会」の実現を追求しなければならない。現在わが国が直面している社会的課題にたいして教育が貢献できるものとしては，次のようなものが考えられる。

　第一に，男女間の教育機会の不均衡（それにともなうジェンダー差別）への取り組みがある。男女雇用機会均等法の実施により就労において男女格差をなくすような配慮がなされてきたが，依然として課題は残っている。欧米における男女差別撤廃のための積極的政策措置にならって，わが国でも「ポジティブ・アクション」と呼ばれる教育や雇用における差別をなくす政策が採用されよう

としている。このような政策にたいしては逆差別になるなどの課題が指摘されており，具体化のさいには工夫が求められる。また最近では，家庭や学校におけるジェンダーのステレオタイプ化による固定した男女役割にたいしても批判が向けられている。ジェンダーは社会的文化的に構築されたものであるため，不当な考え方を認識することによってそれを是正していく必要がある。男女格差をなくすために教育はなにができるのか，積極的に取り組むことが求められている。

　第二に，年齢による機会の不均衡（中年期や老年期の人々にとっての教育機会の少なさ）への対処があげられる。教育といえば子どもや若者の課題と考えがちであるが，成熟社会では成人期や成人後期の人々がもつ知恵や可能性をもっと生かさなければならない。第二の誕生とも呼ぶべき青年期のアイデンティティ発見から始まる人間的成熟の可能性は，生涯学習時代における成人期の教育・学習のあり方に再考を迫る。教育制度や機関は成人の学習をつうじてのエンパワーメントを促進するためにどのような支援ができるのか，新たな可能性を探るべきである。それは，ケアする存在としての成人を支援する体制づくりである。それによって，成人が直面する発達課題への取り組みを支援し，異なる年齢の人々との相互交流を楽しめる成熟した自己再構築の援助をすべきである。人生の四季をつうじて多くの課題をくぐりぬけてきた成人や老人は，それぞれの季節の善さを若い世代に語り継ぐためにも，若い世代との出会いの場が提供されるべきであろう。

　第三に，外国人労働者や留学生・帰国子女にたいする教育機会の不均衡を改善していくという課題がある。異文化を身につけた人々との出会いは，たえざるすれ違いと摩擦が生じる葛藤状況をもたらす。彼らは異なる文化的状況では「ストレンジャー（異邦人）」として差別され，自文化を隠しながら生きる「文化的逃亡者」となる危険性にさらされる（早川，2000）。異質な文化をもった人間どうしが出会うところでは，それぞれの感じ方や考え方を提示してお互いの境界枠を調整しあうことが大切である。それによって，交流しあうハイブリッド文化を形成することができる。異なる視座や文化が交差しあう場は，開かれた経験と共同体を築く契機となることを認識すべきである。異文化への旅に出

た人々にどれだけなじみある故郷を提供できるか，ケアする共同体としてわが国の社会や教育の開放性が試されている。

　第四に，競争を中心とした市場原理の導入にともなって発生すると予測されている教育格差のひろがりにどのように対処するかも教育に課せられた難題である。これまでも，教育制度そのものが格差や差異を生み出してきた張本人であるという告発がなされてきた。近代教育のもつそのような機能については，批判的なポストモダニストたちによって厳しく問いただされてきた。現在の教育における市場原理は，富めるものがますます富み，貧しいものはさらに貧しくなることを促進する考え方であると批判されている。また，これまでの庇護的な母性社会がもつ甘さについても問い直しが提起されている。しかしながら，長い伝統のなかで培われてきた文化や制度を変えるには長い時間が必要である。日本人が求めてきた平等志向社会の何を変えたらよいのか，また新しい原理が導入されたにもかかわらず多くの人々に安心をもたらすためにはどのような共存・協働の形態が望ましいのか，を考えなければならない。一部の人だけが利益を得て多くの人が不幸になるような社会形態は，教育の理想とすべきものではない。競争中心の市場原理は，たえず公共的な原理でもってチェックされなければならない。市場原理の導入とともに，その弊害を抑止する対抗原理を生み出すことがいま教育者に求められている。

おわりに

　完全な平等というものは，人間が実現できるものではないかもしれない。しかし，時代や社会の変化とともにそのあるべき姿を追求し，それに向かって越えでようとする行為のなかに，われわれがとりくむべき教育的な営みの意義が見いだされる。世界の国々のなかでも恵まれた豊かな社会に生きる日本人にとっては，この現状に満足してそこから抜け出す必要を感じなくなっているのかもしれない。みずからが与えられた社会的文化的境界枠のなかで十分満たされているため，それを越え出て新たなものを摂取することを無駄と感じる人々が増えている。このような状況のなか，わが国の教育は大きな転換を迫られてい

る。われわれを取りまく多くの対象との距離，それは大きなものもあれば小さなものもある。それらにたいして，すこしでも手を伸ばし架け橋をかけようとする態度，そこから学習が始まり，探究的自己の構築・再構築がはじまる。越境への関心，越境型人間を育成することが，今教育に問われている。

参考文献
イリッチ，イヴァン『脱学校の社会』東洋・小澤周三訳，東京創元社，1977年
エリクソン，エリク『自我同一性』小此木啓吾編訳，誠信書房，1973年
オルテガ・イ・ガセット『大衆の反逆』神吉敬三訳，角川文庫，1989年
加藤周一『雑種文化――日本の小さな希望』講談社文庫，1974年
河合隼雄『臨床教育学入門』岩波書店，1995年
多文化社会研究会編訳『多文化主義――アメリカ・カナダ・オーストラリア・イギリスの場合』木鐸社，1997年
辻本雅史『「学び」の復権』角川書店，1999年
デューイ，ジョン『学校と社会・子どもとカリキュラム』市村尚久訳，講談社学術文庫，1998年
ノディングズ，ネル『ケアリング』立山善康他訳，晃洋書房，1997年
早川操「越境教育学の課題」『教育の可能性を読む』情況出版，2000年
レビンソン，ダニエル『ライフサイクルの心理学』（上・下）南博訳，講談社学術文庫，1992年

（早川　操）

I-2 社会の変容と学校教育

はじめに

　わが国では今日，義務教育年限を過ぎても 95％以上の人が学校に通い，高等学校は準義務化している。そして，18歳人口の半数以上が大学・短大・専門学校などに進学している。4，5歳から幼稚園に通い，人は人生の4分の1ほどを学校のなかで過ごすことになる。なぜ人々はこんなにも学校に通うのか。生徒や学生に質問しても，明確な答えはなかなか得られない。学校に通うことがあたりまえのこととされて，子どもは学校に通う以外に選択肢のない社会であるともいえる。

　学校が人々にとって人生の重要な部分を占めるようになった今日，学校現場あるいは学校を基盤にしたかかわりのなかでさまざまな問題が起き，学校教育の自明性が消失したことによって教育改革が叫ばれはじめた。このように多くの問題が複雑にからみあうようになった今日の学校教育を取り巻く状況を検討することによって，学校とは何か，いかにあるべきかを探ってみよう。

　なぜ学校に通っているのか明快に答えられないと同時に，今自分が通っている学校，たとえば大学・短期大学・専門学校などという教育システムがそもそもいつごろから存在するのかさえ答えられない人が多いのではないだろうか。学校の誕生，民衆教育の発生，わが国の近代教育制度の発展を調べることによって，学校教育制度の歴史を捉えることから始めてみよう。そのさいに，近代

を批判的な視座から捉えた議論や近代を心性史から分析した知見などを援用することで，近代学校教育制度を見直し，現代社会と人々の生活と学校教育との間にどのような齟齬が生じているのかを検討する。これらの検討を踏まえて，学校教育を考えるための地平を開いてみたい。

学校教育に求められる役割が変わろうとするなか，教師に期待される役割も変わろうとしている。現在の教育改革ではゆとり路線や生きる力の育成が強調され，生涯学習が普及し学校と地域社会との連携が広がるなかで，聖職者・労働者・専門職というかつての教師像にも新たな解釈が求められている。本章では，学校教育の変遷とともにますます多くの役割が課せられてきている教師という職業についての検討にも取り組んでみたい。

1．学校の歴史

歴史を遡ってみると，ほとんどの人が学校に通うことなく人間形成という営みがなされていた時代が長かったことに気づかされる。なぜ，いつごろから学校というものが必要とされ，人々の暮らしのなかに登場してきたのだろうか。

（1）学校の発生と民衆の教育

学校という英語 "school" の語源であるギリシア語は，「閑暇」という意味である。自然に依拠した狩猟採取生活の時代には，人々は日々の生活に追われていた。農耕文化の発生により，自然にたいして人為的に働きかけることで，食物を計画的に生産することが可能になり余裕が出てきた。余剰生産物によって集団のなかに貧富の差が生まれ，支配と被支配の関係が生じ，権力をもつ人々は直接生産労働を免除され暇ができたのである。その時間を活用し，人々を治めるために必要な知識や技術，日常生活や生産活動に結びつかない支配者としての教養などを学ぶ場として学校は登場した。学校の起源は，世界に先駆けて農耕が始まり文明が栄えたところ，すなわち数千年前の古代エジプト，バビロニア，インド，ギリシアなどに見ることができる。

古代に成立した学校は長い間，特権階級のためのものであった。民衆が生産

労働から解放される時間をもたなかったことに加えて，支配層が学校を独占していたためである。学校で学ぶ支配のための知識や情報は文字に基づいたものであるが，文字を独占し民衆を無知な状態にとどめておくことが，支配層にとっては都合がよかったのである。民衆にとっても，近代以前には文字や文字に媒介される文化は，生きていくために必要とは考えられなかった。人々は自分が生まれた共同体のなかで生活をし，一生を送った。生きていくために必要な知識や技術は，生活するなかで労働などの経験を通して体得されていった。

中世の時代には，発達した手工業者の同業者組合ギルドによる徒弟制度は，技能を養成するだけでなく，生きていくためのモラルなどをしつけることにも役立っていた。貧しい家庭の子どもが身売り同然の形で口減らしのために年季奉公に出るだけではなく，ある程度ゆとりがある家庭でも，一人前にしつけてもらうために親方に生活費を払って弟子入りする例もあったことが記録に残っている。

（2）産業革命と学校

13世紀にルネッサンス運動が起こり，人間理性への信頼や自然科学の進歩が顕著となる。なかでも15世紀中頃におけるグーテンベルグの活版印刷術の発明によって本の製作が廉価になり，それまで支配階級が独占していた文字に載せられた情報が，民衆の手に母国語の書物として届くようになった。このことは，民衆教育の発展にさまざまなかたちで影響を与えた。農耕革命による経済活動の発展が学校の登場を促したように，18世紀後半に起きた産業革命と市民革命が民衆のための学校を登場させ，近代における公教育の準備に有効に働いた。

産業革命の進展とともに，農業社会では家庭や共同体のなかで育まれていた生活習慣や基本的知識の伝達が困難になり，家庭や地域の教育力は低下しはじめた。それにともなって，道徳も廃頽し，非行に走る子どもが後を絶たなかった。貧困に起因する非行や犯罪，そして工場労働から子どもたちを保護する目的で，教会関係者が慈善学校や日曜学校を開始した。産業資本家のなかにも，イギリスのロバート・オーエンに代表されるように，子どもを人格的に優れた

人間に育てようとして学校を創る者も出てきた。産業資本家たちは子どもの保護以外に，生産性の高い質のよい労働力の育成というもう一つの目的をもっていた。産業化社会が急速に発展していくなかで必要な知識や技術は，大人から子どもに経験を通して受け継がれていくカンやコツとしてではなく，科学的な知識や技術として専門的体系的に学ぶ必要のあるものへと変化していった。産業資本家にとっては，一定の期間労働を免除してでも子どもを学校で教育することが有効であると考えられた。

（3）市民革命期の教育思想と学校

　産業革命によって，すべての子どもを学校で教育するという制度の必要性が認められたが，この考えをさらに促進させたのは市民革命と当時の教育思想であった。市民革命期の教育思想において展開されている教育の理想は，西洋において当時の人々の教育実践への反省や批判として表現されたものである。

　J. コメニウス（1592-1670）は，市民革命期における教育思想家の先駆けである。コメニウスはモラヴィアの地（現在のチェコ）に生まれ，民族独立運動に身を投じた。彼は，「あらゆることを，あらゆる人に教える普遍的な技法」を探求した書物として『大教授学』を著した。「教育を愉快に，容易に，徹底的に組み直したい」と考え，世界で初めての絵入りの教科書『世界図絵』を作成した。彼は，特権階級のための学校教育を民衆に開放することをめざし，その実践に取り組んだ。文字も学んだことのない民衆に教育をするためには，教育の内容や方法についても工夫が必要であることを主張し，従来の言語中心の教授法から，事物に即した教授法への転換を提唱したことから，「教授学の父」といわれている。

　J.-J. ルソー（1712-78）は，その著書『エミール』において，子どもは固有の人権と権利をもった存在であり，子どもの自由と自発性を尊重し，子どもの成長や発達を保障すべきであると主張した。それまで「小さな大人」と考えられていた子ども観を否定したことによって，「子どもの発見者」といわれ，今日の幼児教育にも大きな影響をおよぼしている。

　J. H. ペスタロッチ（1746-1827）は，産業革命が進むことによって悲惨な生

活を余儀なくされていた民衆の子どもたちを救済するために，貧民の子どもや孤児のための教育実践に取り組んだ。子どもは，あらゆる能力を萌芽としてもっているので，知・徳・体をバランスよく発達させるためには，大人の援助つまり教育が必要であることを主張した。その方法は，生活近接の原理による生活教育や労作教育であると考えた。

　F. W. A. フレーベル（1782-1852）は，万有在神論を主張した教育者である。彼は，すべてのものに神性が働いていると考え，遊びや生活を通して教育することで，子どものうちにひそむ神性を引き出すことができると考えた。フレーベルは，幼稚園の創始者といわれている。

　これらの教育学者が展開した人権と教育の思想の流れのなかで，コンドルセ（1743-1794）は，フランス市民革命において，教育を受ける権利は他の人間的な権利を現実のものとするための最も基礎的な権利であり，民衆の教育は国家が責任をもつべきであることを主張した。この考え方は，公教育制度の原理としてその後の教育学者に受け継がれていくものとなった。

2．日本における近代教育制度の発展

（1）戦前の教育制度の展開

　わが国においても，学校が人々の人間形成にかかわるようになったのはそれほど昔のことではない。長い間，学校は特権階級のためのものであった。江戸時代の後期になって，商品経済の進展，幕藩体制がもたらした経済的危機，欧米諸国による外圧などを背景に，武士のための藩校や一部のゆとりある民衆のための寺子屋などが開設され，近代公教育制度の地盤は整備されつつあった。わが国の近代公教育制度は，明治初頭に欧米諸国から学ぶことによって移植されたものであった。それ以来，学校教育を中心とした教育が人々の間に普及し，今日まで130年余の歴史をもつことになった。

　明治政府は1872年に「学制」を公布し，国家の主導により教育制度を導入した。中央教育行政機関として文部省を設置し，教育課程・教員資格・施設設備を定め，人口比に応じて小中大の各学区を置いた。当時の政府の目的は国民

国家の形成であり，学校はそのための重要な社会的装置であった。「学制」の前文には「自今以後一般の人民必ず邑に不学戸，家に不学の人なからしめんことを期す」と記されているように，学校はリテラシーの普及を課題とした。この考えは，福沢諭吉の『学問のすすめ』にある「一身独立して一国独立する」という考えに通じるものであり，教育を通して欧米文明を摂取し，個人の力量や国民の力量が高まれば，必然的に国家の力も高まるという考え方であった。

　1886年には，「小学校令」が公布され，4年間の義務教育制度が構築されていった。西洋諸国との決定的な違いは，日本は産業化以前の段階で，国家主導のもとに近代公教育制度を創設したことにある。この当時，民衆の多くは農業に従事し，共同体の人間形成システムのなかで生活していた。国家の一員として教育しようという学校教育制度はすぐには民衆に受け入れられず，当初の就学率は30％程度であった。就学率が90％を超えたのは1902年のことであり，学制の公布から30年がたっていた。この間に近代国家の整備は推し進められ，政府は就学督促に力を入れた。義務教育制度は有償だったので，産業化が進み国民のなかに経済的余力がではじめたことも就学率の向上につながった。1909年には義務教育段階での就学率が98％に達し，制度はほぼ完成して，ほとんどの子どもたちが学校で教育を受けるようになった。

　第一次世界大戦への参戦を経て，1920年までの間に資本主義経済が発展し，都市中間層が形成されるようになった。当時のわが国における人間形成のシステムは，村人育成の共同体人間形成システムから，「臣民」を育てる学校教育システムへと移行し，人々のなかには学校階梯を上ることで軍隊や産業化社会のなかで立身出世し成功する者が出てきた。都市の新中間層はそれまでの共同体社会から切り離されたため，核家族のなかで親が子どもの教育を担っていかなければならないようになった。学校で新しい知識を学び，よりよい生活を手に入れるよう，親の義務は子どもの教育にあると考える「教育家族」が出現しはじめた。学校教育への関心が高く，教育への要求も強い階層である。

　中等教育への進学率も伸びてきて，画一的で受動的に知識を詰め込む一斉教授のあり方にも，批判が強まってきた。欧米を中心に19世紀末から20世紀初頭にかけて展開された「新教育運動」の考え方に影響を受け，わが国でも

1910年代から20年代にかけて新教育運動が展開された。教育の中心に子どもを据え，子どもの主体性を尊重し，子どもの発達の必要性に応じた教育を創造しようという児童中心主義の運動であった。この運動の趣旨を受けて，澤柳政太郎が成城小学校を，小原国芳が玉川学園を，羽仁もと子が自由学園を創設した。

1929年の世界大恐慌によって不況が深刻化していくなか，わが国は中国大陸への侵略を開始し，戦争に向けて国家総動員体制のための教育改革が推し進められていった。1941年には国民学校令が，1943年には中学校令が制定公布され，「皇国民」の形成を学校教育の目的とした戦時教育体制が確立されていった。1945年8月15日，日本はポツダム宣言を受諾し，日本の敗戦によって第二次世界大戦は終結した。

（2）戦後の日本の学校

わが国は，第二次世界大戦後，平和と民主主義を求め，GHQ主導の下に教育改革が実施された。1946年11月に日本国憲法が制定され，1947年3月には教育基本法と学校教育法が制定公布され，戦後の日本の基本的な教育理念が確立された。憲法第26条には，国民は，「国民として必要な基礎的な教育：普通教育」を受ける権利を持ち，子どもたちに普通教育を受けさせる義務を負っていることが明記された。教育基本法では，憲法で掲げられた理想を実現するのは教育の力であるとし，第1条には，「教育の目的」として個人の人格の完成，平和的な国家及び社会の形成者としての資質の育成が掲げられている。学校教育法は，教育基本法にもとづいて，6・3・3・4制を根幹とした単線型学校体系を規定している。

戦後の高度経済成長期には，経済発展を支える労働力を効率よく養成する学校教育改革が進められた。産業化社会に求められる多用な人材の育成が図られ，後期中等教育も整備拡充が進んだ。経済的な発展に伴い，1960年に57.7％だった高等学校進学率は，1975年には91.9％に達した。大学への進学率も1960年に17.2％であったが，1975年には37.8％に上昇した。その後も進学率は上昇しているが，少子高齢化社会の進行とともに，18歳人口の減少によって

2007年には大学希望者全入時代に突入しようとしている。

　高度経済成長が進んだ1970年代を境に，学校教育の現場では，子どもを取り巻くさまざまな問題が起きるようになった。校内暴力，管理教育，体罰，いじめ，不登校，青少年犯罪の低年齢化といった問題群である。これらの問題は，それまでは学校の外で起きていたが，子どもたちが長い間学校に通うようになったために，そのはけ口が学校のなかに向かったのであるという見方もできるかもしれない。

　しかし，これらは，学校教育が解決すべき問題というよりも，学校教育に起因する問題として捉えるべき「病理現象」であるという考え方が有力である。なぜなら，1970年代後半におきた「校内暴力」，学校施設や設備の毀損，教員への暴力などに対処するため，学校は校則や生徒指導というかたちで，細部にわたって生徒を管理する管理主義教育を実施した。管理によっても生徒の攻撃性は沈静化することなく，今度は仲間の生徒へ向けられ「いじめ」となって現れた。「いじめ」は「不登校」をも生みだした。また子どもの攻撃性は，犯罪というかたちをとって現れることにもなった。問題を解決しようとした試みが次の問題を生み出すという悪循環が生じ，教育問題の連鎖になっていることから「病理現象」であるという主張がなされている。

　このような悪循環の連鎖を断ち切るために教育改革が必要だといわれ，検討がなされてきた。にもかかわらず，これまでの方策は対症療法に過ぎず，問題の根幹に迫っていない。学校はもはや，今日の社会の変容に対応できないシステムなのだろうか。産業化社会では人々の欲求を実現するための手段として有効であった学校教育制度も，今日の消費情報化社会では矛盾や葛藤が生じているといえるであろう。

3．現代社会と近代学校教育制度

　学校は数千年前に誕生したにもかかわらず，長い間権力者のためのものであり，今日のようにほとんどの人が学校に通うようになったのは，近代に入ってからのことである。わが国に限定していえば，義務教育を9割以上の人々が受

けるようになったのは，1900年の初頭以降ここ100年のことである。そして，ほとんどの人が高等学校に通うようになったのは，1970年後半以降である。今日私たちが自明視している学校に通うという行為の歴史はきわめて浅く，近代特有の現象である。そこで，近代を鋭く分析した研究者の知見から，近代教育制度を見つめなおしてみよう。

「人間は教育されねばならない唯一の被造物である」というカントの有名なテーゼは，教育学の教科書において教育の必要性を説く箇所でしばしば引用される。このテーゼにみられる「教育されるべき人間（homo educandus）」という考えが，きわめて近代的なイデオロギーであることに気づかせ，教育学に反省を迫る視座をP.アリエス，I.イリッチ，M.フーコーの主張に見ることができる。

（1）教育されるべき子ども

学校教育システムは，産業化社会が，教育的価値実現のためにつくりあげた制度である。もともとは，家庭・宗教団体・職業団体などとともに，社会のもつ教育の機能の一部を担うものであったが，産業化の進行の過程で，社会の組織や機能がもつ教育の機能を奪い独占化してきた。その背景には，子どもを無垢で保護と教育を必要とする存在としてみるという，新しい子ども観が働いていたことをアリエスは指摘している（アリエス，1980）。

近代以前のヨーロッパでは，子どもは小さな大人としてその能力に応じて大人の社会に参加し一人前になっていった。新しい子ども観が成立したことにより，ヨーロッパの世代関係の形成にあたっては，自然の感情や従来の習慣に任されることなく，目的合理的に構成された原理に基づいて理性的に子どもをコントロールしようとする教育学的思考が日常生活に介入しはじめた。その具体例としては，西洋では，産業革命期に子どもの保護という目的で，学校が教会関係者や産業資本家の手によって作られたことを思い起こせばよい。

学校教育制度が広がることによって，子どもたちは親がもっていない文字に乗せられた情報，新しい時代の労働の知識や技術を手に入れた。一方，それによって失われたものもあった。言語化されない，生活を通して学ぶことができ

る体系化されない知恵がそれである。現代の日本社会ではこのような反省を踏まえ，教育改革に掲げられたスローガンは，「生きる力」の育成である。

（2）学校化社会

　学校が教育を独占することによって衰退したものは家庭や共同体の教育力だけではないことを，イリッチは「学校は，我々が今まで知っているどんなものよりも，抑圧的で破壊的だ」ということばで指摘している（イリッチ，1977）。産業化の段階では，学校は開放的で可能性に満ちた空間であった。社会のさまざまな制度は，私たちの求める価値の実現に奉仕するためにつくられたものである。ところがその制度が成長し巨大化していく過程で，価値そのものと同一視されるようになってしまった。学校が与えるものだけが教育的に価値があるものとみなされる今日の社会は，制度依存の社会という「学校化された社会」であり，そのような依存から脱却するために「脱学校化」した社会を構築していくことの必要性をイリッチは強調している。

　高度経済成長期の日本社会では，子どもたちは義務教育期間を終えた後も，経済的困難や親の無理解が理由にならなくなったため，学校に通うことを強いられた。特別理由もなく進学しないのは逸脱とみなされ，子どもたちには学校に行く以外の選択肢が事実上なくなってしまった。学校制度依存は拍車がかかるばかりで，学校に行かなければ学べないとさえ考えるようになっている。資格試験対策や特定の技能取得のために，大学に通いながら専門学校に通うというダブル・スクール現象も広がっている。少子化や核家族化の現代にあって，子育てや孫とのかかわりについての講座が大学で開かれ好評を博している時代である。このような現状を考え合わせると，イリッチの警告は的を射ている。

　学校制度への依存から脱却しなければ，生きる力の形成や主体的に学ぶことの実現は難しいであろう。子どもは学齢期になれば小学校に入学し，それ以後は学習指導要領に基づき定められたカリキュラムの上を画一的に走ることを18歳になるまでずっと強いられる。その間に，自分の考えで主体的に計画を立てて学ぶというような力は，知らず知らずのうちにそぎ落とされていく。イリッチは，このような学校制度に依存する社会を「脱学校化」するためには，

学校の役割は知識や技術の伝達のみに限定し，それ以外の人間形成は人々が自由に構築した学習ネットワークに任せるべきであるという。依存を助長するような現在の学校教育は廃止すべきである，というのがイリッチの脱学校化社会論の提案である。

（3）学校教育システムの権力構造

　学校制度は，規律監視的システムであることを主張し，学校教育システムに警鐘を鳴らしたのは M. フーコーである。彼は，近代学校が監獄とともに，規律訓練的権力を体現するものとして発明されたものであることを強調している。それは教育活動の内部に存在する権力構造を解明しようとする試みであり，教育問題を分析し理解するための枠組みを提供するものである（フーコー，1977）。ここにいう権力とは，特定の権力者に還元できるような性質のものではなく，そこに参加しているすべての人が監視され規律化されるようなシステムがもつ機能のことである。フーコーは，学校教育システムは監視の視線により，被支配者がみずからを主体だと思いこむメカニズムを成立させたという。生徒はみずからを自己活動の主体だと思い，教師でさえも監視者としての役割を課せられ監視されている。監視し権力を行使しているのはシステムそのものだというのである。

　子どもたちは品質管理をされるべき工場の生産品であり，教師は労働者として管理されていることになるという，管理教育を分析した鎌田慧の『教育工場の子どもたち』の説明は，フーコーの考え方に通じる。さらに，親の学校への期待は子どもへの期待であり，社会が期待するような人間にならなければ落ちこぼれとなると考えるため，子どもたちは「期待の囚人」であるといっており，親も監視システムの一員であることを指摘している。

　西洋において，公教育制度ができる以前の段階で，民衆教育を推進させたといわれるベル＝ランカスター・システム（助教制）の教室は，学習にまつわる身体技法を習慣として学習行動の一斉性のなかで形成することを目的とした監視空間であった。このことを考えると，学校教育は民衆教育のはじまりから，規律監視システムであったといえよう。フーコーの主張は，教育的関係を考え

るうえでのコミュニケーションのあり方や教室空間の見直しをも示唆している。

　小学校から大学にいたる学校階梯，学校内での学年制，単純なものから複雑なものへ，一般的なものから学問的なものへ，低次のものから高次のものへと編成されている教育内容，といった学校教育システムに特有の階梯構造も，規律監視システムとして有効に働いているといえる。つまり，序列化した知識を学び身につけることが要求され，試験により評価されて次の段階に進むという階梯構造は，欲望を喚起し，試験によって監視し，さらなる欲望を生みだすために有効に働いているわけである。目標は，上級学校への進学や資格取得のようなかたちとなり，子どもは学校化された学習社会のなかに閉じ込められることになる。

　また，教育は人間の発達を保障する実践であるという考えは，一般的には疑いを挟む余地のないことのように思われている。教育は，発達段階に即して行われる必要があることは，幼児教育をはじめ小・中・高等学校の教育目標として幼稚園教育要領や学習指導要領にも「発達に応じて」と記されている。しかし，フーコーの立場からみれば，教育的働きかけの必要性や教育内容の根拠基盤を提供する発達心理学も規律訓練的な権力の一環をなしていることになる。経験的に確定されるべき発達段階という概念そのものが，統制的で規律訓練的な機能をもっているのではないかという問いかけである。教育的働きかけの基礎となる発達段階論や発達課題論も見方を変えると，学校教育システムがもつ権力構造の一端を担っているという批判をまぬがれない。現在では，このような視点に立って発達理論の読み直しを行い，発達段階という考え方を見直すべきであるという議論や，老いや死といったこれまで負の要因と考えられて教育の対象からはずされていたテーマをも含めて，発達を考えるべきだという議論が起きている。

4．学校教育における教師の役割

（1）聖職・専門職・労働者としての教師

　教育がさまざまな課題に直面している今日，学校教育システムの中心的役割

を担う教師のあり方が問われている。教師という職業が，次世代を担う子供たちを教育するという，きわめて責任の重い重要な仕事であることは誰もが認めるところである。子どもに信頼される存在とならなければ，子どもの学ぶ姿勢を育成することもできず知識の伝達もうまくいかないし，また子どものこころもつかめず，子ども自身の自己形成を援助することもできない。これまで教師の仕事は，汲み尽くせない奥の深い仕事であるため，人間を育てる専門職であり聖職であるといわれてきた。

　近代の学校教育制度が発展してくるなかで，学校教師は公教育の担い手として公僕の使命と役割を背負ってきた。歴史的にみた場合，明治時代以降のわが国において公僕としての教員は，国民国家の統合，民主主義の建設，産業化社会の発展などに貢献することによって近代社会の構築に参与してきた。

　明治初頭，初代文部大臣森有礼は，教育の目的は天皇制国家を担う臣民育成であるとし，1886年の「師範学校令」のなかではその遂行者である教員の資質として「順良・信愛・威重」の人間性を強調した。近代教育制度導入当初より，教員には国家目的に奉仕する手段としての役割とともに，名誉・社会的地位・報酬にとらわれない聖職者の役割が求められた。1890年の「教育勅語」の渙発以後，教育をつうじて臣民の従うべき道徳的規範がさらに強化されていった。

　第二次大戦後，師範学校の廃止や教育勅語の排除によって，日本の国家主義への奉仕者としての教員像と結びついた教師の聖職者論は表面的には影響力を失っていった。戦後民主主義教育の普及にともなって，日本教職員組合が1952年に採択した「教師の倫理綱領」第8項には「教師は労働者である」と述べられ，教員を教育労働者とみなす考え方が提案された。それは，教員も労働者として社会建設の担い手となり，みずからの経済的社会的政治的地位の向上をめざすことを宣言したものである。また，アメリカの教育哲学者 J. デューイは，教師を「労働者（laborer）」とは区別して，生産的活動に従事する人間という意味合いから「勤労者（worker）」と呼んでいる。このような考え方には，教師は労働者としての役割とともに，たんなる労働者以上の使命や課題を担っているということが反映されている。

1949年には「教育職員免許法」が制定され，免許を必要とする専門職としての地位を確立し，1998年まで何度かの改正を経て現在にいたっている。また専門職としての教師の役割に関しては，わが国だけでなく国際的にも期待がよせられ，ILO（国際労働機関）は1966年に「教員の地位に関する勧告」を採択した。それは，教師が「専門職（プロフェッション）」として認識され，その地位の向上をめざすことをあらためて提案した宣言である。

（2）21世紀の教師像

　1998年の教育職員免許法の一部改正によって，わが国でも教員の資質をいっそう高めるための取り組みが開始された。社会や時代の変化にともなって，みずから考えて「生きる力」を身につける教育を重視するため，文部科学省は子どもへの愛情と教育への使命感をもち，学校をとりまくさまざまな課題に対処できる教員を育成するための政策を導入し，その具体案を実施してきた。

　教員の資質を向上させる計画として「教員研修制度」も強化され，指導力不足の教員にたいしては継続的に指導研修を行い，指導が不適切と判断された場合には教員以外の職に異動させたり，免職になる措置がとられるようになった。さらに，「開かれた学校づくり」を促進するために，地域住民や社会人が学校教育に参加することを認め，総合的な学習の時間などを担当している。それとともに，教員免許状がなくても一定の条件を満たせば，民間企業などで優れた管理運営能力の実績をもつ社会人を校長や教頭に登用しはじめた。それによって，地域と学校との開かれた関係づくりをめざしている。これまでの閉ざされた学校や学級王国から，地域や子どもたちの現状に応じて保護者や地域住民と連携する，開かれた学校へと変わることが求められている。

　国際化・高度情報化・生涯学習の普及などの社会変化にともなって，教師に求められる資質もより高くより複雑なものになってきている。このような変化のなかで注目されることは，第一に，学校教育の支配的な考え方が，知識の教育を中心としたものから，生きる力・学力・学ぶ意欲などの育成をめざした「学ぶことへの支援」へと重点が移動しはじめていることである。総合的な学習の時間に代表されるように，生徒の個性的関心を伸ばすような授業が増え，

保護者や地域住民の学校参加にみられるように，地域社会による協力を利用して学校と地域をつなぐ学習のネットワークが広がりつつある。教えることと学ぶことは密接につながっているが，生涯学習の考えが普及した社会では，みずからの努力で継続的に学習し続ける「探究学習の方法」やそれを支える学習機関のネットワークの広がりが大切となる。われわれがみずからの学習スキルや方法を磨き上げていくためには，イリッチが提唱した学習ネットワークの普及は不可欠のものであり，その学習支援のエージェントとして学校や教師の役割はさらに重要なものとなるであろう。

　第二に，教師に期待されることとして，多様な課題に対応する柔軟な態度や姿勢を伸ばすことが指摘できる。教師の主要な役割は，教育の専門家として学習指導やカリキュラム編成の能力を開発することであり，さらには総合的な学習の時間に具体化されるような個性的な学習計画を実践し，授業展開において効果的な教授方法や適切な指導方法を開拓することである。また，こころのケアの重視にみられるように，こころの問題を抱える子どもたちにより適切な指導を行い，子どもたちの生きる力，学ぶ力や意欲を高めるような指導力が求められる。教師によるケアは，できるだけ多くの子どもに平等かつ公平に向けられなければならない。子どもたちを保護し健やかに育てるという聖職者としての役割は，現在でもかたちを変えて教師に求められ続けている。

　しかし，一部の教師のなかには，このような多くの要請に応えることができず，健康を損ない病気になる者もいる。2001年度においては，病気などの理由で休職している教師の数は，全国で5,000人以上に及んでおり，その半数ちかくは精神疾患で休職に追い込まれている。専門職としての資質の向上が期待される時代ではあっても，過剰な労働時間や過酷な勤務条件からは，教師といえども保護されなければならない。多くの期待がかけられているとはいえ，教師も労働者としての基本的権利は保障されなければならない。

　第三に，教師としてのキャリアを積み重ねていくにあたって，ケアすることによって成人としての人間的成長をめざす教師自身の姿勢の大切さを指摘したい。教師は，子どもたちのこころのケアに代表されるように，他人をケアして他人のことで悩むという課題から逃れることができない宿命にある。そうであ

Column

学校教育改革と教師論

　学校化社会といわれる今日，学校が教育の機能を囲い込み独占することによって，学校教師の役割は，家庭や地域社会の教育の役割までも一手に担わなければならない状況に追い込まれている。

　校内暴力，いじめ，不登校，学級崩壊などの教育問題に処するために掲げられた教育改革のスローガン「ゆとりの教育」は，学力低下という新たな問題を生み出した。経済協力開発機構が主要41カ国・地域の15歳の生徒の学習到達度について行った調査によると，日本は2000年度に比べ2003年，読解力が8位から15位に，数学的応用力は1位から6位へと低下していることが明らかとなった。

　学力低下に関して，社会の批判は教師の指導力に向けられ，教師の資質管理が強められている。2002年から導入された週5日制により一見増えたかに見える休日には，教師は研修に明け暮れることとなった。また，教師の仕事の内容を評価するために，自己評価や，実践計画・内容についてまとめた書類の提出が求められ，書類作りに時間が割かれるために，教師は目の前の子どもに直接対応する時間が削られている。このような状況では，問題が解決するどころか，教師はみずからの教育実践に自己充実感が得られず，ストレスを蓄積する一方である。

　教師の役割が，学業面だけでなく，子どもの生活や成長，学習全般にまで拡大している今日，教師が児童，生徒と十分にかかわり，主体的に教育実践を展開し，子どもだけでなく教師みずからが発達していることが実感でき，教育実践に自己充実感が感じられるように，学校教育改革が進められるべきである。

るならば，子どもたちに関わることによって，彼らのこころのなかに生きる力や学ぶ力や意欲を育てていき，それによって喜びと満足を見いだせるような教育的なかかわり合いを身につけるべきであろう。それは，他者に生きる力や学ぶ力を育てることにより，みずからも成人としての育てる力（育成力）を伸ばすことにつながる。いつの時代においても，教師はみずからが学んだ理想・知識・価値を新しい世代に伝えるという行為のなかで，みずからの存在価値を見

いだす。このように，理想・知識・価値を媒介として，教師と学習者がともに交流しあい，それらを学習者が継承する。子どもという学習者との関わりのなかで，教師自身が生きる力・学ぶ力・交流して共有しようとする力を求められる。その意味ではいつの時代においても，教師は他者とかかわり交流するなかで学ぶことを求められる人間の代表なのである。

　現在では少子化の影響もあって，教師に採用される数は減少している。それはまた，より優れた教師を育成するチャンスでもある。優れた教師を数多く輩出できることは，社会全般にそれだけ生きる力や学ぶ力がいきわたっていることを示す試金石である。優れた教師を多く生み出せる社会は，それだけ健全な社会であり，生き生きとした未来を開く可能性を秘めているといえよう。

おわりに

　学校教育は，その時々の社会変容に応じて人々の欲求を満たしてきた。しかし，学校システムと現代社会との間には齟齬が生まれ，歴史的なある時点では価値のあったことが批判され反省を迫られている。これまでの検討を踏まえて，最後に，現代の日本社会の変容に対応するための学校教育のあり方を考えてみよう。

　1973年のオイル・ショックに端を発した高度経済成長の終焉は，学歴は立身出世のための資本であるという価値観を見直すきっかけとなった。産業化社会から消費情報化社会への移行とともに，人々のライフスタイルは，集団的未来志向型から私的生活中心的・現在志向型へと変わりつつある。産業化社会では合目的的で効率的であることに価値が置かれたが，消費情報化社会にあっては自己の欲望を見つめ，自己充実に価値を置くようになってきた。また，情報化によってもたらされた欲望の解放は，生存の必要を超えて消費すること自体の楽しみへと向かい，それは実体のない情報の消費にも向けられている。情報メディアの進化と普及は今日では目覚しく，ケータイに象徴されるように，情報の消費は個人化や個別化が進んでいる。ケータイを通して人との繋がりを求め，目の前の他人は風景であるかのように振舞う若者の姿に，人間関係を構築

する力の低下が危惧されている。強く〈かかわり合い〉を求めながらも，メディアを介した間接的な〈かかわり合い〉に終始する若者が増え，情報メディアの発達によって他者との身体接触や葛藤などの「受苦的経験」の機会が奪われてしまっている。

　日常生活のなかでわれわれが出くわす問題のほとんどは，試験の解答のように正解というものがない。これが100％正しい解決策であるというものは存在せず，バランス感覚を働かせてよりよいものを選択していくことが求められる。努力しても人間の力の及ばないどうにもならないことがたくさんあることを理解して，受苦的な経験を乗り越えていく力を「生きる力」として形成していくようにすべきである。

　以上のような考えを実践するのは，生徒を前にした教師である。学校教育が危機に瀕し，システムの一役を担う教師の役割にも変容が求められている。これまでは，国家のつくりあげたシステムの担い手として，システムのなかで役割を果たす存在であったかもしれない。しかし，これからはわが国の教育システムの再構築に向けて，国が制度を変えるのを待って与えられた課題を果たすのではなく，教育現場すなわち教室から改革の可能性を追求し発信していくべきである。教育的感性と実践，その反省の積み重ねからなる教師の専門性は，相互に形成し合う学びの共同体のコーディネーターとしての役割にあるといえるであろう。

参考文献
アリエス，Ph.『〈子供〉の誕生――アンシァン・レジーム期の子供と家族生活』杉山光信・杉山恵美子訳，みすず書房，1980年
イリッチ，I.『脱学校の社会』東洋・小澤周三訳，東京創元社，1977年
エリクソン，E.H.『ライフサイクル，その完結〈増補版〉』村瀬孝雄・近藤邦夫訳，みすず書房，2001年
コメニウス『大教授学』鈴木秀勇訳，明治図書，1962年
佐藤学『カリキュラムの批評』世織書房，1996年
高橋勝『文化変容のなかの子ども』東信堂，2002年
田中毎実『臨床的人間形成論へ――ライフサイクルと相互形成』勁草書房，2003年
フーコー，M.『監獄の誕生――監視と処罰』田村俶訳，新潮社，1977年

堀内守『コメニウスとその時代』玉川大学出版部，1984年
宮澤康人「ホモ・エドゥカンスの教育的無意識と〈自己〉の大きな物語」『教育学年報』第10号，世織書房，2004年

(鬘櫛久美子)

I-3 揺れる知識観と学力への問い

はじめに

　中曽根康弘内閣の臨時教育審議会設置（1984年）から歳月は移ろい，私たちは新しい時代，新しい世紀に生きている。この中曽根内閣の掲げた教育政策のスローガンは，画一性から個性重視へという教育の自由化路線への転換に大きな役割を担い，現在の教育にもなお大きな影響を残している。なかでも，1987年の臨教審の最終答申では，生涯学習体系への移行，国際化・情報化社会への対応と並んで，次のような改革の方向性が示された。

　　今次教育改革において最も重要なことは，これまでの我が国の根深い病弊である画一性，硬直性，閉鎖性を打破して，個人の尊厳，個性尊重，自由・自律，自己責任の原則，すなわち「個性重視の原則」を確立することである。この「個性重視の原則」に照らし，教育の内容，方法，制度，政策など教育の全分野について抜本的に見直していかなければならない。

　こうした強い決意は，当時から今日までのさまざまな教育改革の成果として現れている。いくつか例を挙げると，ゆとりの時間や生活科の導入，子どもの興味や意欲や関心を第一にした新しい学力観，学校5日制，学習内容の厳選，総合的な学習の時間の新設など，枚挙に暇がない。つまり，政策レベルでは特色ある教育，個性を発揮する教育，創意工夫に富んだ教育，すなわち個性化教

育が臨教審以後ずっと求め続けられている。

　総合的な学習の時間の導入に象徴的に表れているように，従来の教科の枠組みを横断・総合した学びは，子どもの興味や関心に基づいた体験的な学び，課題解決的な学びを再評価しようという動きとも重なっている。具体的な課題解決の活動が，主体的・創造的な態度を育成し，子どもの「生きる力」を育むのだ，というわけである。しかし，学びの主体である子どもの興味や関心を尊重する立場は，アメリカの経験主義の教育理論にならった「問題解決学習」というかたちで，そもそも戦後すぐの日本に広く普及したものであった。

　子どもの自発性や創造性，意欲や関心を高めると考えられた問題解決学習という経験的な学びは，急激な社会の進歩にともなって，各教科の系統的・構造的に組織づけられた知識の習得こそ必要である，という立場に次第に取って代わられるようになった。これがいわゆる「系統主義」の台頭である。1960年代の高度経済成長期には，急速な産業構造の変化に対応できる人材を学校で育成することが急務の課題であるとされて，さまざまな知識を盛り込んだ教科を重視する教育政策に次第に傾倒していった。基礎学力の育成に体験的な学びは何も貢献しないものであると考えられて，子どもの生活経験から出発する問題解決学習はいわゆる「はいまわる経験主義」として激しく批判されるようになった。「教育の現代化」の名のもとで，1960年代には今度は系統学習という学習指導のあり方が，この時期の学習指導要領にも反映されるようになったのである。しかし，系統学習は学問の論理を重視することで詰め込み・注入（インドクトリネーション）に傾き，学校ぎらいの子どもや多くの落ちこぼれ，熾烈な競争を生み出す結果になった。子どもの悲惨な状況への反省のもと，80年代に改めて関心や意欲に立ち戻るような教育のあり方が模索され，先に紹介した臨教審へとつながっていくのである。

　現在の教育改革においても，量的な知識の伝達を教育の主要な目的としているというよりもむしろ，第15期中央教育審議会の第一次答申（1996年7月）で顕著になっているように，「生きる力」を前面に押し出した形で進められている。したがって学ぶべき知識そのものについても，教育内容の厳選の名の下で削減するという事態に至っている。

このような動向のなか，最近改めて注目を集めたのが「学力」である。大学生や大学受験生の読み書き算の能力の低下問題に端を発する，学力低下論（と文部科学省による一連の教育改革への批判）の登場も同時期である。「学力」をどう定義するべきかはじつに難しい問いではあるけれども，臨教審以後の教育改革では学力とは何かという問いは保留され後景化されているのは確かであろう。内容が削減されれば，量的なものとしての学力も当然低下するはずだという論理は，単純であるからこそなおさら説得的であるし，諸々のデータによっても子どもたちの学力低下傾向は明白になった（学力低下論争については，市川，2002を参照。学力観については本書第Ⅲ部第2章も参照のこと）。特に，大学生の学力崩壊が将来の日本社会の危機につながるとさえいう悲観的な見解は，世論の後押しを受けるようなかたちで，個性重視の教育活動をうたっている文部科学省の学校教育政策への批判を繰り返し，読み書き算の基礎学力を充実させるべきだと強く主張している。

　文部科学省の教育改革では「学力」を前面化せず，逆に世間ではとにかく「学力」をつけることを目的とするのが教育だという，学力をめぐって対照的な捉え方を見て取れる。ここで大切なのは，学力とは要するに知であるという立場がいずれにも共有されながらも，その知の内容が揺れ動いていることである。

　そこでこの章では，知の捉え方が揺らいでいるという観点から，学力の意味を編み直してみたい。まず，現代日本の教育改革で大きな位置を占めている，総合的な学習の時間について，学力との関連で検討してみたい。次に，アメリカの教育改革の動きにも触れておきたい。注入・詰め込みとスタンダード（基準）による学力評価に依拠しながら展開されているアメリカの教育政策を整理しつつ，他方ではこれまでと異なる新たな学習理論の広がりもみられることも紹介する。最後に，こうした新しい学習理論や総合的な学習の時間は，じつはジョン・デューイの探究的な教育理論が綿々と継承されたものであることを述べて，知を量ではなく質的なものとして捉える学力のモデルを提示してみたい。

1．総合的な学習による「生きる力」の育成

　総合的な学習の導入は，先に触れたように，第 15 期中央教育審議会による「21 世紀を展望した我が国の教育の在り方について（第一次答申）」が契機の一つとなっている。この答申では，戦後の経済成長と物質的豊かさは人々の生活水準を向上させ，生活は便利になったが，反面で生活からゆとりを失い，家庭を変貌させ，地域社会での結びつきや連帯意識を弱めさせた，とされている。子どもの生活についても，ゆとりのなさ，社会性の不足，倫理観の低下，自立の遅れ，運動の機会の減少といった課題に触れて，こうした課題を解決し，新しい時代，新しい社会を生きるための力の育成が急務であると考えられたのである。「我々はこれからの子供たちに必要となるのは，いかに社会が変化しようと，自分で課題を見つけ，自ら学び，自ら考え，主体的に判断し，行動し，よりよく問題を解決する資質や能力であり，また，自らを律しつつ，他人とともに協調し，他人を思いやる心や感動する心など，豊かな人間性であると考えた。たくましく生きるための健康や体力が不可欠であることは言うまでもない。我々は，こうした資質や能力を，変化の激しいこれからの社会を［生きる力］と称することとし，これらをバランスよくはぐくんでいくことが重要である」と同答申は「生きる力」を定義づけている。

　では，生きる力を子どもが身につけるための教育課程改革とはどのようなものであったのだろうか。いくつかの成果を指摘できようが，ここでは総合的な学習の時間に注目したい。同答申によれば，「各教科，道徳，特別活動などのそれぞれの指導に当たって様々な工夫をこらした活動を展開したり，各教科等の間の連携を図った指導を行うなど様々な試みを進めることが重要である」としながらも，「横断的・総合的な指導を一層推進し得るような新たな手だてを講じて，豊かに学習活動を展開していくことが極めて有効である」と述べて，教科等における「教育内容を厳選することで時間を生み出し，一定のまとまった時間を設けて横断的・総合的な指導を行う」ことを提言している。この指導の時間が，総合的な学習の時間である。

この時間のねらいに関しては，「自ら課題を見つけ，自ら学び，自ら考え，主体的に判断し，よりよく問題を解決する資質や能力」「情報の集め方，調べ方，まとめ方，報告や発表・討論の仕方などの学び方やものの考え方」「問題の解決や探究活動に主体的，創造的に取り組む態度」「自己の生き方について自覚を深めること」を挙げることができるだろう。こうした態度や能力は，各教科などで身につけられた知識や技能とも相互に関連づけられ，深められて子どものなかで総合的に働くようになることが大切だとされる。

　生きる力を育成するためには，既存の教科等と結びつくようなかたちで，すなわち横断的・総合的なかたちで，総合的な学習の時間が展開していくわけである。ここで言われる生きる力としての学力とは，総合性を特徴としていると言えるだろう。一つには，断片的な，あるいは一面的なものの見方や考え方を越えて，多様な知識や技能を結びつけていく力が含まれる。もう一つには，みずからが具体的な問題を探究することによって，新たな状況にしっかりと対処できる能力をも意味している。知の総合化という，質的な知識観を私たちは看取できるであろう。

　歴史的な経緯で言えば，総合的な学習の時間は，平成元年に改訂された学習指導要領に登場した，新教科である生活科との関連性や接合性も指摘できる。ここでは詳細には触れないけれども，総合的な学習の時間が柔軟に活用されることを通じて，分断的な従来の各教科という枠組みを越えていくことにより，教育課程の今後のあり方さえ総合的なものへと変容させる可能性を秘めたものという評価づけ（高浦，1998）は，特筆に値する。

2．アメリカ教育改革の動向と質的な知識観

（1）『危機に立つ国家』と量的な知識観

　日本の教育改革にみられる「知の総合化」に基づいた学力への注目は，アメリカの教育改革と同時期に生まれてきた新しい学習理論とも重なり合う。

　1983年，レーガン政権のもと，教育省長官テレル・ベルの諮問機関であった「教育の卓越性に関する全米審議会」によって，『危機に立つ国家』という

調査報告書が作成された。この報告の背景には，一つには生徒の学力の低下傾向や教室の無秩序への危惧，そしてもう一つには教員養成とカリキュラムの失敗への反省がある。学力低下が中途退学者や暴力，さらには麻薬使用という社会問題にまで発展すれば，必然的にアメリカの将来が揺さぶられる事態になる。ちょうど当時は国際的な競争のなかでの優位をめぐってもアメリカが危機を感じていた頃でもあった。

『危機に立つ国家』が示したアメリカ教育の荒廃への憂いは，当然，自由と関心と自発性を最大限に尊重しようとする普及していた教育理論が誤りであり欠陥であるという認識に至らざるを得なかった。この教育理論こそ進歩主義という陥穽であるという見方が支配的になり，ジョン・デューイの進歩的で実験主義的な教育理論は克服されるべきものとして批判されたのである。もっとも激しくデューイの教育理論と対峙した者の一人に，ヴァージニア大学の教授のエリック・ハーシュ・Jr. がいる。

ハーシュの主張の要点は大きく分けると二つある（ハーシュ，1989）。一つは，生徒たちの個性や創造性に立脚している，教え込みや知識の注入を躊躇する進歩主義的で浪漫主義的な教育理論を廃棄すること，そして第二に，アメリカ人としてもつべき基礎的な教養（知識）としてのカルチュラル・リテラシーを身につけること，である。単なる読み書きができることや計算の遂行能力としてのリテラシーではなく，アメリカ人として有するべき「背景知識」に支えられたリテラシーがあると彼は言い，それをカルチュラル・リテラシーと呼んだ。だから学校はカルチュラル・リテラシーを子どもに適切に教える場である，ということになる。ハーシュは読解力，理科，数学の基礎学力の不足ばかりでなく，アメリカの歴史の流れあるいは重要な史実すら理解していない生徒の現状を深く憂えた。

ハーシュの主張は，ブッシュ改革の一つである到達度評価を伴った国家規模の試験導入へのスプリングボードとなったと推測できる。というのもこの試験では，今日のアメリカ人であるなら知っていなければならないこと，できなければならないことが基準として示されたのである。ちょうどハーシュがカルチュラル・リテラシーの名を与えたように，単に知っていること，できることに

価値があるのではなく、それにより教養豊かな人生を生きること、文化によりアメリカの国力を回復することに価値が置かれるのである。当然こうした教育モデルは知識の注入主義の性格をもつものである。

スタンダードを用いて計測されるのは、結局は知識の量でしかないという事実に目を向けるべきだろう。パウロ・フレイレが「銀行型教育」として批判した、知識は量として蓄えることができるという見方に他ならない。学力をどう捉えるかという視点で言えば、現在のアメリカ教育改革やハーシュに特徴的なものは、学力とは目に見えるものであり、量であり、測定可能であるという立場である。このような学力のあり方を説明する知識観を、ここでは量的な知識観と呼ぼう。

(2) 状況的認知の登場──参加としての学び論

他方、教養的（カルチュラル）リテラシーがあるかどうか、またそれをいかにして測ることができるか、という量的な知識観には立たない、まったく別の動きも1980年代以降次第に現れはじめた。一つは状況論とか状況的認知などと呼ばれる、心理学や人類学のフィールドワークに基づいた知見によって構成された観点である。状況論は教育政策と直結しているわけではないけれども、教室での学びや、日常生活での私たちの認知がどのようなものかに焦点を当てている。

状況論は、知識は日常生活のなかで他者との相互作用のプロセスにおいて形成されるという社会的構成主義の理論でもある。だから、知識がどれだけあるのかという見方ではなくて、多様な状況のもとで知識をどのように創りだしてそれを効果的に用いることができるか、という問題解決的な観点とも関わるものである。固定的なものではなく、ある状況では適切であっても別の状況では不適切となるような変化するものとして、知識をみなすのである。動名詞のknowingや、ある知識を状況のなかで使いこなす力という意味のknowledgeabilityという表現が状況論では好んで用いられる。この立場によれば、注入や詰め込みによるのではなく、周囲との相互作用によって知識は構成されるのである。

一例を見ると，状況論では，日常で計算を用いる場面において，人はどのようにその計算をするのであろうか，ということを問題にする。正確さや早さを求めるのではなく，満足できる正しい答えを得ることが，日常場面での計算の意義であろう。予算内に買い物を

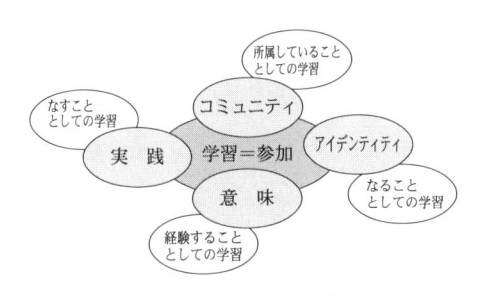

図3-1　学習としての参加

済ませる，カロリー計算をしながら食事をする，電車の時間に間に合うように家を出る，一定の正しい数で箱に詰める，どれもみな日常生活にはありふれたことであるし，そこでは必ず計算という手続きが埋め込まれている。しかし，その計算が実行される場合には，ただ単に1+1=2という手続き的に実行されるのではない。状況という，計算の条件を規定するものに配慮する。実際に指さしながら数え上げることで計算を果たすこともある。活動と計算の過程とが一体となっている，と言えるであろう。

　状況論での学びには，複雑な方程式を形成してその解を求めるのとは違うやり方が存在する。もちろんこれは計算する意義そのものを軽視するのではない。知識の獲得には状況との相互依存関係が介在する。頭の中にある知識は頭の外にある社会的な世界と直線的に対応するということではなく，知識と世界（状況）とは分けることのできない形で構成されているのである。

　状況論は，学びを参加として捉える立場でもある。これは，アメリカのジーン・レイヴとエティエンヌ・ウェンガーの「正統的周辺参加」「状況に埋め込まれた学習」の名で日本でも知られるようになった（レイヴ／ウェンガー，1993）。先にも述べたように，知識を「使いこなす」という，知識の動詞的な特質をレイヴらは指摘する。知識は生きていくことと結びついて，参加の過程，活動の過程で不断に構築され再編される，という立場である。したがって何をどれだけ知識として蓄えてきたか，ということではなく，生きた状況と結びついてどれだけ十分に知識を生かすことができるか，ということが参加的な知識のもつ特質である。そうした参加的な知を共有することは，日本の伝統的な

「見よう見まね」の徒弟制とも近づいてくる。

　ウェンガーによれば，参加論は，コミュニティに所属していること，アイデンティティ形成，何事かをすること，そして経験のなかで意味を生成すること，という四つの特徴をもつ（ウェンガー他，2002）。誰もが知るべき何かをあらかじめ積極的に決定しない。参加のプロセスで，あるいはその結果として知識は共有されるのである。自分が何者になるか，何者になりたいかという自己形成を学びとして捉えることが，参加論のユニークな特質である（図3-1）。

（3）ショーンの反省的実践

　状況的認知と比較的よく似た知識観をもつ研究者に，ドナルド・ショーンがいる。ショーンはMITの哲学者で，フィールドワークで得た知見からユニークな「反省的実践家」のモデルを1980年代に描き出した（ショーン，2001）。私たちの知ることが行動のなかに含まれていること，さまざまな行動のさなかに知るという行いがあることを分析している。こうした実践知ないし臨床知は，都市計画・経営・建築・エンジニア・サイコセラピー・教育に携わる専門家に共通した特徴であって，知ることと行うことが分かちがたく結びついている。

　知ることは何ごとかを行うなかに埋め込まれているのであって，実際の状況において活動することと切り離すことはできない。このような知のあり方をショーンは「行動に埋め込まれた知（knowing-in-action）」と呼ぶ。それは「このときにはこうすればよい」といった処方的なものとは異なり，絶えず状況との対話によってどのような行動が適切かを選択するようなあり方である。「ぴったりくる形を見つける」経験を語る大リーグの投手たち，聞こえてくる相手の音を感じてあわせて即興で演奏するジャズミュージシャン，棒の先に木製のブロックをのせてバランスをとる実験をする子どもなど，自分の行動のパターンや，自分が行動しているときの状況，行動のなかにある暗黙のノウハウについて，行動しながら思考をめぐらしているのである，とショーンは指摘する。

　ショーンの反省的実践は，あることを行うさなかにその何かを行うことについて考えるという「行動のなかの反省」と，活動をどのように遂行するか，あるいは活動後に活動がどのようなものであったかを考えるという「行動に関す

表 3-1 反省的実践家と旧い専門家

反省的実践家のモデル	熟練者（旧い専門家）のモデル
私は知っていると思われるだろうが，有効で重要な知識をもつ状況にいるのは私一人だけではない。私の不安は私にとってもクライエントにとっても学びの源泉となるだろう。	私は知っていると思われるだろうし，不安であるにしてもそうだと主張しなければならない。
クライエントの思考や感情とのつながりを探れ。私の知識にたいするクライエントの尊敬は，状況のなかでクライエントが知識を見いだすことによって生じると考えよ。	クライエントとは距離を置き，熟練者の役割にこだわれ。クライエントにはみずからの熟達を分からせ，「甘味料」のように温かさと共感の感情を伝えよ。
専門家のうわべの体裁を維持することはもはや必要ないと考えて，自由の感覚，クライエントとのリアルなつながりの感覚を求めよ。	私の専門的な人格に対する反応のなかで，立場の違いと置かれた地位を見いだせ。

る反省」という，二つの反省の機能から成り立つ。反省を通じてみずからが置かれた状況を改めるところに知があるのだ，というショーンの立場は，じつはデューイ的な問題解決の伝統を引き継いでいるのである。自身が置かれた状況を凝視し傾聴することで，どのような行動をとるべきか判断しなければならない。ショーンによれば，複雑な状況を解決する専門家たちは「行動のなかの反省」「行動についての反省」に絶えず取り組んでいるのである。

これまでの専門家に支配的であった科学的で厳密な系統だった理論的な知を蓄積しそれを応用するという「技術的合理性」には基づかない，「反省的実践家」という新しい専門家像をショーンは描こうとした。理論の適用としての実践，すなわち「理論の実践化（theory into practice）」に終始するような，つまり科学的な知識を獲得させて実際の場面に応用させることを目的とする専門家教育を批判して，新たに「実践に埋め込まれた理論（theory in practice）」を提案したのである。行為のなかでじっくりと反省し続け，複雑に入りくんだ状況との対話を絶えず行う新たな専門家モデルをめざすものである（表 3-1）。

（4）拡張による学び

ロシアの心理学者であったレフ・ヴィゴツキーは，いわゆる「文化―歴史的活動理論」に多大な影響を与え続けている。現代のアメリカやフィンランドをはじめ国際的に展開している学習理論として興味深いこの活動理論は，現世代

表3-2 伝統的な学習と拡張的学習

	伝統的な学習	拡張的学習
主　体	成績達成者	意味生成者
対　象	死んだテクスト	文脈に沿ったテクスト
コミュニティ	個々別々の個人のクラス	探究チーム
道　具	記憶，再生，アルゴリズムによる問題解決の道具	探究の道具
ルール	競争的適応	危険な抵抗
分　業	孤　立	協　働

のユーリア・エンゲストロームによって，「拡張的学習」として結実している（エンゲストローム，1999）。

　エンゲストロームは学習を矛盾や葛藤のなかにあるものとして捉える。矛盾の当面の解消による新しい活動システムへの移行を「拡張」と呼んで，協働的な関係における矛盾や葛藤や抵抗が発達の原動力であることを指摘した。この拡張とは，各個人だけに当てはまるものではなく，所属するコミュニティや社会にも適用される。したがって，学習には社会を積極的に変革していく役割が課せられるのである。

　拡張的学習では，教師はファシリテーターとして協働的な問題解決に関わる。子どもが矛盾の解消に向かうとき，その解消を促進し支援する者である。ここでは，やはり何か教えるべきスタンダードがあるわけではない。エンゲストロームは活動が道具や記号，意味に媒介されていると言うが，拡張的学習は，教え—学びの一方向的直線的なモデルではなく，旧い活動から新しい活動への教師による媒介を間においた絶えざる拡張を意味しているのである（表3-2）。

　参加論やショーンの反省的実践，エンゲストロームの拡張的学習のモデルが示すように，どれだけ知識を有するか，あるいはその量にたいしてスタンダードを用いて測定するというあり方とは異なる知のあり方が指摘できる。みずからの行動のなかで知識の意味を検証するという，質的な知識観をいずれも提示しているのである。

3．探究学習の可能性

　ハーシュのような目に見える知識，参加論やショーン，エングストロームのような目に見えない知識という立場は，日本でも「見える学力・見えない学力」(岸本，1981) という着想にも見られるように，学力が一義的ではないことを端的に示している。見える→測定可能→序列化という量的な知識観が支配的ななかにあって，状況のなかで活用され深められていく質的な知識への見方は積極的に見直されてよい。1970 年代の日本のいわゆる「落ちこぼし」がそうであったように，注入主義的な教育が子どもにとって必ずしも幸福とはならないのも事実である。

　参加論や拡張の学習モデルは，何よりも私たちの日常生活を出発点とする。学びを状況や参加や拡張のなかにあるものとして捉えることは，実はデューイ的伝統が脈々と受け継がれていることを示している。しかし，ハーシュが誤解していたように，必ずしもデューイの真意は正しく十分には理解されてこなかったと言える。

　まず，知識は実生活の中で役立つ道具であるべきだというプラグマティックな考え方により，学校知と生活知・実践知の乖離をもたらしたのだとハーシュは非難する。学校で学ぶものは実生活では無意味だと主張する立場にさえデューイは利用されることもある。しかし，学校は小型の社会であるというデューイの考えに忠実であれば，本来は学校と社会とは直結するものでなければならず，したがって学校で学ぶ内容が無意味とは到底言えない。確かにデューイは伝統的な学校で展開していた注入主義的な教育方法を厳しく批判したけれども，それはそうした方法が誤りだという主張であって，学校での学びやその達成としての学力をすべて拒否するのではない。

　次に「子どもの側に立ち，子どもから出発しなければならない。学習の質と量をともに決定するのは，ほかならぬ子どもであって，教科ではないのである」とするデューイの議論が，教科や教材を軽視しているという誤解である。日本でもいわゆる「はいまわる経験主義」として，デューイによる経験の絶え

Column

ジョン・デューイ（John Dewey, 1859-1952）

　教員採用試験の経験者は「なすことによって学ぶ」と聞けばデューイ，と今も即答できるのだろうか。じつはこのデューイの考え方は，彼がシカゴ大学に在籍していたとき（1894-1904）に，実験室学校（Laboratory School）とも呼ばれた附属の小学校で繰り広げた約7年間の教育実践のなかで深められていったものである。その実践がオキュペーションという学習原理によって支えられていたのである。オキュペーションはたとえば糸紡ぎや調理，小屋づくりなどの実際的・体験的な活動をするのと同時に，読み書き算やアメリカの歴史的事実や貿易，植物の成り立ちの学習といった，教科的な学びもできるように構成されていた。大正自由主義教育期に木下竹次が唱えた「しごと」に代表さ

ジョン・デューイ

れるように，世界的な新教育運動の担い手と評価されるデューイの革新的な教育理論は，当時から注目されていた。新たに創設された総合的な学習の時間にも，子どもの日常生活から教育を構想するデューイ教育学のエッセンスは取り込まれていると考えられるだろう。日本に今なお大きな影響を与え続けているし，今を生きている私たちがデューイから学べるものはまだまだあるように思う。

　デューイの偉大な功績は，教育学（『学校と社会』『民主主義と教育』『思考の方法』『経験と教育』）だけにはとどまらない。プラグマティズムの哲学者（『経験と自然』）としてはよく知られているけれども，他にも論理学，美学，社会学，心理学，宗教学，倫理学，政治学，といった領域にも関心を寄せ，数多くの著作や論文を残している。デューイのさまざまな見解を一貫させているものは，敢えて要約するならば，人間の知性を深く信頼する態度と言えるだろう。それはそもそも人間相互の信頼を必要とするとも言えるだろう。いかに相手より優れるか，ではなく，他者との協働的なあり方として，いかに自分の個性を生かし相手の個性も生かすか，というもう一つの教育学的な課題とも関わってくるのである。

写真出典）Dykhuizen, George, *The life and mind of John Dewey*, Southern Illinois University Press, 1973.

ざる再構築という教育理論は否定された。子どもの経験を尊重することは，教科のテーマや教材を子どもの具体的な経験のなかに見いだし設定することだというデューイの考えは，容易には実現されえないものであるかもしれないが，子どもの短絡的な自発性や関心に任せるものでは決してない。子どものさまざまな経験を意味のある学びとするために，教科や教材の組織は必要なものである。

　そしてもう一点，結局子ども中心主義の教育では子どもは学ばないという誤解も的を射ていない。問題解決学習として戦後日本で広まったデューイの教育理論は，やってしまえばそれでおしまい，楽しければそれでよし，として本来の意図が歪曲された。デューイは子ども中心や進歩主義教育を標榜した無秩序な教室の様子を見て嘆いたし，実際に彼がめざしたのは「コミュニティ中心」という教育の理想である。一方で子どもの関心を欠いた暗記と注入による教科中心の教育を批判し，もう一方で教材の組織化を欠いた粗雑な子ども中心の教育を批判したデューイには，子どもが活動的に作業に従事する「オキュペーション」のなかにこそ，真の学習，真の探究学習がなされうるのだという信念があった。

　このようなデューイ的な探究学習は，総合的な学習の時間との関連で，少しずつではあるが新たな広まりを見せている。たとえば，福井大学教育地域科学部附属中学校での取り組みである。総合的な学習の時間を通じて探究のコミュニティを創造することが，「学びの改革，授業の改革，カリキュラムの改革，教師の研修の改革，教師と研究者の関係の改革という全体的な改革」につながるという取り組みは，やはり注目してよい。デューイやショーンのいう，反省やコミュニケーションを媒介としながら，新たな教育実践が創造されているのである（福井大学教育地域科学部附属中学校研究会，2004）。

　探究学習と学力低下論との関係にも触れておこう。学力低下論争をめぐる見解をみてみると，学力とは何かという本質的な問いが，主題的には取りあげられていないことが分かる。国際的テストのデータや，学習時間の変化，内容の三割削減，教科構成のあり方などから学力低下を検討することは確かに有益ではあるけれども，いずれも知を量としてみなしている立場からは抜け出せてい

ないというわけである。むしろ必要なのは，知を量としてみなすのではなく，生きている現実と結びつけて使いこなす力としてみなす，探求学習という質的な観点であろう。

おわりに

　オキュペーションによる探究的な学習で，子どもの何が養成されるのだろうか。ここではデューイにならって直接性，専心，オープンな精神，責任，の四つを挙げておこう。直接性とは不安に躊躇せずにみずからの経験を前向きに信頼することである。専心は学ぶ対象に没頭することを意味し，好奇心や意欲を絶えず失わずにいることである。オープンな精神とはみずからの行為が誤っているかもしれないと考え，他の観点や意見を受け容れる寛大さや余裕があることである。最後に責任とは後続する経験の意味を十分に考慮して変化に対応することである。

　探究学習には，自分をつくり，世界を拡げる，という二重の焦点がある。ここには参加や拡張の学習理論がそうであるように，絶えざる自己形成とコミュニティづくりの思想がうかがえる。もはや知識は何か固定的で静的なもの，測定可能なものではなく，状況に依存した動的なもの，多様で可変的であるがゆえに何らかのスタンダードにはなじまないものだという特徴を有することになる。探究学習は「学んだ力」としての学力と同時に，自分づくりと対話を通じたコミュニティづくりという「学ぶ力」としての学力も含む。

　したがってデューイのいう責任とは，相手に応答する責任（responsibility），まさに応答する能力（response-ability）として再定義されることになる。みずからの経験に，他者に，コミュニティに何らかの形で応答する力は，学んで知識を得ることと両立するはずである。応答するという臨床的なあり方を学力と呼びうるかは即断し難いけれども，少なくとも協働的な探究学習から応答する知を養成することが可能なことを指摘しておきたい。

　以上，本章では，日米の教育改革の動向を整理しながら新たに台頭しつつある学習理論を概括し，それらの背後にある知識観と学力観を量と質との間の揺

れとして捉えてきた。大きく変動する時代にこそ，一方で私たちが置かれている現実から構想するような，もう一方でさらなる変動を予測しその変化に対応できるような，総合的な知のあり方，教育のあり方について今後も議論を続けるべきであろう。

参考文献
市川伸一『学力低下論争』筑摩書房，2002年
ウェンガー，E./マクダーモット，R./スナイダー，W. M.『コミュニティ・オブ・プラクティス——ナレッジ社会の新たな知識形態の実践』野村恭彦監修，翔泳社，2002年
エンゲストローム，Y.『拡張による学習——活動理論からのアプローチ』山住勝広他訳，新曜社，1999年
岸本裕史『見える学力，見えない学力』大月書店，1981年
ショーン，D. A.『専門家の知恵——反省的実践家は行為しながら考える』佐藤学・秋田喜代美訳，ゆみる出版，2001年
高浦勝義『総合学習の理論・実践・評価』黎明書房，1998年
デューイ，J.『学校と社会・子どもとカリキュラム』市村尚久訳，講談社，1998年
デューイ，J.『経験と教育』市村尚久訳，講談社，2004年
ハーシュ，E. D. Jr.『教養が，国をつくる。——アメリカ建て直し教育論』中村保男訳，TBSブリタニカ，1989年
福井大学教育地域科学部附属中学校研究会『中学校を創る——探究するコミュニティへ』東洋館出版社，2004年
レイヴ，J./ウェンガー，E.『状況に埋め込まれた学習——正統的周辺参加』佐伯胖訳，産業図書，1993年

(龍崎　忠)

I-4 価値の相対化と道徳教育

はじめに

　現代社会は，ますます多文化的で，価値多元的な傾向を強めている。この社会に生きる私たちは，先人たちの英知を学び，伝統的な社会的規範や道徳規範を批判的に継承しながらも，みずからの選択で「より善い生き方」を探究していかなくてはならない。また同時に，次の時代を担う人たちにたいして，「善い社会」の建設と「善き生」を導くための価値と倫理の探究の仕方を伝えていく責務を担っている。本章では，まず，現代社会の特徴を概観し，それが人々のライフスタイルや考え方に及ぼした影響について考える。次に，倫理と道徳の概念の淵源と，市民社会の発展とグローバル化社会の出現において展開されてきた，倫理的・道徳的価値についての基本的なとらえ方について学ぶ。最後に，日本の道徳教育の過去と現在を概観し，今後の倫理・道徳教育の可能性と課題について考えていく。

1. 価値相対化と現代人の不安

(1) グローバル・ビレッジ化した現代社会

　現代は，人類が史上初めてみずからの手によって，人類の死滅と地球の破壊をもたらす手段を手に入れた時代である。国際社会は，相変わらず国家によっ

て分立し，国家間の和平は，敵国を攻撃・壊滅することが，自国への攻撃・壊滅を意味するという「相互の破滅」の回避からかろうじてもたらされているにすぎない。また20世紀後半の冷戦終結は，現代の「パンドラの箱」を開ける結果となった。すなわち，私たちは，多民族からなるモザイク国家を統一，維持していくことがいかに困難であるか，また民族と宗教の違いを起因として，地球上の至るところで，いかに多くの憎悪と報復の連鎖（紛争やテロ）が生みだされているかを体験し，目撃することとなった。民族の伝統と固有の価値，宗教上の価値観の違いを乗り越えるべく憎悪の連鎖を断ち切り，それを対話へと転換するための，正義と自由をめぐる新たな理解の枠組みがもとめられている。

　他方，高度な科学技術の発達，資本主義経済のグローバル化や情報のネットワーク化は，文字どおり，地球をグローバル・ビレッジへと変換し，国家間，文化間のボーダレス化をもたらした。資本の流動化や技術革新，物流の加速化，情報の共有化は，人々の生活を豊かにするはずだと思われたが，実際には新しいタイプの貧富の差を生みだし，デジタル・ディバイドや新たなリテラシーの格差の問題を招いている。ここでは，地球規模での環境の倫理，経済の倫理，情報の倫理，生命の倫理などが問われはじめている。こうした問題群の特質は，解決の仕方が一義的に決まらず，複数の立場がそれぞれもっともらしく拮抗するという点にある。

（2）日本の現代社会と現代人の不安

　日本の現代社会は，過去半世紀以上にわたり，技術革新の成果と市場経済による繁栄を享受してきた。物質的な商品の大量消費はもちろん，情報の生産と消費，交通・通信の媒体の発達による便利さと快適さも，日常的なものと化した。しかし，残念ながらこれらの物理的な豊かさは，現代人に，必ずしも心の豊かさと満足をもたらしたわけではなかった。たとえば，全国に浸透した「都市化」は，地域共同体とその規範を崩壊させ，特定の地域への人口の集中はかえって人々を孤立させた。めまぐるしく変転する日常的な場（シーン）の生産と消費において，人々は，自分自身に自信がもてず，他人の視線と評価や（マ

ス・パーソナル）メディアからのメッセージを絶えず気にするような孤独で不安にかられやすい存在となってしまった。日々の生活においても将来の選択についても，現代人が下す決断は，果たして自分自身の選択なのか，強いられた選択によるものなのか，しばしば判然としない。

　子どもたちもまた，忙しい日々を過ごしている。子どもたちは，こぢんまりとした夢を抱きながら，刹那的に場を消費し，その場限りの自分だけの快適さを楽しむようになっている。他方，社会全体のモラル低下や凶悪犯罪の低年齢化，子どもたちのもつ規範意識の希薄化にたいし，大人の側からの倫理的価値の教育や道徳教育へ寄せる期待は大きい。しかし，この期待の大きさは，多くの保護者（大人）が子どもに伝えるべき価値について，また倫理・道徳教育一般について，確信をもてないでいることを同時に物語っている。

　現代人一般がもつ漠然とした不安，それも道徳的レベルでの不安を象徴的に表しているのは，たとえば，数年前に，ある少年犯罪に関する議論から発展した「なぜ人を殺してはいけないの？」という子どもたちからの素朴な問いかけであろう。多くの大人は，そのような問いが発せられること自体に驚愕すると当時に，この種の倫理的な問いにたいする満足な答を用意していない自分にも驚いたはずである。現代社会は，グローバル・レベルとはまた違った意味で，別の小さな「パンドラの箱」（問われることのなかった問い）を開けてしまったようである。

　この「パンドラの箱」とは，近代の公教育が開始されて以来，ほとんど疑問を抱くことのなかった価値観，教育を根底から支えてきた価値の体系である。その中心には道徳的価値がある。そして現代の倫理的状況は，道徳的価値を「普遍的なものとして」無条件に受け入れるのではなく，その中身を問い始めたのである。昨今の教育の言説は，これを道徳の希薄化と受けとめ，直ちに「人間性の回復」や「心の教育」へと向かう傾向にある。果たしてそうした対処は的を射ているのだろうか。問題は，近代の枠組みに関するどこか別のところにあるのではないだろうか。

2．倫理的価値の探究

(1)「倫理」と「道徳」の語源的意味

まず「倫理」と「道徳」の語源的な意味を探究してみよう。西欧語の「倫理」や「倫理学」の語源は，古代のギリシア語にある。ethics（英）や Ethik（独），éthique（仏）などは，直接にはラテン語の ethica から派生しているが，その語源は，ギリシア語 ēthos（エートス）にさかのぼる。アリストテレスの時代，この語は，元来，生物が「住み慣れた場所」を意味していたが，それが転じて，その場所で形成される独特の「雰囲気」，「慣習」や「習俗」を指すようになり，さらに慣習や習俗の結果として育まれる人間の「習性」や「性格」を意味するにいたった。

学問としての倫理学を最初に提唱したのは，アリストテレスである。彼は，ēthos（エートス）という語の本来の意味が ethos（エトス，習慣）であることを重視し，倫理学を「習慣によって獲得されるべき徳 aretē（アレテー）」を論ずる学問として構想したのである。このギリシア語の徳 aretē は，一般に，能力，性質，特徴を意味したが，それが人間の徳ということになると，人間の個性的な性質を意味し，特にポリスにおいては人としてよくその役割を果たすこと（立身して善良な市民となること）を意味していた。

「道徳」moral（英）の語源は，ラテン語の moralis にある。実はこの moralis という語は，古代ローマの弁論家キケロによる造語であり，ギリシア語 ethos のラテン語への翻訳語としての mos（慣習）の複数形 mores（モーレス）から創作した言葉であるといわれている。ラテン語の mores の方は，マナーや風習，習俗，習慣を意味していた。つまり，個人に帰属する性質や性格というよりも，共同体や社会の規則や規範を意味していたのである。

このように「倫理」や「道徳」という言葉は，個人に帰すべき価値とか規範というよりも，まずは人々の集まる場（共同体）を成立させている秩序（共同体の倫理＝人倫）を意味し，さらに人々の間で継承され，育まれた慣習や習俗，習慣を意味していた。倫理の探究は，第一に人々が規則に従う段階があり，次

に規則を内面化し，内発的に従う段階へと進み，最後に規則を，より批判的で普遍的な言葉でとらえ，道徳的主体としての自律性を獲得する段階（良心・理性が指令する規範）にいたって，はじめて自覚的に遂行されるのである。

（2）近代社会と主体的人間の出現

　古代ギリシアにおける倫理的価値の探究は，比較的単純な社会や共同体における善さの探究であり，善さは，端的に善いと判断された行為の中にあった。人類の歴史は，その後，長きにわたる前近代的な村落共同体，拡大家族，自治都市，身分社会などを経て，近代の市民社会（産業社会，都市社会）へと展開した。近代市民社会では，前近代社会における伝統的慣習，宗教などに代わって，道徳が社会全体を包括する原理となる。言い換えれば，道徳が人々を社会や共同体へと結びつける鍵となったのである（したがって，次世代の教育を担う学校にとって，道徳教育はその重要な任務となった）。

　この転換を，個人の側から見るとどういうことになるだろうか。西欧では17世紀の科学革命の時代あたりから，人間は，神の視点（地位）を手に入れ，神＝自然にたいする信仰から，人間の肯定と人間自身の「無限の可能性」にたいする信仰へとシフトしはじめた。それまでの人々は，共同性を保持するために，「俗」にたいし「聖」の領域を，畏れると同時に営々と培ってきた。しかし，近代人は聖なるものや神，自然を背景に追いやり，隷属としてのサブジェクト（subject）ではなく，主観としてのサブジェクトとして，自然を実験と観察の対象（客観）に変換してしまった。近代人は，超越的なもの，神への信仰を放棄したわけではないが，宗教を，社会全体をおおうものというよりも，宗派的で個人的なもの（パーソナルなもの）へと変換してしまったのである。ここに近代の個人主義，主体性をそなえた自我という観念が誕生することになったのである。

　このことは直ちに次の二つの問題を引き起こした。第一に，超越的なものの回避は，究極的な根拠づけの契機の放棄を招き，すべてを相対的にとらえるという（ある意味での）価値の相対主義を招いたことである。あらゆるものが計測の対象となることにより，水平的で均質的にとらえられ，差異（聖と俗，正

常と異常，善と悪，正と邪，公と私など）は，程度の差でしかなくなる。問題は，人間は有限な存在（生と死）であり，何らかの意味で普遍的なものに関わらざるを得ず，価値の相対化の中で生きるようにはできていないという点である。第二に，近代人が手に入れた「主観―客観」は，「見る自己」を前提にしているが，人間は，その意識構造として，さらにこの「主観―客観」を対象化する自己意識，すなわち「見られる自己」を自覚しなくてはならないという課題を担いはじめた。これは「神によって見つめられる自己」を放棄したことの代償としてある課題である。この課題を克服しなければ，人間は「見る自己」を優位において他を物象化し，客観化するばかり（エゴイズム）で，他者理解にいたることはないし，自律的な自由も獲得し得ないのである。近代の倫理学的探究は，こうした倫理的価値の相対主義の克服と他者理解の方法の問題にどのように取り組んできたのだろうか。

（3）倫理的価値の探究――規範倫理学と徳倫理学

　前近代的な共同体や身分社会から自由な意志をもった主体的個人が出現する（それが理想と捉えられる）と，近代の倫理の探究は，人が社会の一員としていかに尊敬されるべきか，そして人がいかによく生きるかという問題に向けられた。この前半は，人格の尊敬と完成の問題であり，後半は社会的正義の問題である。倫理の探究の仕方は，これらの問いの立て方に即して，徳倫理学的アプローチと規範倫理学的アプローチとに大別して考えることができる。この二つのタイプは，倫理・道徳教育のあり方を考察する上で有効であるので，以下に簡単に触れておこう。

　規範倫理学　規範倫理学では，行為の正しさ（何をなすべきか，行為の善悪の基準は何か）について，正義，義務や権利，自由と平等といった観点から探究する。この考え方の最も厳密なものは，I. カントの定言命法である。カントによれば，道徳的行為は，利害を度外視してもしなくてはならない義務であり，また道徳の原理は，特定の望ましさや快楽のような実質をもたない形式的なものでなければならない。仮言命法の方は，外部の目的を前提とし，その目的のための手段として，命令の形をとるもので，たとえば「もし名声を得たいので

あれば，正直であれ」と表現される。これにたいして，定言命法は，それ以外の目的をもたず，有無を言わさず，ひたすら「正直であれ」と命令する。カントは，「あなたの格率が，普遍的な立法の原理となるように行為しなさい」という命令文が，道徳法則の一般原理だと考えた。つまり万人が自分と同様に選択することをみずから欲しうるような選択原理に従うことに，行為の正しさがあるととらえたのである。たとえば，自分で「嘘をつかない」という格率を立てると，「あなたは嘘をつかない」「彼は嘘をつかない」……「誰も嘘をつかない」というように万人に適用しても矛盾はない（普遍化可能）。したがって，「嘘をつかない」は道徳法則ということになる。カントにおいて，相対主義の回避と他者理解は，厳格な自由＝義務の観念と定言命法により克服された。しかし問題は，カントのいう法則が，あまりにも厳格すぎて，現実的でないことであった（カントに従うと，たとえば「生命を救うための嘘」も許されない）。

　ポスト近代に入って規範倫理学の最も洗練された形式の一つに，J. ロールズの正義論がある。自由主義社会では，自由と平等との衝突がさまざまな場面で生じる。たとえば，子どもの個性の尊重や自由な選択は，多くの場合，機会均等（平等）と矛盾する。ロールズは，公正な判断をする条件として，人が自分の立場を度外視して手続きに入るという設定が必要であると考える。そこで提案された形式が，「無知のヴェール」につつまれた「オリジナル・ポジション」というものである。つまり，正義の原則の選択というゲームの開始前の状態（オリジナル・ポジション）として，自分の個人情報（階級，性別，信条，人種など）を知らされていない（無知のヴェール）状態からスタートし，誰もが自分の利害を守ろうとした場合にどのような正義の原則をもとめるのかという問いである。各人は，特定の自己利益や価値観から解放されているので，偏見のない公平な見地から正義について考えることができるだろうとされている。この理論の難点は，どこまで「無知のヴェール」という仮説に従うことができるかである。しかし，正義の選択の手続きにおいて，どんなに利己的な人，私利私欲でしか行動しない人も，他者の立場に視点をおいて判断せざるを得ないという仕組みにおいては，優れた理論といえる。

　徳倫理学　規範倫理学が規則とその根拠づけを探究の対象としていたのにた

いし，徳倫理学では，「いかに生きるべきか」や「どのような人間になるべきか」が探究される。既述のとおり，本来の倫理の探究は，特定の共同体で受容されている善さの探究，つまり，徳倫理学だったともいえるので，このアプローチは復古主義ともいえる。現代の徳倫理学にとって鍵となるのは，「善き生活」であり，徳はこの「善き生活」の実現のための手段である。そこで，先行する問題として，「善き生活」の規定が重要課題となる。このアプローチの長所も短所もこの課題にかかっている。規範倫理学と違って，徳倫理学では「正しさ」よりも「善さ」が鍵となる。規範倫理学で議論された行為の正しさや指針は，徳倫理学では「ある状況において正しい行為とは，有徳な行為者であったらなすであろう行為」という基準からとらえられる。そのために「有徳な行為者」とはどのような人間か，人間の本性は何か，また「徳」とは何かが，重要な問題となるのである。

現代徳倫理学の代表的な研究者に，Ph. フット，A. マッキンタイア，B. ウィリアムズらがいる。このうちマッキンタイアによれば，医療，教育など人間のさまざまな活動（実践）には，それ自体で意義ある内的な善が存在する。そうした実践を卓越した仕方で行う能力や性向が徳だという。ただし，実践とそれに付随する善は，多種多様であるために，私たちが一貫して実践に従事し徳を実現するためには，私たちの人生を統一体として見ることができなければならない。統一的な生を理解可能にするのが，物語的秩序だという。逆に言えば，人間は他者との相互行為を通じて，物語を生きているのである。徳倫理学に特徴的な観点は，「善さ」や「善き生」が，人間がその物語を生きている時代や場所，特定の共同体に埋め込まれていると捉える点である。近代の個人主義的な人間観は否定され（カントやロールズが想定する選択主体は，抽象的で，共同体を離れた「負荷なき自己」だと批判される），自己はその同一性を，共同体の成員であることを通して確認されるのである。マッキンタイア理論の問題点は，想定されている「徳の栄えた共同体」が，実在したものではなく，書かれたものの中にあり，人々に望まれた社会でしかないという点である。しかし，倫理・道徳教育の観点からは，特定の状況でどう行為すべきかという問いにもまして切実な問い，人間がいかに善く生きるか，その物語をいかに紡ぐかという難題

Column

わかってはいるけどやめられない──アクラシア問題

　人は言葉や理屈の上ではわかっていても，ついつい善くないことをしてしまうものである。喫煙の習慣を断ち切るのは大変なことであるし，身体に悪いと知りつつ，飲みすぎたり食べ過ぎたりしてしまう。これらは，直ちに自分にかえってくる問題であるが，世の中には，ゴミの処理や排気ガスによる環境汚染のように，自分の行為がいつの間にか他人に迷惑をかけているという事例は数知れない。その多くの場合，やはり人は悪いと知りつつ，行為に及んでいる。逆に，善いとわかっていてもその通りに行動できないこともある。資源の無駄遣いだと思えば，車に乗らなければよさそうなものである。道徳的・倫理的知と道徳的・倫理的行為の溝は埋められないのだろうか。

　このような「わかってはいるけどやめられない」とか「わかってはいるけどやらない」という人間に特有な問題を，古代ギリシアの人々は「アクラシア（無抑制）」問題と名づけていた。ソクラテスは，アクラシアを抑制力のはたらかない状態，無知の状態であり，抑制とは「知」に他ならないと考えた。つまり，「わかってはいるけどやめられない」人は実際にはわかっていない（無知）のである。これにたいし，アリストテレスは，アクラシアという事態に一応理解を示した。彼は理性と欲望を区別し，理性ではわかっていても欲望を克服できず，正しい行為に及ばないことがあり得るとした。ただし，理性に従い，欲望を抑制することができる人が有徳な人間であるととらえた点で依然，主知主義的であった。

　現代の倫理学では，わかり方（信念）と行為の関係が「内的」なのか「外的」なのかというとらえ方の違いにより議論されている。すなわち，内在主義（internalism）は，「〜すべし」という信念（道徳的言明）には，そのような行為をする実践的理由や動機が含まれている（だから知と行為は一致するはずだ）ととらえる。これにたいし外在主義（externalism）は，信念に加えて意志や欲望などの心理的要素があってはじめて行為が動機づけられるととらえる。外在主義では，信念には行為の実践的理由が含まれていないととらえるので，人は理解をしていても，そのように行為するのは別の次元だということになる。

　教育では，通常，道徳的理解には道徳的行為の実践が伴うものと期待されているが，道徳的・倫理的な知行一致は，このように難題なのである。

に応えようとしている点に学ぶべきところがある。

3．日本の道徳教育

近代において，道徳は個人と社会を結ぶ鍵であった，すなわち個人を社会化するときの媒介であったから，近代のシステムである学校は，子どもの道徳性の形成，人格の形成をその主要な任務としてきた。学校における道徳教育の方法としては，子どもの行動や生活世界（つまり学校の教育活動の全面）に働きかけることによって，子どもの道徳性を形成しようという考え方（全面主義）と，他の学習活動とともに特定の教授内容を明確にし，特定の時間に行うという考え方（特設主義）がある。倫理・道徳の理念において，両者は相容れないものではないが，隠れたカリキュラムの次元も含めて，カリキュラムの構成を考えるときには重要な観点（の違い）となる。

（1）第二次世界大戦まで——修身を中心とした道徳教育

日本の近代学校制度は，1872年頒布の「学制」にはじまる。学制により「男女共必ス卒業スベキモノトス」とされた尋常小学には，修身という教科がおかれ，小学教則（1872年）では，修身口授（ぎょうぎのさとし）という名称で教科が設置された。この学制期，道徳教育はあまり配慮されず，多くは翻訳書が使われた。口授とは，「教科書を使って教師がお話しをする方法」である。この学制期の西欧的な色彩の強い，いわば啓蒙主義的な道徳教育は，次第に儒教主義的な道徳教育へと転換され，1880年の改正教育令によって，修身科は教科のうち最も重要な教科として筆頭に置かれた。

1890年，国家主義的イデオロギーに彩られた教育勅語が渙発された。その内容は，歴代の天皇の統治とそれに応えた臣民の関係を「教育ノ淵源」とし，そこから忠孝から博愛，知能啓発まで和洋混交の徳目を列挙したものであった。続いて1890年の小学校令，1891年の小学校教則大綱では，修身科を中核とする道徳教育の重視が明言された。小学校教則大綱第2条は，その修身科の内容について，次のように規定している。「修身ハ教育ニ関スル　勅語ノ旨趣ニ基

キ児童ノ良心ヲ啓培シテ，其徳性ヲ涵養シ，人道実践ノ方法ヲ授クルヲ以テ要旨トス」。こうして，次の約半世紀にわたる道徳教育は，教育勅語に示された徳目を教える修身科，また勅語の奉読式などの儀式をつうじて，天皇制国家の教育体制の支柱として展開されたのである。

（2）戦後の道徳教育

　第二次世界大戦の終結後の1945年12月，連合軍最高司令官総司令部（GHQ）によって，修身科は停止された。教育勅語も1948年に失効されるが，その前年の1947年に公布された教育基本法が，戦後の道徳教育の基本理念を明示することとなった。特にその前文，および第一条では，教育理念における「民主主義」「文化主義」「平和主義」「福祉主義」への指向が明示された。

　しかし他方で，戦後の混乱期の中では，社会がもたらすモラル低下と少年非行の増加が具体的かつ深刻な問題として問われはじめ，修身科に代わるより現実的な道徳教育のあり方が模索された。まず提案されたのは，1951年の文部省による「道徳教育の手引き書要綱」である。その特徴の第一は，修身科教育の復活への反対である。修身科は，内容においても方法においても誤っているととらえた。第二に，新しい道徳教育の目的は，子どもの円満な人格を育成することにあるが，その方法については，子どもの日常生活における問題の解決をとおして道徳的な理解や態度を教えるという訓育的な方法を提案している。第三に，道徳に関する教科の特設を望ましくないこととし，道徳教育は，教科や特別活動の学校教育の全面で行われることが適当である（全面主義）という立場である。道徳教育の全面主義は，1951年の学習指導要領改訂に反映され，1958年まで実施された。

　これにたいし，「道徳」の時間を特設しようという動きは，国民道徳の基準を設けようという道徳教育強化論の立場からの主張とも重なりながら，1958年からの「道徳」の時間の実施として実現した。しかし，この「道徳」は教科ではなく，教育課程の一領域として位置づけられ，全面主義の考え方を変更するものではなかった。同じ年に告示された学習指導要領道徳編には，「道徳」の時間の目標，内容，指導計画作成および指導上の留意事項が規定されている。

以後，小学校学習指導要領は，1968年，1977年，1989年，1998年に，中学校学習指導要領は，1969年，1977年，1989年，1998年に改訂されているが，基本的に「道徳」の時間は維持され今日に至っている。

(3) 現行の道徳教育——豊かな心の育成

1998年の教育課程審議会の答申は，道徳教育の改善の基本方針として，次の三点，①体験活動等を生かした心に響く道徳教育の実施，②家庭や地域の人々の協力による道徳教育の充実，③未来に向けてみずからが課題に取り組み，共に考える道徳教育の推進，を示した。

現行の学習指導要領（小学校・中学校は1998年12月告示，高校は1999年3月告示）では，この方針を受け，旧来のものにたいし，「豊かな心」の育成と「未来を拓く」実践的な力の育成，またそのために，「教師と生徒及び生徒相互の人間関係」を深めること，「ボランティア活動や自然体験活動などの豊かな体験」を通して，道徳性の育成に努める必要があることが示された。道徳教育の目標は，「学校の教育活動全体を通じて，道徳的な心情，判断力，実践意欲と態度などの道徳性を養う」こととされ，特に道徳の時間については「各教科，特別活動及び総合的な学習の時間における道徳教育と密接な関連を図りながら，計画的，発展的な指導によってこれを補充，深化，統合し，道徳的価値及び人間としての生き方についての自覚を深め，道徳的実践力を育成するもの」とされている（中学校学習指導要領）。

このように現行の道徳教育は，戦後の全面主義と特設主義の両面を併せもっている。加えて，昨今の社会のモラル低下と子どもの規範意識の低下を危惧する世論に応えて，新たに「道徳的価値の自覚」が強調されている。元来，道徳教育は学校に限定すべきものではなく，地域，家庭との連続性が考慮されなければならないが，子どもの道徳性の育成（生命の尊重，他者への思いやり，倫理観や正義感などの育成）のために家庭教育や地域社会の教育との連携の必要性が主張されている。また子どもの道徳性の発達と人格形成のために子どもをめぐる人間関係が重要な影響力をもつことが新たに強調されているのも大きな特徴である。

さらに文部科学省は，道徳教育の推進のための施策として，2002年度より，子どもによる学習内容の把握，自己の考え方の理解，道徳的価値の自覚をめざした「心のノート」を配布し，また専門分野の社会人による道徳の授業を地域に公開する「心のせんせい」事業を導入している。

4．現代における倫理・道徳教育の可能性と課題

現代社会は，共同体における善（規範）を達成することが，そのまま「人格の完成（善き市民）」であるというような単純な仕組みではない。またそこには，特定の道徳の規範や規則を学べば，直ちに具体的状況において道徳的実践を期待できるというほど単純な関係もない。社会のあり方や機能が多様化し，個人が社会に参加する仕方も一様ではなくなったとき，一つの社会が道徳的に個人を規制していくことは次第に困難になっていく。たとえば，道徳規範のレベルで「自律性」「生命の尊重」「寛容」などを充分理解できる人々が，具体的な生命倫理に関する問題については，同じ道徳規範を根拠にしながら合意にいたらないということもあり得る。技術的な知識や状況について充分議論を深めれば，必ず合意にいたるはずだという考え方もあるが，倫理的な議論の根底にある道徳規範の抽象性と具体的状況との間の乖離が埋まるわけではない。

たとえば「子どもの規範意識の希薄化」への処方箋として，「心の教育」や「(生命の尊重などの) 道徳性の育成」の強化が主張されるが，これだけでは従来の道徳教育のやり方の反復でしかない。子どもたちが道徳規範を見失っているというよりも，現代社会と現代人の生活世界の実際に，道徳規範の方が「ついていけないのだ」という見方も必要である。抽象的な規範のレベルでは，子どもたちは充分道徳的である（生命を尊重すべきこと，正直であるべきことなどはよく理解している）。しかし，具体的状況において，子どもたちの道徳的選択は別の次元としてある。その場合，どんなに「普遍的」と思われる徳目を道徳教育の理念にあてても，子どもたちは（そして教師も），教育と実生活の乖離を確認するばかりである（文部科学省の政策の変化，徳目主義や，特設主義の道徳規範の指導から，価値判断能力の育成や子どもの体験，学習環境の配慮へという強調

点の変化は，この問題を反映したものである)。今後の学校における倫理・道徳教育はどのような観点と方法をとるのが望ましいのだろうか。

道徳性発達理論 一般に，何が正しいかという問い(命の大切さ，正直さ，誠実さなどの規範)となぜ正しいと思うのかという道徳的判断の思考とは便宜的に分けることができる。L. コールバーグによって提唱された道徳性発達理論は，前者の道徳規範よりもそれを導き出すときの道徳的思考や道徳的判断に焦点をあて，子どもの道徳性の発達を理論化しながら実践において実証しようという画期的な道徳理論である。すでに J. ピアジェは子どもの遊びの中にゲーム・ルールの捉え方の発達を見いだし，さらにルールの理解の仕方の分析を通じて，道徳の拘束的な(命令と服従の)段階(他律的な道徳性)から，相互の尊敬と信頼の段階(自律的な道徳性)への発達を考えていた。コールバーグの理論は，ピアジェの理論を青年期以降にまで拡張し，また発達の中心にある道徳原理についてはカント，ロールズらの義務論的倫理学によって精緻化しようというものであった。

コールバーグは，「ハインツのジレンマ(主人公のハインツが瀕死の妻のために高価な薬を盗むべきかどうかというジレンマ)」の物語を子どもたちに示し，この物語への反応から，子どもたちが正義という観点から社会の権利と義務の問題をどのように捉えているかを調査し(たとえば，子どもたちは「盗みは悪い」と答えても，「処罰の対象だから」「相互の信頼を失うから」など判断の理由においては異なる)，表が示すような発達段階を仮説として提示した。彼によれば道徳性の発達段階は，三つの水準と六段階からなり，前慣習的水準の道徳から慣習的水準を経て脱慣習的水準の自律的で普遍的な原理の道徳にいたるというものである。この道徳性発達理論は，①各段階は質的に異なっていること，②発達は各段階を一定の順序で進むこと，③発達段階は文化や社会による影響をあまり受けず，普遍的であること，④段階の移行は，個人と環境との相互作用の中で，不均衡から均衡を求めることによる分化統合の結果としてあることなどを特徴としている(表4-1)。

今日のコールバーグ理論は，①子どもたちに他者の立場にたって思考する機会を与えること(役割取得の能力の習得)，②自己のもっている道徳的原則が不

表 4-1 コールバーグの道徳性発達段階

前慣習的水準
この水準では,子どもは善悪や正しさと誤りを示す文化上の規則やレッテルに反応する。

第 1 段階 罪と従順さへの志向(他律的道徳性)
人間的意味や価値とは関わりなく,行為の物理的結果が善悪を決定する。
罰を避けて,権威に服従することに価値があり,罰や権威によって守られている道徳的秩序への尊敬にはない(この後者は第 4 段階)。

第 2 段階 道具的相対主義への志向(自己本意性)
行為の正しさは,自分の欲求や他人の欲求を満たすことにある。公平さや互恵性,均等な分配などの要素がみられるが,物理的,実用的なやり方で解釈される。

慣習的水準
この水準では,所属する家族や集団,国家の期待に添うこと自体に価値がある。他の人からの期待や社会秩序にたいし,同調的であるばかりでなく,積極的に支持し正当化する。

第 3 段階 対人的同調性,よい子志向
善い行為は,他者を喜ばせ助ける行為であり,また人から承認される行為。何が多数意見か,自然な行為かについてのステレオタイプ化したイメージに強く同調。行為は,意図や動機によって判断される。

第 4 段階 法と秩序の志向
権威や既存の規則,社会秩序を維持する志向。行為の正しさは,義務の遂行,権威の尊重,既存の社会秩序の維持にある。
(第 4 1/2 段階)脱慣習的水準への移行段階。
合理的な懐疑主義と倫理的自己中心主義。

脱慣習的,自律的水準
この水準では,既存の原理を支持する集団や個人の権威とは関わりなく,正当性と適用性をもつ道徳的価値や原理を定義づけようとする。

第 5 段階 社会契約的,法的志向
行為の正しさは,個人の権利や社会全体で吟味され承認された基準から定義づけられる。個人の価値や意見が相対的なものだという認識があり,合意にいたるための手続き的規則を重視する。社会の利益の観点から,法の変更の可能性も重視する。

第 6 段階 普遍的倫理的原理の志向
正しさは,論理的普遍性や無矛盾性にもとづく自己選択による倫理的原理に合致し,良心の決定に従って定義づけられる。

出典) Kohlberg, L., *Essays on Moral Development*, Vol. 2, Harper & Row, 1984 より作成。

充分であることの自覚(道徳的認知的葛藤の経験),③子どもたちの学習環境を公正な道徳的組織へと整備することなどを主要な柱とする道徳教育の実践,として展開されている。特に②については,道徳的発達を促すような道徳的ジレンマの討論によって展開されるが,「ハインツのジレンマ」以外にも多くの教

材が開発されている。

ケアリングの道徳教育 ケアリングの道徳理論・倫理学は，コールバーグ理論の批判的継承から C. ギリガン，N. ノディングズらによって提唱された比較的新しい立場である。コールバーグ理論が普遍的な原理や正義の概念にもとづいて合理的な思考をする個人を想定（理想）しているのにたいし，ケアリングの道徳理論では，人と人との関係（ケアし・ケアされる関係）を大切にし，互いの責任を認識し，他者の不安や苦悩にたいして豊かな心情をもって接することができる人間が想定されている。たとえば，コールバーグ理論で使われる教材は，仮想のジレンマであった。もしそれが実際の具体的な状況であれば，人は価値判断をする前にできる限りの情報を得ようとするし，問題となっている当事者の置かれている立場を理解し，その人の心情をできるだけとらえようとするに違いない。ケアリングの道徳理論では，状況から距離をおき規範や規則から道徳的判断をするというのではなく，まず具体的な状況，具体的な他者を理解し，それらにたいする責任を引き受けようという臨床的な姿勢を強調する。この立場への批判としては，それが普遍的な原理を前提にしないことから，状況依存的で相対主義に陥るのではないかというものがある。しかし，ケアリングは，何らかの根拠づけを必要とする以前の人間性のある部分（直感や心情）を出発点にしようとしている。これは，立論の仕方は全く異なるが，孟子の「惻隠の情」（井戸に落ちた子どもを見たときの忍びざる感情）に類似している。他者から発せられ，私たちの内側から揺さぶる情動は，普遍的な原理の根拠づけの脈絡とは無縁である。

ケアリングの立場による道徳教育は，ケアし・ケアされる関係が鍵であるから，まず教師と子どもたち，また子どもたちの間の対話や信頼に基づく人間関係づくりが重要となる。次に状況に根ざした具体的な教材を通して，具体的な状況全体を把握するための感受性や道徳的判断へとつながる直感の育成が重要な課題となる。特定状況から距離をおくコールバーグ理論にたいし，状況重視のケアリング理論というように両者は対比的にとらえられるが，倫理・道徳教育の方法としては，これらを相補的にとらえ積極的に授業に反映させていくべきである。

おわりに

　かつては日本の社会においても，人は青年期までに一定の技術を身につけると同時に，社会や共同体の規範を内面化すれば，それらを生涯にわたり活用することができた。このフロント・エンド・モデル型の社会では，教育と仕事，余暇が同じサイクルで次の世代に受け継がれていった。ところが，めまぐるしく変転する現代社会では，このサイクルに従って生きることは時代遅れのものとなった。人々にとって既得の知識や技術は常に未完のままであり，仕事と学習は絶えず繰り返される（リカレント）。特定の価値や規範についても無条件に受容されることは少なくなり，繰り返しその根拠と適用可能性が問われるようになった。

　しかしながら，このような価値の多様化が，直ちにすべての倫理的価値の相対化というわけではない。倫理的な価値は，人権や生存権のように普遍的な価値から，食べ物の選択のように選好の自由度の高い価値にいたるまで，序列を形成している。生死の問題のように普遍的な価値基準が可能で，多元的な価値が共存する余地がない場合は，相対主義はほとんど成立しない。それにたいし，衣食や宗派のように選択の自由度が高い信念や観念の体系は互いに共存の余地があり，その場合，相対主義は成立し得るといえる。私たちの課題は，安易に相対主義を承認するのではなく，事実についての正しい記述（事実判断）と選好の尺度（自由度）についての理解を深めながら，より普遍妥当な倫理的価値はいかに可能であるかを問い続けることである。

　このような状況では，特定の人間像を描いてそれを理念としたり，特定の規範を提示してそれを内面化することに注視するような教育は現実的な効力をもたない。特定の道徳規範の内容を単純に教え込むのではなく，一方では，「正しさの探究」つまり，形式レベルで普遍化可能な規範（正義概念など）を認知的・合理的に導き出す能力を育成する必要があり，他方では，「善さの探究」つまり，具体的な状況において，信頼できる親密な人間関係の中で，人がいかに善く生きていくかという課題を追求していくことが重要である。そしてその

中心には，他者理解の問題があり，状況把握と他者の心情にたいする感受性の育成の問題がある。倫理・道徳教育にとって，特に後者の課題は難題である。この感受性や直感は，概念化や言語化に馴染まず，したがってそれらの育成は，やや神秘的ともいえる形態をとらざるを得ないからである。この取り組みのためには，教師をはじめ学校のスタッフはもちろん，保護者やさまざまな共同体に属する成員を含めた教育者の連帯による開かれた対話的な雰囲気を創造していくことが重要である。

参考文献
アリストテレス『ニコマコス倫理学』(上・下) 高田三郎訳，岩波文庫，1982 年
荒木紀幸編『道徳教育はこうすればおもしろい』北大路書房，1998 年
カント『道徳形而上学原論』篠田英雄訳，岩波文庫，1985 年
永井均・小泉義之『なぜ人を殺してはいけないのか？』河出書房新社，1998 年
永野重史『道徳性の発達と教育』新曜社，1985 年
林泰成編『ケアする心を育む道徳教育』北大路書房，2000 年
マッキンタイア，A.『美徳なき時代』篠崎栄訳，みすず書房，1993 年
ロールズ，J.『公正としての正義』田中成明編訳，木鐸社，1979 年

(松下晴彦)

I-5 生涯学習という考え方

はじめに

　今日，生涯学習という言葉は日常的によく耳にするものとなっている。学校や社会での教育活動はもちろんのこと，スポーツ・文化活動，ボランティア活動，趣味・レクリエーション活動など幅広い範囲でその言葉は使用されており，文教政策また地域行政の施策として強調されてもいる。生涯学習の意味は，字義どおり人が生まれてから死ぬまで＝「生涯」に渡って，学ぶこと＝「学習」ということであり，その言葉の普及にともない生涯に渡る成長・発達や成熟の意味の問い直しが求められるようになってきた。

　これまで人間の成長・発達といえば，子どもを中心に考えられることが多かったが，人間の生涯を考えてみれば成人してからの期間がはるかに長いことがわかる。さらに，情報化・国際化・高齢化などの急激な社会変化に対応するためには成人してからも学び続けることが不可欠になってきている。生涯学習という考え方を通して，成人の成長・発達そして学習とはどのような意味をもつものか，現代社会における充実した人間の生き方とはどのようなものであるかを探ってみよう。

　まずは，生涯学習という考え方がどのように登場し，日本においてどのように導入されていったのか概観する。次に，人間の生涯を通した発達・成長をどのようにとらえるのか理解し，大人が学ぶことの意味について考え，最後に生

涯学習という考え方が私たちに示唆するものとは何かについて見ていくことにする。

1．生涯学習概念の登場とその定着

（1）ユネスコにおける生涯学習の動向

　生涯学習という概念は，1965（昭和40）年にパリで開催されたユネスコの成人教育国際委員会でポール・ラングランが提示した"l'education permanente"というタイトルのワーキングペーパーが原型とされている。そのタイトルに使われた用語は，当時日本では「恒久教育」と訳されたりした。その後，ユネスコが"lifelong education"と英訳し，日本では「生涯教育」と訳され，その考え方が一般に普及したと考えられている。ラングランが提唱した「生涯教育」の基本理念は，人間は生まれてから死に至るまで，生涯を通じて教育の機会が提供されるべきというものである。ユネスコでは以下のように報告された。

　　ユネスコは，誕生から死に至るまで，人間の一生を通して行われる教育の過程——それゆえに全体として統合的であることが必要な教育の過程——をつくりあげ活動させる原理として生涯教育という構想を承認すべきと考える。そのための一生という時系列にそった垂直的次元と個人および社会の生活全体にわたる水平的次元の双方について，必要な統合を達成すべきである。

　ラングランの考えは，これまでの教育は児童期から青年期におよぶ学校教育に限られていたが，今後の時代の変化に応じるためには，生涯を通じた継続的な学習が保障される必要があり，その絶えざる学習を通じて自己実現することが真の教育のあり方であるというものである。ラングランのいう生涯教育の理念はイギリスを中心として展開されていた成人教育の研究と密接な関連をもつものであり，旧来の教育の考え方や教育体系への問い直しであった。このラングランが示した教育改革構想は全体的に具体性に欠けるという指摘もあったが，生涯教育の必要性は十分に評価され各国に広く普及した。

　その後，ラングランのアイディアは継承され，ユネスコでは1972年フォー

ルを中心とした教育開発国際委員会において『未来の学習 (Learning to Be)』というタイトルの報告書（フォール報告）が提出された。その報告では，「財産，知識，社会的地位，権力などを所有することに専念する〈持つ様式〉」の学習 (learn to have) ではなく，「自己の能力を能動的に発揮し生きることの喜びを確信できるような〈ある様式〉」の学習 (learn to be) であるべきだとの方向性が示され，さらに社会における教育機関の拡大や社会全体で学習を保障する「学習社会 (Learning Society)」の実現にむけ学習者を中心とした教育の再編成の必要性が指摘されている。

報告書の骨子である「学習社会」とは，1968年にハッチンスが著した『学習社会』の考えを継承したものである。ハッチンスのいう「学習社会」とは，「すべての成人男女に，いつでも定時制の成人教育を提供するだけでなく，学ぶこと，何かを成し遂げること，人間的になることを目的とし，あらゆる制度がその目的の実現を志向するように価値の転換に成功した社会」である。ハッチンスは，未来社会について「精一杯働く社会」から「働かない社会」としての「余暇社会」の到来を想定し，余暇を労働の休息ととらえることなく「人間的になること」を目的とした自己実現のための学習に活用することを主張した。そのためには，教育に関する価値観の転換および学習社会の実現が不可欠であるとしている。ハッチンスの主張は，生涯学習の目的とはどのようなものかに関する議論を喚起し，あるべき社会の姿を展望した点において示唆に富むものである。

1970年代には，OECD（経済協力開発機構）においても「リカレント教育」が提唱され，生涯にわたって回帰的・継続的に学習する機会を提供するように教育制度を弾力化する必要性が指摘された。70年代に入り，欧米では生涯学習の構想の段階から具体化へと進んでいった。

ユネスコでは当初「生涯学習」ではなく「生涯教育」という言葉が用いられ，1976（昭和51）年のナイロビ会議では二つの用語が併記されていた。80年代に入り，教育を行う側から学習する主体へと考え方の重心が移行していくにつれ，「生涯学習」と表現されるようになった。1985（昭和60）年，パリで行われた国際成人教育会議では，生涯学習の方向性を展望した「学習権」宣言が採

択された。

　学習権とは，
　―読み，書きの権利であり，
　―問い続け分析する権利であり，
　―想像し，創造する権利であり，
　―自分自身の世界を読みとり，歴史を書く権利であり，
　―教育の資源へ接近する権利であり，
　―個人的・集団的技能を伸ばす権利である。

　80年代に入り，国際情勢の変化のなか，生涯学習の理論はエットレ・ジェルピ（Ettore Gelpi）の登場とともに新たな段階へと移行する。ジェルピは，第三世界の視点を重視する生涯学習論を展開した。ジェルピは，貧困や飢え，抑圧と搾取に苦しむ第三世界の人々，移民労働者，少数民族，女性などの立場にたち，抑圧された人々の解放の可能性を追求する手段として生涯学習をとらえた。生涯学習という考え方は，学習権宣言の採択，ジェルピの生涯学習論を通して，基本的な人権の一つして理解されるに至ったのである。

　さらに，1996（平成8）年には，ユネスコ「21世紀教育国際委員会」において今後求められる教育政策の軸として「生涯学習」の重要性が報告されている。その報告では，①知ることを学ぶ，②為すことを学ぶ，③共に生きることを学ぶ，④人間として生きることを学ぶ，という学習の四つの柱が示された。これらの柱を原理とする生涯学習は，これまでの学校教育，社会教育，義務教育，成人教育といった「境界」や「区分」を乗り越えるような「学習」として位置づけることができよう。

　「生涯教育」から「生涯学習」へと使用する言葉は変化してきたが，それらの言葉の違いについては理論的に明確に区別されているわけではなく，現在も学問的に論議されている。とはいえ，「生涯学習」という概念は，学習者の視点を強調しつつ，人間の学習というものを学校教育とそれ以外あるいはそれ以後というように境界づけて考えるのではなく，生涯にわたる年齢や発達段階に応じて継続して行うものであると捉え，また社会が学校教育以後の継続的な学

習機会を提供できる教育システムを発展させていくことを説いたものであることは共通に理解されているところであろう。以上のような動向のなかで,「生涯の学習化」という考え方の普及と「学習の生涯化」のための基盤づくりが進められていくことになる。

(2) 日本における生涯学習政策の動向

では,日本において「生涯学習」という概念はどのように導入されていったのであろうか。生涯学習に関連する日本の政策の推移を概観してみよう。

「生涯教育」という文言で初めて政策が打ち出されたのは,1971 (昭和46) 年の社会教育審議会答申「急激な社会構造の変化に対処する社会教育のあり方について」である。ここでいう社会の急激な変化とは,高齢化,都市化,高学歴化,余暇の拡大などである。この答申では,それらの変化に対処し,「各人の個性や能力を最大限に啓発するためにも,ひとびとはあらゆる機会を利用して学習する必要がある」こと,また「人々の教育的要求が多様化するとともに高度化しつつある」ことをふまえ,生涯の各段階における社会教育の系統的なあり方が提言されている。また同年に出された中央教育審議会(以下,中教審)答申「今後における学校教育の総合的な拡充整備のための基本的施策について」においても「生涯教育」という文言のもとに政策が打ち出されている。日本において「生涯学習」「生涯教育」という言葉が導入される以前は「社会教育」という語がそれらの概念を表すものとして使用されていた。1946 (昭和24) 年に制定された「社会教育法」に基づく社会教育政策・行政が「生涯教育」の主要な役割を担っていたことは歴史的な事実である。ここ数十年に渡り,「生涯学習」「生涯教育」における社会教育の意義や役割,両者の位置関係などについては学問的に論議されていることを指摘しておこう。

1981 (昭和56) 年の中教審答申「生涯教育について」において,生涯教育は総合的な教育制度改革の基本的コンセプトとして捉えられ,社会教育だけでなく学校教育を含めた教育全体の政策の中心的理念となっていった。この答申では,「人間の乳幼児期から高齢期に至る生涯のすべての発達段階に即して,人々の各時期における望ましい自己形成を可能にする方途を考察」すること,

そして「家庭のもつ教育機能をはじめ，学校教育，社会教育，企業内教育，さらには民間の行う各種の教育・文化事業等にわたって，社会に幅広く存在する諸教育機能を生涯教育の推進の観点から総合的に考察」することを基本的な方針としている。そこでは，成人するまでの時期，成人期および高齢期にわたる生涯教育の体系的な条件整備が打ち出されており，とくに成人への高等教育の開放など具体的施策の推進が提言されているのは着目すべき点である。

　また，この答申においては社会の変化に対応した個々人の学習要求の高まりに触れ，「これらの学習は，各人が自発的意思に基づいて行うことを基本とするものであり，必要に応じ，自己に適した手段・方法は，これを自ら選んで，生涯を通じて行うものである。この意味では，これを生涯学習と呼ぶにふさわしい」と言明している。さらに，「生涯教育」は「生涯学習」のために「意欲と能力を養い」，関連する諸機関と連携をとりながら「総合的に整備・充実」するものであることが明示されている。ここにきて「生涯教育」は「生涯学習」を援助するものという位置関係が明らかにされたのである。

　1985（昭和60）年の臨時教育審議会第一次答申以降，「生涯学習」「生涯学習体系」「生涯学習社会」「生涯学習体制」など「生涯教育」という用語から派生して「生涯学習」という用語が使用されるようになった。先の中教審答申では生涯教育を提供する教育機関の課題や整備に内容の焦点があてられたのにたいして，臨教審答申からは学習者の視点を強調した施設整備・充実，そして地域を基盤とした生涯学習環境の総合的な整備が政策課題として提起されている。

　1986（昭和61）年の臨教審答申「教育改革に関する第二次答申」では，「生涯学習体系の移行を主軸として，学校教育の自己完結的な考え方を脱却した教育体系の総合的な再編成を目標に，新しい柔軟な教育ネットワークを形成するという基本的方向」が示されている。新しい柔軟なネットワークとは，「家庭教育，学校教育，社会教育，職業能力開発，新聞・出版・放送・情報サービス・研究開発のためのシンクタンク・カルチャーセンター・塾等の情報・教育・文化産業等による教育活動を，人間の各ライフステージとの関連において総合的なネットワークとして」とらえたものである。「生涯学習体系」とは，答申の中で明確に定義されてはいないが，しいて言えば，新しい柔軟な教育ネ

ットワークの形成の方向で，家庭，学校，地域，社会において生涯にわたる学習・教育の機会を総合的に整備した体系と言えるだろう。

1987（昭和62）年の最終答申においては，三つの教育改革の視点すなわち「個性重視の原則」「生涯学習体系への移行」「変化への対応」をふまえ，あらためて教育改革の重要な柱として「生涯学習の組織化」が強調され，推進されていくことになる。

ところで，学校中心の教育体系から脱却し，学校だけでなく家庭・地域・社会と連携した教育体系への再編成を目標とする「生涯学習体系への移行」が唱えられた背景とは何であろうか。その理由としては，科学技術の高度化，情報化や国際化などの社会の変化にともなう新たな学習ニーズの増大，人々の学習意欲の高まりと多様化への対応が指摘されている。もう一つ，とりわけ重要な解決すべき課題として，学校教育の量的拡大，期間の長期化，学校教育への依存志向といった学校教育体系の肥大化にともなう「学歴社会の弊害の是正」であった。受験戦争の激化による偏差値偏重，評価の単一化，知育偏重などの弊害を是正することが求められたのである。それゆえ，学校教育を主軸とした教育体系の柔軟化という方向に進んだのである。

佐藤一子は，日本における生涯学習政策に関して，70年代における社教審・中教審答申は「社会化された教育への視野のひろがりを欠いた国家的教育制度拡充論の提言にとどまっていた」が，80年代の臨教審答申では「教育の主体を『社会』へと拡張し，『生涯学習体系』への移行を情報化や国際化に対応する産業・社会政策の一環として推進しようとした点で現代性をもつ」と指摘している。

1990（平成2）年，中教審答申「生涯学習の基盤整備について」において，生涯学習は①生活の向上，職業上の能力の向上を目指し，各人が自発的意志に基づいて行うものを基本とするものであること，②必要に応じ，可能なかぎり自己に適した手段及び方法をみずから選びながら生涯を通じて行うものであること，③学校や社会の中で意図的，組織的な活動として行われるだけでなく，人々のスポーツ活動，文化活動，趣味，レクリエーション活動，ボランティア活動などの中でも行われるものであることが留意点としてあげられている。こ

の答申において，生涯学習の範囲は生き甲斐や自己の充実だけでなく，職業活動，非組織的なスポーツ活動，ボランティア活動まで拡充され，学校での学習も生涯学習に包摂されることが明示されたのである。また同年には「生涯学習振興法」も制定された。

これらの流れを受け，1992（平成4）年には生涯学習審議会答申「今後の社会の動向に対応した生涯学習の振興方策について」において，社会人を対象とするリカレント教育，ボランティア活動の支援・推進，青少年の学校外活動の充実，現代的課題に関する学習機会の充実という四つの重点課題を提起した。また，1996（平成8）年には「地域における生涯学習機会の充実方策について」の答申が行われ，その答申の中では学校五日制の完全実施を前提とした学校と地域社会・社会教育の連携を強調しつつ「学社融合」という言葉が登場している。

その後も生涯学習審議会は，1998（平成10）年には「社会の変化に対応した今後の社会教育行政の在り方について」，1999（平成11）年には，「生活体験・自然体験が日本の子どもの心をはぐくむ──青少年の『生きる力』をはぐくむ地域社会の環境の充実方策について」，「学習成果を幅広く生かす──生涯学習の成果を生かすための方策について」，2000（平成12）年には情報リテラシーの学習機会の拡充や施設ごとの特色を生かした情報化の推進などが示された「新しい情報通信技術を活用した生涯学習の推進方策について」の答申を出し，生涯学習における学習課題を具体的に明確化している。

90年代以降，生涯学習体系の実現に向けて，教育活動の基盤としての地域社会，地域における社会教育行政の課題が提起され，地域社会に根ざした人々の社会的な活動への支援など生涯学習の新たな状況が指摘されている。とくにボランティア活動の積極的奨励や支援が地域社会の活性化，教育の活性化として期待されていることは注目すべきことであろう。

これまで日本における生涯学習の定着について政策面から概観してきたが，次に生涯学習における学習＝学ぶことはどのように捉えられるのか見ていくことにしよう。

2. 生涯を通した「学び」への転換——成人期の成長とは

　生涯学習という考え方は，これまでの「教育」や「学習」に大きなパラダイム転換をもたらした。従来の教育のイメージは，学校を中心とし「子ども」を一人前の社会的成員として育成するための「大人」からの意図的な働きかけという意味でとらえられていた。学習も「子ども」が社会的自立のための基礎的な知識や技能を身につけていく営みとしてとらえられることが多かったのではないだろうか。「大人」が教え育てることによって「子ども」は学び育つというイメージは，近年大きく変化している。

　21世紀に入り，人が生涯を通じていつでもどこでも学ぶことを可能にする生涯学習社会の構築が進行している。急激な社会変化への主体的対応という理由を背景に，私たちは学校を卒業した後「大人」になっても自己成長や自己実現のために「学ぶ」機会が与えられ，また同時に「学ぶ」ことを要求されもするのである。生涯学習という概念の登場によって，「教育」の対象と「学習」の主体は「子ども」から「大人」へと範囲が広がり，学校を中心とした「子どもの教育・学習」のあり方を含め，学校卒業後の「成人＝大人の教育・学習」のあり方が注目されるようになった。従来よりも長期的な視野から人間の成長・発達と教育・学習のありようを理解することが重要になってきたのである。そこで本節では，生涯にわたる人間の成長・発達についての通説を概観したうえで，成人期＝大人の学びに着目してみよう。

（1）ライフステージと発達課題

　生涯を通して学ぶことは，すなわち人間は生涯を通じて変化し続ける，発達し続ける存在であることを前提としている。人間の発達については，これまでの「学習」のとらえ方と同様に，「子ども」から「大人」へと人間がどのように発達していくかということに力点がおかれていた。たとえば，ピアジェ（J. Piaget）による子どもの認知発達，コールバーグ（L. Kohlberg）やギリガン（C. Gilligan）による道徳性の発達に関する研究などが代表的なものである。しか

し，生涯学習の必要性が唱えられるようになり，成人期の発達を考慮に入れた生涯を通じての連続的な変化・発達の過程を理解することが重要視されるようになった。近年では「生涯発達心理学」という領域も出てきている。そこで，生涯の発達とりわけ成人期の発達を理解する上で重要な示唆を与えてきた人物であるマズロー（A. H. Maslow），ハヴィガースト（R. J. Havighust），エリクソン（E. H. Erikson）の理論を概観してみよう。

　マズローは，人間の欲求を①生理的欲求の段階，②安全欲求，③愛情・帰属欲求，④社会的承認・尊敬欲求，⑤自己実現の欲求という5段階として示し，それぞれの欲求が順次的に充足されることで，人間は成長・発達していくと考えた。マズローによれば，最も高度な人間の欲求は「自己実現の欲求」であり，それはこれまでの段階の基本的な欲求が充足されることによって発現可能になるということである。このマズローの理論は，成人における人間的成熟への発達，自己の達成や生きがいのための学びという生涯学習の考え方に重ねて理解することができるという点で多くの示唆を与えるものである。

　ハヴィガーストは，人間の成長・発達を幼児期・児童期・青年期・壮年期初期・中年期・老年期という具合に時系列的にとらえ，各発達段階に応じて達成されるべき具体的な課題を「発達課題」として提示した。その発達課題は，個々人の日常生活の中で起こりうる具体的な課題を記述してあり，それらは社会的，文化的に要請された課題への順応であるという点，また発達には「臨界期」があることを想定している点に特徴づけられる。ハヴィガーストは，人間の成長・発達には特定の発達段階において身体的な側面だけでなく，社会的文化的な側面での達成されるべき課題があり，それらを一つずつ達成していくことにより人間は成長していくものであること，さらに教育とは課題達成を援助するものであると主張している。このハヴィガーストの発達課題のリストは彼が生きた1940年代のアメリカの時代状況をもとに構想されている。ゆえに，現代の日本に無批判に適用することの危険性は指摘されなければならない。しかしながら，ハヴィガーストの理論は生涯学習の論理的根拠としても豊富な示唆を与えるものである。

　エリクソンもまたハヴィガーストと同様に，人間の生涯における発達理論を

表5-1　エリクソンの漸成的発達図式

発達段階	心理的―社会的危機	人間的な強さ（virtue）
老年期Ⅷ	統合　対　絶望・嫌悪	英　知
成人期Ⅶ	生殖性　対　停滞性	世　話
前成人期Ⅵ	親密性　対　孤　立	愛
青年期Ⅴ	同一性　対　同一性混乱	忠　誠
学童期Ⅳ	勤勉性　対　劣等感	適　格
遊技期Ⅲ	自発性　対　罪悪感	目　的
幼児期初期Ⅱ	自律性　対　恥・疑惑	意　志
乳児期Ⅰ	基本的信頼　対　基本的不信	希　望

出典）エリクソン『ライフサイクル，その完結』みすず書房，1989年，73頁。

　提唱した人物である。エリクソンは人間の発達を八段階に分け，それぞれの段階に直面する心理社会的な危機を提示し，その危機＝発達課題を解決することで，人間は生きていく強さ（virtue）を獲得し，自己を探究し統合していくという漸成的発達図式を示した。エリクソンの発達理論の特徴は，ライフサイクルの各段階での心理的，社会的な状況と自己との相互作用に着目している点である。人間の成長には，人生の各段階の社会的環境において出会う危機があり，個々人はそれを乗り越えることで生きる力（virtue）を身につけ人間的に成熟していくというのである。各段階に示された生きる力という概念は，次なる課題を解決するための力でもあり，人間が生き生きと生きていくためのエネルギーとしてとらえられており，それは人間の成熟や生の質的意味を考えるうえで興味深いものである。

　以上のように，人間の生涯発達に関する研究は人間が生涯を通じて学習を継続することによる成長の可能性を示唆しているとともに，成人期の学習・教育のあり方，意義を考えるうえで多くの示唆を与えるものである。大人は何のために学び，それは何をもたらすのか，大人が学ぶことの意味について考えるために，成人期の心理的変化に注目してみよう。

表 5-2　成人の発達課題

ハヴィガースト	中年期の発達課題 ・大人としての市民的・社会的責任を達成すること ・一定の経済的生活水準を築き，それを維持すること ・十代の子どもたちが，信頼できる幸福な大人になれるよう援助すること ・大人の余暇活動を充実すること ・自分と配偶者とが人間として結びつくこと ・中年期の生理的変化を受け入れ，それに適応していくこと ・年老いた両親の面倒を見ること
エリクソン	成人期 ・生殖期と停滞性 ・世話（ケア）をする機能
レヴィンソン	人生半ばの過渡期（40〜45歳） ・過去を見直すこと，一家を構える時期の生活構造を評価し直すこと ・生活構造を修正し，中年期にふさわしい新しい生活基盤をつくること ・若さと老い，破壊と創造，男らしさと女らしさ，愛着と分離の四つの発達課題を解決し，人生半ばの個性化をすすめること 中年に入る時期（45〜50歳） ・新しい生活構造を築くこと 50歳の過渡期（50〜55歳） ・人生半ばの過渡期の課題をさらに実行すること ・40歳代半ばにつくり上げた生活を修正すること 中年の最盛期 ・中年期第二の生活構造を築き上げること

出典）香川正弘・宮坂広作編『生涯学習の創造』ミネルヴァ書房，1994年，184頁から抜粋。

（2）成人期の課題

　人間の年齢段階に応じた身体的，心理的，社会的な生活の変化すなわちライフサイクルに焦点をあて，特に中年における内面の危機に注目した人物としてD.レヴィンソンが挙げられる。レヴィンソンは，ライフサイクルを旅と四季に喩えて表現している。「生まれてから老いるまでの旅は，人によって，また文化によって際限なく様々な形で進むが，それには万人に共通の一定のパターンがある」「旅の途中で数々の影響を受けて，それがその旅の内容を決める。途中で別のルートをとることになったり，回り道をするはめになるかもしれない。予定よりいくらか足を速めたり，あるいはペースを落とすことになるかも

しれない。場合によっては，完全に歩みを止めることさえあるかもしれない。だが，旅が続く限りは一定の順序で進むのである」。「人生は連続した一定普遍の流れではない。質的に異なる季節からなり，それぞれの季節は独自の性格をもつ。ある季節はその前後の季節と共通点も多いが，まったく別個の存在である」。このようにライフサイクルをとらえ，成人の発達について体系的に論じている。

　レヴィンソンは成人期を生き方の基盤を形作る時期である成人期前期（17～45歳）と，これまでの生き方に変化を与え生活構造の変革を促す中年期（40～65歳）とに分けた。成人期前期では，職業生活や家庭生活に関する課題を達成する時期とされ，目標に向かって現実の生活構造の基盤を形成し，その構造を豊かにするために良き相談相手をもつこと，家庭を築くことなどが発達課題として挙げられている。その後，成人期の後半になると，生活構造の変化にともなって「人生半ばの過渡期」（40～45歳）となり，身体的，心理的，社会的な側面でこれまで形成し安定していたものが不安定になるという。いわゆる「中年の危機」であり，人生の後半期にさしかかるまえに，これまで築き上げた生活構造を問い直し修正することや自己の内面的充実を模索するという課題が示されている。中年期においては，次に訪れる成人期後期（60歳～）に備える時期でもあり，新たな方向性をもった生き方の基盤づくりの時期であり，ライフサイクルの中でも重大な転換期ともいえる。レヴィンソンの発達段階は主として男性を想定したものであり，1960年代のアメリカの社会状況を反映した時代的な影響があるとはいえ，成人期の発達を体系的に記述したものとして注目に値するものといえよう。

　前述したハヴィガーストが示した成人期（「成人期中期（31～55歳)」）の発達課題には，市民的・社会的責任の達成，経済的水準の維持，子どもへの援助，パートナーとの人間的つながり，余暇活動の充実，生理的変化への適応，親の介護などが示されている。また，エリクソンは成人期をそれ以前の親密性と孤立という心理社会的葛藤を解決し愛情という生きる力（virtue）を得た次の段階として，新たなるものを生み出し次世代へ伝えていくという生殖性と非生産的に現状を維持する停滞性という課題を示している。そこで得られる人間的強

さとなる生きる力とはケアの精神である。両者の発達課題においても，成人期の成長には，これまで築き上げた生活基盤や自己存在について新たに問い直し修正していくという転換期としてとらえられている。

　以上のように，成人期の成長・発達についての見解をふまえると，大人が学ぶことの意味は子どものそれとは大きく異なってくると言えるだろう。成人期の発達課題にてらせば，職業生活，家庭生活，地域生活など生活課題に即した学習を通しての人間的成熟や自己実現の意味合い，すなわち学ぶことの質的意味が重要になってくると思われる。このように子どもの学びとは異なるものとしての大人の学びについては「成人教育」という領域で議論が展開されている。

3．生涯学習社会における新たな人間像と学び

（1）アンドラゴジーの視点から見た「学び」

　大人の学びと子どもの学びが質的に異なるものであるという認識にたち，それに見合う実践の原理が必要であるとしてきたのは「成人教育」の領域である。成人教育については古くから欧米で議論されてきたものであるが，1970年代に入り，アメリカの成人教育学者 M. ノールズ（M.S. Knowles）は，大人が学ぶことに関する新しい原理を体系化した。ノールズは，成人の学習を援助する科学と技術としての「アンドラゴジー（andoragogy）」概念を提唱した。アンドラゴジーとは，主として子どもを対象とした教育学という意味のペダゴジーがギリシア語の「子ども（pais）」と「指導する（agogos）」の合成語であるのにたいし，「大人（andro）」と「指導する（agogos）」を合成してつくられた言葉である。ノールズは，大人の学びの特徴として①自己の概念が他人に依存する状態から自己主導へと向かうこと，②学習の資源としてこれまでの人生で蓄積された経験を重視すること，③学習のレディネスつまり学ぶための準備は主として生活課題から展開されること，④学習の動機づけは，外的なものではなく自己の内的なものであること，を挙げている。

　このアンドラゴジー概念の登場は，知識や学習のとらえかたを大きく転換させた。つまり，学習とは既存の世界の知識や文化を発見することよりも，その

表5-3 ペタゴジーとアンドラゴジーの考え方

	ペダゴジー	アンドラゴジー
学習者の概念	依存的なパーソナリティ	自己決定性の増大
学習者の経験の役割	学習資源として活用されるよりは，むしろその上に積み上げられるもの	自己および他者による学習にとっての豊かな学習資源
学習へのレディネス	年齢段階とカリキュラムによる画一性	生活上の課題や問題からの展開
学習への方向づけ	教科中心的	課題，問題中心的
動機づけ	外部からの賞罰による	内的な誘因，好奇心

出典）M. S. Knowles, *The Modern Practice of Adult Education*, 1980, p. 390, M. ノールズ『成人教育の現代的実践——ペダゴジーからアンドラゴジーへ』堀薫夫・三輪建二監訳, p. 513 参照。

　世界に存在する自己の経験をもとに解釈し，統合し，新たな意味を構築するプロセスであること，それゆえに知識は個々人がおかれた環境から受動的に受け取るものではなく，能動的に構築するものであることが明らかにされたのである。ノールズの示した学習原理は，自己主導型学習（self-directed learning）とも言われ，子ども対大人，ペダゴジー対アンドラゴジーというように二分法的にとらえるものではないとしており，生涯学習社会においては，子どもの学習支援にも適応すべきものとして示されている。表5-3で示すように，アンドラゴジーは，学習は学校で教師から教えてもらうものから，自分自身のあらゆる経験を学習の資源としてとらえ，そこから自分自身の生き方に責任を持てるような能力を培うというように，自分自身で学ぶことを生きていくための基礎的能力として重点をおいたものといえるであろう。

　1970年代以降，成人の学習原理について研究が展開されていくなかでノールズの理論の前提となっている「大人像」は文化的，歴史的，社会的文脈から切り離されているとして批判されている。J. メジローは自己主導型にたいして認識変容学習（transformative learning）を示している。子どもの学びは，認識枠組みを形成していくことに成熟の意味が見いだされるが，大人の学びでは自分自身の認識枠組みを問い直し，変容していくプロセスが成熟へとつながるという考え方である。メジローが成人学習で重視するのは「意味パースペクティヴについての学習」である。「意味パースペクティヴは，習慣化した期待（志向性，個人的なものの考え方の枠組み）のルールの体系であり，意味スキーム

（知識，信念，価値判断，特定の解釈を構成する感情）は，特定の期待に関する習慣を指すものである。両者は，われわれの経験を定義し，理解し，それに作用する方法に影響を与えている。意味パースペクティヴが，意味スキームを生み出すのである」。

現代社会においては，社会・文化・経済の進行にともなって，次々に新しい知や価値観が生まれており，人々の生活意識も多層化しているのが現状である。それらの新たな知や価値にたいして，成人の学習場面においては，これまでの人生経験や既存の枠組みにとらわれすぎることが理解の「妨げ」になることも生じてくるのではないだろうか。認識変容学習の考え方は，その点を問題視し，認識枠組みの問い直しから行動変容までのプロセスを中核とし，その作業こそが人間的成熟をもたらすという展望を示している。

（2）生涯学習が示唆するもの――「境界」を越えること

以上のように，生涯学習という考え方について概観してきたが，その考え方が示してきたことは，まず従来の学校教育に限られた学習・教育の問い直しである。それは二つの次元すなわち生涯教育を提唱したラングランのいう垂直的教育の統合と水平的統合である。

人間は生まれてから死ぬまで絶えざる学習をしていく存在であり，各段階に応じた発達課題を達成していくことによって人間的に成熟していくというように，学校教育段階に限ることなく，人間の生涯を通した学習・教育の時間的統合が必要なのである。また，生涯を通じて継続的に学ぶ機会を確保するために，学校だけではなく，家庭や地域など社会のあらゆる場面において学ぶことができる仕掛けを社会は用意しなければならない。学校教育，社会教育，家庭教育，地域教育といった「境界」や「区分」を越えた学習の機会を保障するという空間的統合も必要とされている。今日，生涯学習施策の進行にともなって，学習の機会は社会のあらゆる場面で提供されており，徐々にではあるが整備されつつあると言ってよいだろう。

また生涯学習という概念は，人間のライフステージやライフサイクルに応じた学びについても着目させた。これまで人間の発達といえば，乳幼児期から青

> **Column**
>
> ## 生涯学習と参加・体験型学習
>
> 　生涯学習という考え方は，学校教育中心の教育体系を再編し，生涯を通じた柔軟な教育ネットワークを形成するという枠組みを提起したものである。つまり，家庭・学校・社会における教育の場の連携（水平的統合）と年齢段階における教育の連関（垂直的統合）をめざすものである。その実現には，まず学習や教育の方法に注目することが大切であろう。「人生経験」という資源をもった成人の学習者が学校時代のように教室で講義を受けるだけで十分に「満足」できるかどうか。そこで，生涯学習の一つの方法として最近注目されているのは，体験学習，ボランティア活動，ワークショップといった参加・体験型学習である。
> 　参加・体験型学習とは，参加者の経験を学習資源として積極的に活用したり，頭・身体を動かすことによって他の学習者と交流して集団的に学びを創造したりすることを通して自己を発揮できるような学習の方法である。成人にとっては，「教える（授業者）―学ぶ（学習者）」といった教育的関係を越えて学びを構築していくこと，また体験・参加するなかで自分のこれまでの経験を発揮し，他者に影響を与えたり，新たな課題を発見したりと活動を通じて自己成長・実現を果たす意味をもつものである。さらに，参加・体験の範囲を水平的・垂直的に広げ，われわれ生涯学習者の一人一人が学習成果を他者や社会に還元することによって，より豊かな生涯学習社会を築くことができるのである。
> 　このように，参加・体験型学習は，生涯を通じた柔軟な教育ネットワークの実現へ向けての有効な学習方法であるが，それを遂行していくためには「生涯学習自体の学習」もまた必要なのではないだろうか。まさに有機的な教育的連関である。

年期までの発達を中心に議論・研究されてきたが，生涯をとおした学習の質的意味を考えるためには，成人の発達や発達課題に関する理解が必要不可欠である。第2節で述べてきたように，成人の発達には職業生活，家庭生活，地域生活など生活に関する発達課題が想定され，それらの課題を達成することが成熟へとつながるものと理解される。それゆえに，大人が学ぶことの意味は子ども

のそれとは異なったものであり，子どもの教育を中心としたペダゴジーから成人の学びを包含したアンドラゴジーへの視点の変化は，教育という営み全体にも適用されるものとして注目されるものであろう。

おわりに

さて，今日の変動する時代にあって，生涯学習という考え方は，今後の私たちの生き方について何を示唆しているのであろうか。現代における大きな変動としては，平均寿命の伸張による「余生」期の延長，就労年齢の遅延，晩婚化，少子化などの現象によるライフサイクルの変化，ライフスタイルの多様化があげられる。「余生」期の延長は，老人期における「生き甲斐」をどのようにとらえるのかという課題を提起するものであるし，就労年齢の遅延は従来の就労形態や人々の仕事観にも変化を生じさせるであろうし，また，晩婚化や少子化などの現象は結婚観や家族観の変化の表れではないだろうか。

このようなライフサイクルの変化，ライフスタイルの多様化は，現代に生きる人々の生活意識や価値観の多様化をも意味している。そのことはさらに，個々人のライフステージにおける課題も多様化すること，つまり生涯を通した学びの目標・目的が多義的になることでもある。たとえば，女性のライフスタイルの多様化すなわち仕事・結婚・出産など多様な主体的選択がなされている現在の状況では，自分が選択した状況によって，それぞれの生活課題は異なるであろうし，それぞれのスタイルに応じた自己実現の方向性が開かれるであろう。多様な生き方を模索し実践しつつある現代人にとって，生涯における学びの意味もまた多様化し多義性をもつことになる。

こうした状況をふまえると，生涯学習は個々人の生のスタイルに応じた充実した生き方の探求という意味において自己を形作るものであると同時に，自己とは異なる価値観や生き方にたいする「理解」を意味するものとなる。言い換えれば，自己という「境界」を越えるような学びによって，さらに自己を形成していくという人間的な成熟が求められているということである。

アンドラゴジーの視点からも示唆されるように，生涯学習という考え方は，

学習・教育という営みに関するあらゆる「境界」を越えることによる新たな可能性，すなわち，学校教育，社会教育，家庭教育などの区分や職業生活，家庭生活，地域生活といった人間の生活領域，生活，文化，仕事，家族など個人の価値観の違いなど，従来の枠組みを見直し，変容していくことによる自己の新たな生き方や可能性の開花を示しているのである。大きく変動する時代における個々人の〈生・性〉を生き抜くための学びは，人間的成熟が多義性・重層性・多様性をもつものであることを顕在化させると同時に，人間は何のために何をどのように学ぶのかという根本的な問いを投げかけているのではないだろうか。

参考文献

天城勲監訳『学習——秘められた宝』ユネスコ「21世紀教育国際委員会」報告書，ぎょうせい，1997年
香川正弘・三浦嘉久編『生涯学習の展開』ミネルヴァ書房，2002年
香川正弘・宮坂広作編『生涯学習の創造』ミネルヴァ書房，1994年
加澤恒雄『ペダゴジーからアンドラゴジーへ——教育の社会学的・実践的研究』大学教育出版，2004年
佐藤一子『生涯学習と社会参加——おとなが学ぶことの意味』東京大学出版会，1998年
讃岐幸治・住岡英毅編『生涯学習』ミネルヴァ書房，1994年
新海英行・竹市良成編『生涯学習概説』勉誠出版，2003年
新海英行・牧野篤編『現代世界の生涯学習』大学教育出版，2002年
関口礼子・小池源吾・西岡正子・鈴木志元・堀薫夫『新しい時代の生涯学習』有斐閣アルマ，2002年
西岡正子『生涯学習の創造——アンドラゴジーの視点から』ナカニシヤ出版，2000年
ノールズ，M.『成人教育の現代的実践——ペダゴジーからアンドラゴジーへ』堀薫夫・三輪建二監訳，鳳出版，2002年
レビンソン，D.『ライフサイクルの心理学』（上・下），南博訳，講談社学術文庫，1992年
渡邉洋子『生涯学習時代の成人教育学——学習者支援のアドヴォカシー』明石書店，2002年

（藤原直子）

II
新たな社会関係と教育

II-1　学校教育とその機能不全

はじめに

　社会全体やその諸制度を「人体」になぞらえ，「心臓部」，「頭脳」等の表現によってその重要性を示そうとすることがある。同様に，そこに生じているさまざまな現象を「病気」という表現で捉え，その問題性を示そうとすることがある。そうした比喩によるアナロジー（類推）は，深刻さを強調する目的でなされる場合もあれば，問題の特異性を的確に描き出そうとする目的でなされる場合もある。病理学のアナロジーを積極的に社会問題の整理や分析に役立てようとする学問として，「社会病理学」をあげることができる。その中でも対象を教育に絞った場合には「教育病理学」，学校に絞った場合には「学校病理学」と呼ばれることもある。

　しかしながら，そうしたアナロジーによる手法は示唆に富む反面，人々に誤ったイメージを抱かせ，結果的に対応を誤らせるなどのマイナス面もある。たとえば，「学校が病んでいる」という比喩は，いかにもわかりやすい表現のように思われる。ところが，それが具体的に何を示しているのか，どのような問題提起なのかは必ずしも明確ではない。にもかかわらず，そうした表現が一人歩きすることで，学校という制度や教職員にたいする不安や不信感をいたずらに煽ることになる。あるいは，問題の解決に必要なのは「教育」ではなく「治療」であるかのような，それゆえに解決にあたるのも教職員ではなく別の専門

家でなければならないかのような,そんな誤解を与えることもあろう。さらには,そうした誤解に基づいた対応が新たな問題を引き起こしたり,必要な対応が誤解によって拒否されて問題が放置されたり,等の事態も起こりうる。

本章では,「機能不全」という病理学上の概念を手がかりにして,学校という社会の特質,とりわけその問題状況を見ていくことにする。そして,問題の背景や発生のメカニズムについて考察を進める上で,そうしたアナロジーがどの程度に有効かを示してみたい。同時に,医学的な概念や知見を安易に教育の領域に応用することによって引き起こされる新たな問題事象についても触れたい。病理学のアナロジーを絶対視することなく,常に対象となる教育の現実に立ち返りつつ慎重に議論を進めていくことが必要であると考えるからである。

1. 学校に期待されている機能とは

機能不全という視点から学校という社会について分析していくためには,最初に学校の機能について明らかにしておく必要がある。ここで機能というのは,改めて説明するまでもなく,あるものごとの働きやそれが担っている役割のことである。また,学校というのは,教育を行うことを目的としてつくられた施設,あるいは制度のことである。では,教育とは何なのか。

教育についてなされた定義はいくつもあるが,たとえばデュルケーム(1976)は「教育とは,社会生活においてまだ成熟していない世代に対して成人世代によって行使される作用である。教育の目的は子どもに対して全体としての政治社会が,また子どもがとくに予定されている特殊的環境が要求する一定の肉体的,知的および道徳的状態を子どもの中に発現させ,発達させることにある」としている。この定義は1920年代に示されたものなので,少し注意が必要である。すなわち,成人世代と成熟していない世代という表現を,単純に大人と子どもという年齢に基づく差異として捉えるのではなく,社会の中心を担っている者と新参者,熟練した者と未熟練の者,という具合に捉え直すほうが適当である。現代は国際化社会になって異文化の交流が進み,生涯学習・生涯教育という考えも普及してきたからである。

デュルケームが教育と表現する働きかけは、よく考えてみると、社会のさまざまな場面、さまざまな単位において日常的に行われている行為である。そこで、教育という語よりも広く一般的な概念として、当該社会にふさわしい者、そこに適応できる者へと変化させるという意味合いから、「社会化」という語が用いられることも少なくない。たとえば、家庭や地域によって、あるいはマスメディア等によっても、人間は社会化されるし、家族の中でも、近隣の仲間集団の中でも、会社という集団の中でも、人間は社会化される。こうした社会化と表現される働きかけの中には、意図的になされるものもあれば、意図されずになされるものもあるし、その影響が多くの人々の意識に上る顕在的な形でなされることもあれば、意識されないまま潜在的な形でなされる場合もある。そこで、教育という語で示される内容、社会化よりも狭く特定された内容を表現したい場合には、特に「意図的な社会化」と表現することもある。

先にも述べたとおり、学校は教育を行うためにつくられた施設や制度である。それゆえに、学校の機能は「意図的な社会化」を行うことである、と言い換えられる。パーソンズ（1973）は、アメリカの小学校や中学校をとりあげ、その機能として社会化機能を指摘し、それを「認知的」と「道徳的」の二種類に分類した。さらに、この社会化機能の他に「選別と配分」の機能についても、学校の機能として挙げている。すなわち、学校は個人を社会化する一方で、将来の役割に向けて諸個人を選別し、適当な地位に配分するという別の機能も果たしているというのである。

たしかに現代の日本においても、進学先を選ぶことを通して進路を決定していくことは一般的であるし、卒業資格（学歴）によって進路が決定されたり選択の幅が限定されてきたりという現実も存在している。そう考えると、学校の果たしている機能にはさまざまなものがあることが分かる。学校という制度が作りだされた当初から明確に意図されていた機能もあれば、必ずしも意図されたり意識されたりはしていないが、結果として果たしてきた機能もある。あるいは、当初は期待されていたけれども今や機能を果たさなくなった、あるいは果たすことを期待されなくなった機能もある。たとえば、今のようにテレビやインターネット等が全国に普及する前までは、学校が地域において文化を提供

Column

学校文化

　学校を一つの社会として見たとき，その構成員（教師や児童生徒，時にはその保護者）の間には，特有の文化（価値観や，行動様式など）が共有されていることに気づく。それを全体社会の文化にたいする下位文化の一つとして，学校文化と呼ぶことがある。校風とか〇〇校生気質という表現は，学校文化の一面をさすものといえる。

　その中でも，教師に共有されているものを教師文化，児童生徒に共有されているものを生徒文化と，区別して呼ぶこともある。それらの中には，第三者が容易に気づくことのできる顕在的なものもあれば，当事者間の間でさえ強くは意識されていない潜在的なものもある。また，全体社会の文化が強調される形で現れるものもあれば，反対に全体社会に対峙する対抗文化という形で現れる場合もある。

　たとえば，中学や高校の修学旅行の団体が駅や空港で整列している光景を見かけることがあろう。そんな時，教師のとっている行動を観察すると，他の大人たち（駅や空港を行きかうビジネスマンや観光客）とは異質なことに気づくはずである。男性教師の多くは，整列させられて座っている生徒の前に腕組みをして仁王立ちになっている。修学旅行というのはあくまでも教育の一環であり，学校の延長であるという姿勢を精神的にも身体的にも崩さないというメッセージを生徒に，おそらくは無意識のうちに送っているのである。これは，全体社会が学校に期待する秩序維持の意向を受けて形成された教師文化と見ることができる。

　あるいは，いわゆる「ウラ校則」は，典型的な生徒文化といえる。ある中学校では，生徒会が中心になって話し合いを行い，校則の一部を変えることに成功した。一例を挙げると，従来は白一色であった靴下の色を，四色から選べるようになったのである。にもかかわらず，校則改正後も一年生は白以外の靴下を履こうとしない。その理由を尋ねると，「一年生が白以外の色の靴下を履くのは十年早い」と先輩からいわれているから，というのである。生徒たちの間で潜在的に維持されている年齢に基づく上下関係の秩序が，公の校則よりも強く生徒の行動を規制しているわけである。

　もちろん，こうした文化は，学校によっても地域によっても時代によっても異なる。そうでありながら，現実の児童生徒の意識や行動，教職員の意識や行動を促したり規制したりする働きを持っている。だからこそ，文化なのである。

するセンター（中心的な施設）としての機能を果たすことは少なくなかった。都市部を除いた地域では，教職員は数少ない大学卒として貴重な情報源であったろうし，学校の設備はその地域の最新のものであることも少なくなかった。多くの文化や情報が学校を経由することによって地域に普及していった時代があったのである。しかし，今，学校にそうしたことを期待する人々は減ってきたと言ってよかろう。

　このように，学校の果たしている機能は多岐にわたり，時代の推移とともに変化もする。それゆえに，その内容を特定することは決して単純なことではない。時代や社会によって，学校に期待されたり，学校が果たしたりしてきた機能は異なるからである。そのことは，学校や教育を機能不全という視点から論じることのむずかしさを意味している。別な言い方をするならば，学校に期待する機能の数だけ期待はずれという機能不全の議論の余地があり，同時に，そうした機能を期待しない人からは機能不全という批判に同意が得られない可能性があるからである。しかも，そうした期待される機能相互の間には，相矛盾する関係にある内容も含まれてくることがある。ある人にとって機能不全に見えることが，他の人にとっては機能不全どころか極めて正常なことと受けとめられることもあり得るのである。

　以下の議論を進めるに当たって，とりあえず現代の日本において，広く国民から期待されていると考えられる学校の機能には，どのようなものがあるのかを検討しておこう。その一つの手掛かりは，法律に求めることができる。教育基本法には，教育の目的として，次のような記述がある。

　　教育は，人格の完成をめざし，平和的な国家及び社会の形成者として，真理と正義を愛し，個人の価値をたつとび，勤労と責任を重んじ，自主的精神に充ちた心身ともに健康な国民の育成を期して行わなければならない。

　この条文は，どのような構造になっているのであろうか。菱村（1983）によれば，「第一に教育の目的は『人格の完成』をめざすものであること，第二に人格の完成は単に個人のための人格を完成するということにとどまらず，同時にそれは平和的な国家のおよび社会の形成者として行われるべきこと，第三に

国家および社会の形成者の資質として，真理と正義への愛，他人の価値の尊重，勤労と責任の重視，自主的精神の充実をあげ，その具体的な姿として『心身ともに健康な国民』ととらえている」のだという。

これを言い換えれば，「個人としての人格の完成」と「社会の形成者としての完成」の二つを共に達成することが，日本において公に認められている教育の目的である，ということになろう。そして，教育基本法を前提とする学校教育法が定めた学校，その中でも義務教育段階の公立の小中学校では，その期待されている機能が「個人としての人格の完成」と「社会の形成者としての完成」の二つに絞れることを意味していよう。また，高等学校においても，そうした小中学校の基礎の上に教育が行われていくことがめざされているという意味では，同様に考えていくことができる。

要するに，この二つが現代日本において「公に」学校に期待されている機能であり，それ以外の機能については特定の地域や特定の学校が付与した機能，特定の主義主張によって付与されている機能，個人的に期待する機能等の付加的なものと判断することが許されよう。ただし，注意すべき点は，この二つに限定しても，それらが単純に両立しうる，予定調和的に一致するというものでない点である。そのため，機能不全についての議論も，単純なものになるとは限らない。以下では，議論を複雑にしないために，この二つの主たる機能を念頭に置きながら，学校（あるいは教育）の機能不全という概念の登場，その概念の衰退とともに登場した新たな学校観や教育観によってもたらされた混乱，その両機能の未調整がもたらす機能不全について，順に見ていくことにしよう。

2．「教育病理」論の登場と衰退

「教育病理」という概念を用いて学校教育の問題が論じられたのは，1960年代半ばから80年代初めにかけてのことである。河野（1966）は，教育機能をめぐる病理として「入試問題」あるいは「進学競争」をとりあげている。彼は「こんにちの学校の機能が，たんに分化の機能の面だけでなく，人間形成的機能の面まで，現行の入試制度によって決定的に規制され，阻害されていること

は，周知の事実である」と指摘し，大学入試や高校入試というペーパーテストで測定される，ある種の「学力」によって高校や中学校の教育が支配され，「歌わぬ音楽科」，「創らぬ図工科」，「動かぬ体育科」が現出したり，「主要教科」と「非主要教科」といった教科差別の概念が一般化したりすることを問題にしている。

　山口（1982）も，ほぼ同様の指摘を「高学歴志向」「進学中心の教育観」という表現で問題にしている。そして，こうした傾向によってもたらされた教科教育の病理として，①知的教科中心に生徒の能力を評価する「知育偏重」の問題と，②発達の面からみて相対的に高すぎるカリキュラムの問題，③創造的思考力を育成しない記憶中心主義の教育，の三つを指摘する。また，受験体制の病理として，①進学者中心の受験体制下における就職希望者の疎外という問題，②進学希望者も成績によって選別され階層化される問題，③睡眠時間を削るほどの受験に備えての教育の過酷さ，④お互いをライバルとし，互いに支え合い励まし合うこともなく受験勉強に没頭する問題，の四つを指摘する。そして，人間関係の病理として，①教師と生徒間にあたたかい人間的接触が欠けており信頼関係が乏しいという問題，②教科教育には熱心な教師も生徒指導にはあまり関心を示さないという問題，③多くの禁止事項で生徒を拘束する生徒指導のあり方，④問題のある言動を行う教師の問題，⑤教師間の対立葛藤の問題，の五つを指摘する。

　ところで，上に見てきた問題傾向は，新堀（1982）の分類基準に従えば，原因としての教育病理であり，「病理的教育」として分類される。それにたいして，そうした原因の結果として生じる教育病理は，「教育的病理」として分類される。山口（1982）は，その教育的病理として，先の指摘に続けて，勉強ぎらい，登校拒否，怠学，非行，自殺の五つを挙げている。今であれば，これに加えて，いじめやひきこもり，暴力行為等が挙げられてくるのであろう。

　学校でなされる教育は，望ましい結果をもたらすためになされる，望ましい働きかけのはずである。「個人としての人格の完成」にしても「社会の形成者としての完成」にしても，子ども（被教育者）が良くなることが期待されている。ところが，実際に学校教育によってもたらされている結果の中には，上に

見てきたような好ましいとは言いがたい事象も存在する。そこで，子どもを良くするはずなのにそうなっていない，期待した機能が果たされていない等の意味あいから，そうした好ましくない事象をもたらす状況を「機能不全」と捉え，その原因やメカニズムを解明しようとするのが「教育病理」研究と言える。

　ところが皮肉なことに，教育の問題を「教育病理」という範疇でとらえようとする動きは，教育病理を扱った著作が相次いで出版された1980年前後を最後に，むしろ低調になっていく。問題とされた諸事象が解消していったからというのではない。1980年代以降，いじめや不登校等の問題は，マスコミにおいても教育界においても以前にも増して積極的に取り上げられるようになってきた。にもかかわらず，そうした問題を「教育的病理」として捉えようとする動きは乏しく，それ以上に学校や教育という社会システムの問題を「病理的教育」と表現する動きは見られなくなった。教育上の問題を病気に例えるアナロジー自体が単発的になされることはあっても，その原因や背景を社会システムの機能不全，機能障害等として議論し体系化しようとする動きは影を潜めてしまうのである。

　なぜ教育病理という議論が衰退したのか明らかにすることは本章の目的からは外れるし，簡単に答えられるものでもない。だが，その一つの答えは，皮肉にも新堀（1982）の中に示されていると言える。彼は，先行研究を検討する中で，教育病理の分類には「理論的にも実際的にも各種の問題や難点がある」，「判定基準の問題が常につきまとう」と記述している。そして，教育病理の判定の困難性は，①病理として判定することの困難さ（基準に関わる問題），②病理として認知することの困難さ（認知に伴うメカニズムの問題）によるものであり，しかも教育病理は必ずしも否定されるべき状態とは限らない（病理の逆説的機能）ため，病理か否かの解釈には大きな余地があること，加えて原因と結果の区別の困難さ，因果関係が直線的ではない，短期的効果・部分的指標による判定が不適当であること等から，教育病理をめぐる議論は相対的なものにしかならないと指摘する。あえて単純化した言い方をすれば，病理学のアナロジーによる教育分析を，本来の病理学と同程度の水準の学問へと体系化しようとすることには無理があること，細部に至るまで矛盾なく整合性のあるアナロジ

ーは構築できないこと，を明言してしまったとも言える。

　機能不全の論議がいかに困難であるかについて，不登校を例にとって示してみよう。上に見てきたような教育病理をめぐる議論が盛んに行われていた頃，その多くの論者の意識の中には，学校の主たる機能は「社会の形成者としての完成」であるとの認識があったと考えてよかろう。あるいは，その「社会の形成者としての完成」はもう一つの機能である「個人としての人格の完成」と，さほど大きな矛盾を抱えることなく達成されるとの認識があったのかもしれない。なぜなら，ほとんどの論者が，今でいう不登校に関わるさまざまな事象（先にも例示した，勉強ぎらいや登校拒否，怠学等）を学校教育からの逸脱や離脱，不適応にあたるものと見なし，それは学校教育の目的である社会化が失敗した状態，その機能が適切に果たされなかった結果（すなわち，教育的病理）として論じているからである。

　ところが，「個人としての人格の完成」に重きを置く考え方に立つと，不登校は必ずしも機能不全の結果とは受け止められない。それどころか，最も成功した結果としてそれを受け止めることさえできる。なぜならば，自己のうちに確立した個があればこそ，学校教育を無価値なものと考え，それに依存せずに拒否することができる，それはまさに教育の成果に他ならない，と考えるわけである。たとえば，滝川（1998）は，不登校をめぐる議論をあえて整理すれば大きく二つの極に分けられるとし，その一方の極にあるのが「リベラルな人権主義的な理念」であり，「不登校とは荒廃した学校状況に対する子どもたちのしかるべき拒絶反応」であり，「自己実現へむかう積極的なあり方とみなす」ものであると指摘している。これが，「個人としての人格の完成」に重きを置く論理を示したものであることはいうまでもなかろう。

　さらには，「個人としての人格の完成」が第一であり，「社会の形成者としての完成」はそれに従属するもの，もしくはもはや価値のないものであるかのような主張さえもあり得る。山田（1998）は，社会が豊かに成熟することを「かつての安定した求心力を求める権威が力を失い，人と人との関係の束としての『社会』のありようがいよいよ複雑に多元化するということ」とし，そうした豊かな社会は「『国民的な』合意というものが容易には成立しがたくなる『社

会』である」と主張する。そして，「人がどういう目的で，いつ，どこで，何を学ぶかという，それぞれの価値意識のあり方に直接に関わる『教育』という営みにおいては，なおさらそうである」と続け，不登校を好ましくないことと捉えて「個々の子どもの側の，また，子どもを育てる親の側の，『社会』への『適応』努力の不足を嘆く」姿勢そのものを，批判している。

　こうした議論からわかるとおり，日本で学校教育に期待されている主たる二つの機能は，決して予定調和的に一致するものではなく，時と場合によって一方の機能を強調することが他方の機能を否定するという関係になることがわかるであろう。一方が機能不全と捉えている内容が，他方では機能が適切に果たされた結果であると評価するという関係になることがあり得るのである。こうした状況が生まれる中では，一方的な「教育病理」論は影を潜めていかざるをえなかったのも無理はなかろう。

3．個人を優位に据える思想の危うさ

　しかしながら，「社会の形成者としての完成」を優先する伝統的とも言える考え方を批判し，「個人としての人格の完成」を優位に据える考え方も，一頃ほどには人々の共感や賛同を得なくなっている。無条件に個人を中心に据えていく考え方が，必ずしも個人の「幸せ」を約束するとは限らないうえに，社会全体にとっての「幸せ」につながるものかどうかが疑わしいからであろう。そうした疑問が抱かれる背景には，個人主義や市場経済といった考え方が個人の自由を優先する一方で，自己責任という名で個人にリスクを求めるものでもあることが理解されてきたことや，若い世代を中心とした自己中心的な動機による犯罪が相次いでいること等が影響しているのかもしれない。

　「個人としての人格の完成」を追求することが「社会の形成者としての完成」につながるとは限らないばかりか，それを追求することによって全体社会そのものの存立が危うくなる可能性があるという点は，経営論等の用語を用いるならば，「個別最適化」の追求は必ずしも「全体最適化」に結びつくとは限らない，と表現できる。「社会の形成者としての完成」にしろ「個人としての人格

の完成」にしろ，社会の維持・発展にとっては不可欠なものである。全体社会なしに個人は生き延び得ないし，個人の充実がなければ社会は活性化できず発展もしない。しかし，その両者は自然に調和するようなものではなく，意識的に調和を図ろうとしなければならないものである。いずれかの機能のみに着目して個別最適化を図ろうとすれば，前者では閉塞感の強い社会を，後者では秩序や安定を欠いた社会を生みだすことになる。いずれにせよ，全体社会を危機に陥らせる可能性があるのである。

前者の「社会の形成者としての完成」に着目した個別最適化がもたらす問題は，すでに見てきた「教育病理」論が指摘した内容に他ならない。そこで，後者の「個人としての人格の完成」に着目した個別最適化がもたらす問題について，不登校対応の事例を用いて示すことにしよう。

2001（平成13）年度の不登校児童生徒数（2002〔平成14〕年度の学校基本調査による）が小学校26,511人，中学校112,211人，計138,722人になったことを受け，2002（平成14）年9月には「不登校問題に関する調査研究協力者会議」が発足した。じつは，この会議と同様の趣旨で発足した会議には，平成元年の「学校不適応対策調査研究協力者会議」がある。その当時の不登校の増加傾向を抑えるべく，1992（平成4）年には報告書（学校不適応対策調査研究協力者会議，1992。以下，平成4年報告）がまとめられているものの，これが十分な成果を上げたとは言いがたい。なぜなら，当時（1991〔平成3〕年度）の不登校児童生徒数（1992〔平成4〕年度の学校基本調査による）は，小学校12,645人，中学校54,172人，計66,817人であったが，この報告書が出された後には，不登校児童生徒数はそれ以前にも増して増加し続け，10年の歳月を経て2倍にまで膨れあがったからである。

そうした経緯をふまえ，「不登校問題に関する調査研究協力者会議」は平成15年3月に，一冊の報告書をまとめている（不登校問題に関する調査研究協力者会議，2003。以下，平成15年報告）。その冒頭部分には，「豊かな人間性や社会性，生涯学習を支える学力を身につけるなど，すべての児童生徒がそれぞれ自己実現を図り，また，社会の構成員として必要な資質・能力の育成を図るという義務教育制度の趣旨から，不登校に関する取組の改善を図ることは，我が国

社会にとって喫緊の課題であって，早急に具体的な対応策を講じ，実行する必要がある」と述べている。これは，「個人としての人格の完成」をめざすにしろ「社会の形成者としての完成」をめざすにしろ，不登校にたいして積極的に対応を図るべきという立場と言えよう。別な言い方をするなら，不登校に関する取組は全体社会からの要請であって，社会への適応機能を重視した立場からのみの要請ではなく，個人としての完成という立場からも要請されているものであるとの表明であると言える。もちろん，この表明にたいし，それぞれの立場からの異論の余地がないわけではないが，ここではそれが全体最適化につながるという前提で議論を先に進めよう。

　さて，平成15年報告では先に引用した文に続けて平成4年報告について言及し，「基本的な視点や取組の充実のための提言自体は，今でも変わらぬ妥当性を持つものである」としたうえで，平成15年報告の姿勢は平成4年報告と変わるものではないとしている。たしかに，平成4年報告には「登校拒否はどの児童生徒にも起こりうるものであるという視点」に立つとされていたものが，平成15年報告では「不登校については，特定の子どもに特有の問題があることによって起こることとしてではなく，どの子どもにも起こりうること」と捉えている，というように基本は変わっていない。しかし，全く同じであれば，倍増した不登校を減らす役には立たないことになってしまう。実際に変わったのは，どのような点なのであろうか。

　その一つは，平成15年報告では「不登校を『心の問題』としてのみならず『進路の問題』としてとらえ，どのように対応するかが大切な課題である」，「進学も就労もしていない青少年に対し，『心の問題』の解決を目指した支援のみならず，本人の進路形成に資するような指導・相談や，それに必要となる学習支援や情報提供等を積極的に行うことが重要である」といった考え方が強調されている点である。進路指導の充実という表現自体は，すでに平成4年報告にも見られる。にもかかわらず，このような強調のされ方になったのは，平成4年報告が，不登校＝心の問題，不登校への対応＝心の問題への対応，といった図式を強調しているかのように受けとめられたことにたいし，強い反省や懸念があったからだと言えよう。「心の問題」という側面が強調された結果，学

校関係者が不登校児童生徒にたいして腫れ物にでも触るような姿勢になったこと，癒しや治療の対応を行っていくことで不登校が減るかのような思い込みが蔓延したこと等が，平成4年報告以降の不登校児童生徒数倍増の背景にあるとの認識であったと言ってよい。

　実際，平成15年の報告書では，新たに「4 働きかけることや関わりを持つことの重要性」という項目もたてられ，「ア　個々の不登校児童生徒に対しては，主体的に社会的自立や学校復帰に向けて歩み出せるよう，周囲の者が状況をよく見極めて，そのための環境づくりの支援をするなどの働きかけをする必要がある。(後略) イ　なお，一部では『平成4年報告』における『登校拒否(不登校)はどの子どもにも起こりうるもの』，『登校への促しは状況を悪化してしまうこともある』という趣旨に関して誤った理解をし，働きかけを一切しない場合や，必要な関わりを持つことまでも控えて時機を失してしまう場合があるということも指摘されており，そのような対応については，見直すことが必要である」との記述が見られる。

　要するに，古くは「社会の形成者としての完成」という視点から教育的病理として論じられてきた不登校の問題にたいして，不登校の児童生徒は社会の形成者になるべく登校を強制されて「心の問題」を抱えさせられた犠牲者であり，登校を拒否するという意味での不登校は個人の選択肢の一つである，という「個人としての人格の完成」という視点からの異議申し立てがなされた。そして，最優先されるべきは本人の「心」である，という「個人としての人格の完成」を優先した個別最適化の典型とも言える議論が生み出されていった。報告書の意図はともかく，そうした議論の流れに呑み込まれて浸透した平成4年報告を，平成15年報告は元のレールに戻すべく，言葉を選び，意を尽くそうとしたものと見ることができる。

　「個人としての人格の完成」という機能のみを重視し，個人や心のみを強調する個別最適化の議論が優勢になった結果として不登校が倍増してしまった10年間は，経済政策にならった表現で言うなら，「失われた10年」と表現することもできよう。全体最適化のためになされるべき政策が見失われ，一部の機能のみの個別最適化があたかも全体最適化に通ずるものであるかのような

「信仰」が学校教育や，その関係者を覆いつくし，人々を盲目状態に陥れてしまったからである。

4．学校教育をめぐるどの部分に「病理」があるのか

　生物がみずからの生命維持のために体内の諸器官等を統制し，全体としての最適化を図ろうとする働きを，生物学では「ホメオスタシス（生体恒常性）」と呼ぶ。外部環境の変化や，時には主体そのものの内的な変化に対応して，体温や血流量等を一定の範囲に保つために，個々の器官が全体最適化をめざすように活動し，生命の危機を引き起こさないようにする働きのことを指す。ここで注意すべき点は，全体最適化を図ろうとしているときに部分だけを見ると，そこでの働きは平常時の状態から大きく逸脱しているように見えることである。全体としての恒常性を保つために，特定の部分は平常時と比べて活動が促進されたり，反対に著しく活動が抑制されたりすることがあるからである。しかし，それは必ずしも異常な反応というわけではなく，むしろ病気等を回避しようとする正常な反応である点に注意する必要がある。

　この時に，部分が示す平常とは異なる反応にのみ注目し，全体を見ないままに薬物投与などを行って個別最適化を優先したならばどうなるのであろうか。最悪の場合，全体最適化が果たされなくなり，時には生命そのものが危うくなる事態にまで至る可能性もでてくる。全体を見通すことがないままに，目の前にある問題のみに目を奪われ，個別の機能のみに注目して問題を提起し，個別最適化の立場から問題を解決・解消しようとする。そうした対応の仕方を病理学にならって「対症療法」的対応と呼ぶことができるが，そうした対応がホメオスタシスを妨げて問題をさらに進行させるとしたら，皮肉なことと言うしかあるまい。

　たとえば，児童生徒が関わる事件等が発生すると，「心の教育」の充実や道徳教育の充実等が叫ばれる。もっと身近な例では，挨拶をしない子どもが増えたから「あいさつ運動」を推進する，という場合もある。こうした取組が，その時点において表面的には問題事象を減少させたとしても，少し長期的に見た

場合の効果は疑わしく,時には逆効果(形だけ整えておけば,気持ちが伴わなくても構わないと子どもが考える等)になって,ますます社会の荒廃を進めてしまう可能性もある。教育の問題を病理学のアナロジーで捉えることが意識的にも無意識的にもなされるようになった結果,教育という時間のかかる営みに生じた問題にたいしてまで,即効性を期待できる対症療法的な(つまり個別最適化しか視野にない)対応ですませようとする風潮(筆者は,それを「治療的な発想」と呼んでいる)を蔓延させたとするなら,罪作りなことであると言わざるを得まい。

　哺乳類の場合,ホメオスタシスのために各器官を統制する働きは,主に自律神経と内分泌腺によってなされている。それによって,各器官は全体最適化を妨げないような活動の仕方に変わる。その比喩で言うならば,現在の日本の学校教育やそれを取り巻く問題状況は,機能不全と言うよりも,各機能を統一的に制御できない,あるいは統一して向かうべき目標を見失った状態,いわば「自律神経失調症」に陥っていると表現できる。以下に,そうした問題を示す事例を列挙してみよう。

　まず,大きく全体に関わる例では,政策(国レベルや都道府県レベル等の)が末端まで徹底されにくいという点が挙げられる。各学校の自立性や独立性を認める風潮が強まったとはいえ,教育課程等の大枠については国レベルで統一を図っているのが現在の日本の学校教育制度である。あるいは,生徒指導上の諸問題についても,さまざまな資料等が国なり都道府県なりから各学校に送られ,ある程度の統一的な対応が図られるようになっている。たとえば,先に触れた不登校の平成15年報告などは各都道府県に送付され,そこから市町村教育委員会を経て各学校に写しが渡ったり,校長会や担当者の研修会等で中身が紹介されたりしていく。もちろん,直接に文部科学省のホームページからのダウンロードもできるから,少なくとも各学校で情報が入手できないということは考えられない。ところが,発表の数カ月後の某県の生徒指導担当者の研修会で尋ねてみたところ,200名を超える参加者のうちその報告書を目にしたことがあるのはわずか1名であった。それも,個人的に文部科学省のホームページからダウンロードして入手しただけで,教育委員会から提供されたわけではなかっ

た。上意下達と揶揄され，管理強化の典型であるかのように評判の悪い行政の指示系統であるが，事柄によってはほとんど機能しないことがあるという現状が垣間見えよう。

　また，都道府県レベルの例では，新しい制度の導入や改変に伴い，連鎖的に変容していかなければ齟齬が生じるはずなのにそうなっていかないという事例もある。たとえば，いじめや不登校対応の充実という目的から，全国の一定規模の中学校にはスクールカウンセラーが配置されるようになった。しかも，都道府県によっては独自の予算でより多くの学校に配置しているところさえある。ところが，そうした制度の導入後も，中学校の教員対象の専門的なカウンセリング研修が，中身も期間も見直されないまま続けられているという都道府県は少なくない。生徒指導の一環として期待される教育相談の域を超え，個別カウンセリングの技法から心理療法の技法に至るまで，専門のカウンセラーが存在しなかった時代に教員に代用をさせるべく始まった「カウンセリング研修講座」が，看板はおろか中身まで変えないままに続けられていたりするのである。多くの都道府県では，行政指導を行う教育委員会にたいして，教員の研修等を行うためのセンターが別に存在する。形式的には，後者は前者の一部になるが，実際には独立して活動している場合が少なくない。その結果，国や教育委員会がスクールカウンセラーの配置や増員を図っているにもかかわらず，そうした動きとは関係なく，従来と変わらない研修がそのまま続くという事態が生じているのである。それぞれの部門を統括する機能がなかったり，相互に情報交換を行うような場や機会が存在しないために，全体の動向には関係なく個別最適化が図られ続け，多くは前年通りという活動形態がまかり通ってしまうのであろう。

　しかしながら，似たようなことは個々の学校レベルにおいても生じる。わずか十数人，多くても数十人を超えない組織であるにもかかわらず，全体最適化が図れないという事態は存在する。たとえば，不登校対応の現状について小学校の管理職と教職員を対象に行った調査の例であるが，不登校対応は学級担任に任せきりにしていると公言してはばからない管理職が少なからずいる。その一方で，学級担任だけで解決させることなく養護教諭等との連携協力を図らせ

ていると答えている管理職の学校であるにもかかわらず，学級担任の半数以上が学級担任だけで対応することになっていると回答していたりもする。学校経営の基本として「ほうれんそう（報告・連絡・相談）」が大切であると言われて久しいにもかかわらず，そうした事態が日常的に見られる。

　ここに示したのは，代表的な例に過ぎない。実際には，保護者も加わる形で学校教育は進行していくし，マスコミ等の論調も学校教育のあり様には大きな影響を与えている。それゆえに，学校教育に関わる「自律神経失調症」の大本がどこにあるのかを示すのは簡単ではない。だが，部分のみを眺めて機能不全を指摘することが，必ずしも全体最適化を図ることにはならず，単に個別最適化を求めているだけである可能性が否定できないことは，強く自覚しておく必要があろう。

おわりに

　「機能不全」という病理学のアナロジーを手がかりに，学校教育の抱えている問題事象を概観するとともに，そうしたアナロジーの効用ばかりでなく限界についても指摘してきた。同時に，現在の状態は「自律神経失調症」と捉える方が，問題の本質をとらえているのではないかという提案も試みた。さまざまな立場からの学校批判や学校教育にたいする問題提起がなされているが，それにたいする解答や解決策を示すことが容易ではないこと，ある立場からの一方的な議論だけでは事態が攪乱されるだけで答えは導き出せないこと，しかしながら日々繰り返され続けていく学校教育の営みが少しずつでも良くなっていくような方策を考えていく必要があること等の理解が大切である。

参考文献
学校不適応対策調査研究協力者会議『登校拒否（不登校）問題について』1992 年
河野重男「教育の病理」大橋薫編『社会病理学』有斐閣，1966 年
少年の問題行動等に関する調査研究協力者会議『心と行動のネットワーク——心のサインを見逃すな，「情報連携」から「行動連携」へ』2001 年
新堀通也「教育病理学の構想」同編『教育病理の分析と処方箋』教育開発研究所，1982 年

滝川一廣「不登校はどう理解されてきたか」佐伯胖他編『いじめと不登校』岩波書店，1998年
デュルケーム，E.『教育と社会学』佐々木交賢訳，誠信書房，1976年
パーソンズ，T.『社会構造とパーソナリティ』武田良三監訳，新泉社，1973年
菱村幸彦『やさしい教育法規の読み方』教育開発研究所，1983年
不登校問題に関する調査研究協力者会議『今後の不登校への対応の在り方について（報告）』2003年
山口透「学校の教育病理」新堀通也編『教育の病理』福村出版，1982年
山田潤「学校に『いかない』子どもたち──〈親の会〉が問いかけていること」佐伯胖他編『いじめと不登校』岩波書店，1998年

（滝　充）

II-2 メディア革命と情報教育

はじめに

　これまで,学校教育は社会変化に呼応して,常にカリキュラム内容や教育目標を変化させてきた。それというのも,学校教育は人々の国家への帰属意識を形成し,国家の社会経済発展に貢献する人材養成役割を担うことによって拡大してきたからである。それは,人々にとってみれば,学歴による立身出世という魅力に誘われていったということでもある。そうして,国家の経済戦略としての教育政策(プル要因)と個人の教育アスピレーション(進学熱)の高まり(プッシュ要因)がうまくかみ合ってきたのが,この 100 年間あまりわれわれが見てきた学校教育拡大だった。

　たしかに,わが国の学校教育変化を見ても,それは明らかに国の経済政策に従属してきた。戦後の経済成長期を前にして,経済審議会答申は理科教育の振興を提言し,それが教育政策に反映されていった。マンパワー政策と呼ばれる教育投資は,戦後の学校教育のあり方に一貫して影響を与えてきた。

　その一方で,社会変化にともなう問題も表面化し,学校教育がその解決を担うことにもなる。地域や家族の崩壊,行き過ぎた消費社会,国家意識の希薄化,そうした問題の改善策として学校教育は,常に社会改良の担い手を期待されてきた。

　ふりかえってみれば,四六答申(1971 年,中央教育審議会答申)から臨時教

育審議会答申をへて，平成12年に発足した教育改革国民会議の最終報告書に至るまで，学校教育は社会現実と国策との橋渡しとして，めまぐるしい改革を期待されてきた。

さて，今述べた変化の中で，1980年代後半からクローズアップされてきたのが，情報社会への対応，という新しい社会要請だった。ただ，これまでと少し異なるのは，いまわれわれが目の当たりにしている社会変化とは，政治イデオロギーや経済目標の転換ではなく，マルチメディアによるコミュニケーションの変化だということだ。それはコミュニケーション様式だけでなく，社会構造，人間関係，人間存在そのものまで変えつつある。学校教育は，そうした急速な社会環境変化への対応を迫られていると言えよう。

それでは，インターネットのようなサイバースペースが拡大しつつある現代の高度情報社会で，学校はどのような情報教育を求められているのだろうか，それを考えていくのが本章の目的である。まず，「メディア革命」とは，いったいどんな変化を意味するのか，そこから考えてみたい。

1. メディア革命とは何なのか

よく使われる言葉で，しかも曖昧にしか区別されていないのが，「メディア革命」と「情報革命」という二つの用語である。前者は，テクノロジー革新によって変化してきたコミュニケーション手段のことである。これまでもメディアによって情報を入手したり発信したりしていたことを考えれば，既存メディアから新メディアへの変化をメディア革命と呼んだだけのことに思われるかもしれない。手紙がeメールに，情報掲示板がインターネットに変わっただけのことを，ことさら「革命」と呼ぶことはないのかもしれない。

しかしながら，もう一つの用語「情報革命」を読み解くと，なぜ現代社会が大きなパラダイム転換期なのかが納得できるだろう。そのことを理解するために，かつて『メディア論』によってこの領域の理論的先駆けとなったマクルーハンの説明を見てみよう（マクルーハン，1987）。彼によれば，人間は道具や機械を発明することによって，みずからの身体を拡張してきたという。いわば，

	活字以前	活版印刷	電子メディア
リアリティ 伝達媒体 メディア規模	実生活体験 口承，模倣 等身大 ⇒	疑似生活体験 活　字 外爆発 ⇒	仮想生活体験 サイバースペース 内爆発

図 2-1　メディアとリアリティの歴史的変遷

　身体がテクノロジーによって外に爆発（explosion）してきたのだ。たしかに，高い木の上の実を道具を使って採るのは，手の長さや身長という肉体的な限界を克服している。さらに，乗り物の発明はわれわれの身体をはるかに広い空間に拡張してくれた。肉体的拡張のみならず，文字の発明は，情報伝達の速さと量を口承伝の時代から飛躍的に変えたし，望遠鏡や電話の発明は視覚や聴覚を拡張させてくれた。

　つまり，マクルーハンの歴史観は，人間が新しいメディアとテクノロジーを獲得することによって，コミュニケーションのパラダイムを転換させてきたというものである。まず，第一の革命と言えるのは，人間が活字文化を獲得し，メッセージ伝達が質，量ともに爆発的に拡大した時代である。そして，現代社会が直面しているのが，第二の革命とも呼ぶべき「電子メディア」の拡大なのである。ここでマクルーハンが強調するのは，電子メディアによって人間の意識のあり方が変化することである。これまでのような身体の拡張の時代から，いま人間の意識の中に電子メディアが入り込んでくるという内爆発（implosion）の時代に入りつつあるというのが，彼の予言なのである（図 2-1 参照）。

　その予言は，インターネットや装着型コンピュータ（wearable computer）の発明によってすでに現実のものとなっている。マクルーハンの主張を見てもわかるように，現代の情報化社会を「革命」と呼びたくなるのは，情報テクノロジーの飛躍的な進歩のことではなく，それによってもたらされた，コミュニケーション様式の転換のことである。さらに，この転換が，人間の意識構造の変化や人間という存在定義そのものまでも再検討を迫っているのが，現代の情報社会なのである。

　さて，マクルーハンの予言が現実のものとなった今，学校現場では，新しい

スキルや知識を身につけさせるための情報教育が必要となってきた。わが国の学校教育が情報社会に対応していった過程を少し振り返ってみよう。

2．情報教育の誕生と変遷

(1) 高度情報社会への対応

　もともと，「情報教育」または「教育の情報化」という政策は教育現場のニーズから生まれたものではなかった。情報化社会がいち早く浸透していたアメリカの状況を目の当たりしたわが国の政策担当者が驚異と焦りを感じ，追いつけ追い越せとばかり学校教育の情報化に力をいれたというのが実態であった。それは，かつて高度成長期に隆盛を極めたマンパワー政策にも似ていると言える。

　アメリカでは情報ハイウェー構想が実現に移され，都市間が高速光通信ネットワークで結ばれはじめ，家庭へのインターネット普及率が急速に上昇していた。それに比べて，わが国のパソコン普及率ははるかに立ち遅れていた。

　文部省は 1994（平成 6）年から 6 年間で学校現場へのパソコン配備を促進するため，地方交付税措置による整備計画を開始した。計画では，小学校で二人に一台，中高等学校では一人一台のパソコンを，という目標が掲げられたが，それは 2000（平成 12）年にはほぼ達成された。コンピュータ設置率はすべての学校段階でほぼ 100％に達し，台数も小学校で 15.7 台，中学校で 36.8 台，高等学校では 81.9 台にまで増加した（文部省「学校における情報教育の実態等に関する調査結果」平成 12 年 3 月時点）。また，インターネット接続率も公立学校平均で 57.4％まで拡大している。

　この間，現場へのパソコン普及と平行して，情報社会に向けての学校教育改革が進行した。一連の流れを教育政策小史にしてみると分かりやすい。

　単純化すれば，文教政策の方向性に影響力をもつ諮問機関としての臨時教育審議会，中央教育審議会答申，それに，現場のカリキュラム内容改訂の方向性を決める教育課程審議会答申の二つのレベルで情報教育が具体化されていったと考えて良い。

おそらく，最初に学校教育の情報化を提言したのは，1985年6月に出された臨時教育審議会第一次答申だろう。その後の臨教審答申には，国際化，情報化，少子高齢化は21世紀社会の代名詞のように頻出している。さらには，86年の教育過程審議会答申では，中学校技術・家庭科に「情報基礎教育」の導入が提言され，87年には幼稚園から高等学校まですべての学校段階で，情報社会に対応できる資質を養うことを学習指導要領内容に盛り込むことになった。

　90年代に入ると，中央教育審議会答申の中で情報化対応がいっそう明確にうたわれるようになる。それらの総仕上げともいうべきものが，「21世紀を展望した我が国の教育の在り方」についての第一次答申（1996年，平成8年），第二次答申（1997年，平成9年）の中身だった。両答申の提言を学校教育カリキュラムに反映するため，教育課程審議会は1998（平成10）年の答申で，戦後第三のカリキュラム改革とも言える大幅な改訂を提言した。この内容については以下で紹介するが，この時点で，80年代から続いた情報教育の方向性と具体的内容が体系化されたと言えるのではないだろうか。

　こうして，教育の情報化は，国際化への対応，少子高齢社会への準備とともに，教育改革の三本柱となっていったのだった。「生きる力」の育成を目標として行われたカリキュラム改革の中身にも，「メディアリテラシー」は重点事項とされている。

　いわば，情報社会というグローバルな現象に乗り遅れれば，市場競争で敗退してしまうという危機意識が，学校教育に色濃く表れていると言える。かつて，マンパワー政策という教育言説が人々を動かした時代があったが，現在の様相も，産業社会の構造が転換しているだけで，基本図式は同じだろう。

（2）情報スキルから情報エートスへ

　学校教育を情報化しようという動きは，臨時教育審議会や教育課程審議会答申の以前からあった。プログラム学習運動がそれである。1960年代，行動主義心理学の学習理論から開発されたプログラム学習は，学習プロセスをフローチャート化しようという運動だった。この運動から生まれたのが，ティーチングマシン開発に代表されるような「教育工学」の分野だった。この運動は

刊行案内

2006.12 ～ 2007.8

名古屋大学出版会

経済成長の世界史
E・L・ジョーンズ著　天野雅敏／重富公生／小瀬一／北原聡訳
A5判・246頁・3800円
978-4-8158-0544-9

経済成長の諸起源を、ヨーロッパ、日本、中国などから析出。遍在する成長への性向とともに、その発展を抑制する諸要因の除去こそが決定的であることを示して、産業革命の核心的テーゼに挑戦し、諸地域の経済的勃興を新たな世界史的視野で描き出したグローバルヒストリーの先駆的著作。

徳川後期の学問と政治
――昌平坂学問所儒者と幕末外交変容――
眞壁仁著
A5判・664頁・6600円
978-4-8158-0559-3

徳川後期、対東アジア・西洋外交の前線にたった昌平坂学問所儒者、古賀家三代の知的・政治的所産を徹底する史料調査により解明。学問所儒官の停帯したイメージを覆すとともに、多彩な論点から東アジア地域のダイナミックな変動過程を内容豊かにとらえた、画期的な通史テキスト。日本近代外交黎明期外交史の大幅な書き換えを迫る画期的成果。

東アジア国際政治史
川島真／服部龍二編
A5判・398頁・2600円
978-4-8158-0561-6

前近代の「伝統的」国際秩序の変容から、今日の東アジア国際政治までを一望、最新の研究成果を踏まえた確かな叙述で、東アジア国際政治の主旋律を描き出すとともに、多彩な論点から東アジア地域のダイナミックな変動過程を内容豊かにとらえた、画期的な通史テキスト。

最新 人工心肺 [第三版]
――理論と実際――
阿部稔雄／上田裕一編
B5判・296頁・6000円
978-4-8158-0555-5

心臓手術・大動脈手術に不可欠である人工心肺・体外循環に関して、具体的操作手順から病態生理学的な基礎的事項までを、図・写真を多用して幅広く解説した、医師・臨床工学技士・看護従事者必携の書。最新情報を盛り込み、安全管理やトラブル時の対処について大幅に増補した。

放射線安全取扱の基礎 [第三版]
――アイソトープからX線・放射光まで――
西澤邦秀／飯田孝夫編
B5判・200頁・2400円
4-8158-0552-0

人体への影響や放射線計測手法、諸法令や緊急時の対応など、放射線を扱う上で必要不可欠な知識を、図・写真を多用して幅広く解説した本書は、放射線を扱うすべての学生や、資格取得を目指す人に最適のテキストである。二〇〇五年改正の障害防止法に全面対応。

南米キリスト教美術とコロニアリズム
岡田裕成／齋藤晃著

賤女と賤女唄の研究
ルソーとジュネーヴ共和国
川合清隆著

スタンダール 近代ロマネスクの生成
フランス自由主義の成立
安藤隆穂著

源氏物語の詩学
高橋亨著

ゴルドーニ喜劇集
齊藤泰弘訳

ヨーロッパ中世の宗教運動
池上俊一著

魅惑する帝国
田野大輔著

〈インディアン〉と〈市民〉のはざまで
水野由美子著

お求めの小会の出版物が書店にない場合でも、その書店にご注文くださればお手に入ります。小会に直接御注文の場合は、左記へお電話でお問い合わせ下さい。宅配もできます（代引、送料200円）。

表示価格は税別です。

小会の刊行物は、
http://www.unp.or.jp
でも御案内しております。

E-mail: info@unp.nagoya-u.ac.jp

日本スポーツ学会奨励賞
踊る身体の詩学（山口庸子著）
5200円

ヨーロッパ中世の宗教運動

池上俊一 著

A5判・756頁・7600円

隠修士、カタリ派、少年十字軍、ベギン会、鞭打ち苦行団、千年王国運動——ヨーロッパ中世社会が希求した〈霊性〉のあり方を民衆の宗教運動に探り、初期から末期までの持続と変化の様を通して中世世界をトータルに捉え直すとともに、ヨーロッパ精神の最も深い水脈にふれた画期的著作。

978-4-8158-0554-8

魅惑する帝国
——政治の美学化とナチズム——

田野大輔 著

A5判・388頁・5600円

総統、労働者、民族共同体をモチーフに「芸術作品」として創造された第三帝国——ナチズムの〈政治の美学化〉による支配の全体構造と、大衆消費社会におけるキッチュと結びついて統合力を発揮していくメカニズムを、歴史社会学的手法によって解明し、美的なものの現実性を浮彫りにする画期的な論考。

978-4-8158-0562-3

〈インディアン〉と〈市民〉のはざまで
——合衆国南西部における先住社会の再編過程——

水野由美子 著

A5判・340頁・5700円

「インディアン」かつ「市民」という曖昧な法的地位におかれた二〇世紀前半の先住社会をとりあげ、土地制度・法的身分・学校教育に関する施策とその背景を歴史的に検討することで、「インディアン」と/される」ことの意味を問い直し、「市民」概念の歴史性・政治性を逆照射する。

978-4-8158-0564-7

ルソーとジュネーヴ共和国
——人民主権論の成立——

川合清隆 著

A5判・286頁・5200円

ルソーはほんとうに全体主義者なのか？──ジュネーヴに生まれ育った自由な共和国市民としての思想と感情を吸収したルソーが、祖国における市民階級の政治闘争を背景に、自らの政治思想を結晶させた『社会契約論』。その誕生を歴史的コンテクストの中で捉え、人民主権理論に新たな光をあてる。

978-4-8158-0563-0

フランス自由主義の成立
——公共圏の思想史——

安藤隆穂 著

A5判・438頁・5700円

啓蒙の諸理念とフランス革命の政治文化を母体として生まれたフランス自由主義の思想像を、公共圏の樹立を課題とした政治思想としてすくいとることで一新、チュルゴからコンドルセ、シエース、コンスタン、スタール、ギゾーへと至る自由主義の軌跡をはじめて統一的な視点で描き出した労作。

978-4-8158-0557-9

ル 近代ロマネスクの生成

A5判・482頁・6600円

「一章ごとに崇高が炸裂する」──フランス革命後の変動する社会のなかで、成長する新聞メディアから同時代の政治と社会のあり方を歴史的に明らかにするとともに、娼婦の社会的あり方を歴史的に明らかにするとともに、娼婦が携わっていた芸能と音楽を多角的に分析し、「娼婦文化」の知られざる世界をこれまでになく明確に描き出す。

978-4-8158-0558-6

源氏物語の詩学
——かな物語の生成と心的遠近法——

高橋 亨 著

A5判・768頁・8000円

和漢の複線の詩学を基底に、かな文字の誕生から和歌や初期物語を経て源氏物語に至るかな文芸の生成をたどるとともに、同化と異化が複合する語りの心的遠近法の視点から、言葉のあやが織りなす源氏物語の世界を音楽や絵などの多様なテーマを包み込んで色彩豊かに読み解いた渾身の論考。

978-4-8158-0565-4

ゴルドーニ喜劇集

C・ゴルドーニ 著　齊藤泰弘 訳

A5判・684頁・8000円

一八世紀イタリア演劇界を代表する喜劇作家ゴルドーニが描く、滑稽で愛らしい人間ドラマ。貴族、市民、庶民──あらゆる階層の人々が、ヴェネツィア社会を舞台に縦横無尽の活躍を繰り広げる。代表作『コーヒー店』ほか、本邦初訳作品を中心に、味わい豊かな傑作群を収めた本格的選集。

978-4-8158-0566-1

〒464-0814
名古屋市千種区不老町 一 名大内
電話 052(781)5353／FAX 052 […]

2006年度日本[…]

定価 30000円（分売不可）

1970年代以降，次第に低調になっていったが，現在のCAI (computer assisted instruction), CMI (computer managed instruction), CALL (computer assisted language learning) などの教育実践への導入は，プログラム学習研究が新しいテクノロジーによって再興したものであるとも言える。

情報教育の内容も，初期の受動型情報スキル取得から能動的情報リテラシー獲得，さらには，情報管理能力育成へと進化しつつある。つまり，情報教育は，情報社会の進展，高度化と同時進行的に変化してきているのである。そのことを，2002 (平成14) 年度から実施された新学習指導要領に見ることができる。かつて，1990年代前半は学校教育におけるハードとしてのコンピュータ導入が推進された時期があったが，ハードウェアの普及が進むにつれて，情報教育の中身が議論されるようになった。学習指導要領の改訂を議論してきた教育課程審議会は，1998年7月の最終答申で2002年度から学習指導要領の大幅改訂を段階的に実施することを提言した。これを受けて2002年から小中学校で，2003年から高等学校で，いわゆる新学習指導要領が実施された。

一般的には，同答申の中の，「生きる力」「総合的学習の時間」といった目新しい言葉が注目されているが，新指導要領における情報教育の位置づけは小さくない。ここで，情報教育は正規カリキュラムにしっかりと組み込まれたのである。

まず，答申の基本方針で述べられている「情報化への対応」の項目を見てみよう。ここでは，高度情報通信社会が進展していく中で，大きく二つの情報教育が提言されている。

① 教具としてコンピュータを活用し，慣れ親しむことを通じて，その機能，役割を理解すること。
② 情報通信ネットワークを活用することを通じて情報受信・発信の基本的な資質，能力を培うこと。

つまり，①が従来の情報スキル教育だとすれば，②はインターネット社会への対応を考慮した情報エートス（倫理）教育だと言える。こうした新しいネットワーク社会に向けての資質育成のため，新指導要領では，小学校，中学校，高等学校それぞれの学校段階において，明確な情報教育内容が指示されること

になった。主な内容を概観してみよう。

小学校段階　「総合的な学習の時間」の活動の中で，コンピュータやインターネットを活用しながら，基本的なソフト活用やホームページ活用能力を育成する。

中学校段階　技術・家庭科の技術領域の中で，コンピュータの構造・機能を理解し基本的操作能力を養う。さらに，新しく，「情報社会に参画する態度」を育成するため，社会科「公民的分野」でも触れることにする。

高等学校　新たに普通教育としての教科「情報」を必修科目とし，生徒の興味関心に応じて三つの科目内容（情報A，情報B，情報C）を設置する。さらに，専門教育として，11科目で構成される「情報」を設ける。

　情報A：コンピュータや情報通信ネットワークを活用して，情報を選択・処理・発信できる基礎的な技能を育成する。

　情報B：コンピュータの機能・仕組み，およびその活用法について科学的に理解させる。

　情報C：情報通信ネットワーク等の社会的役割や影響を理解し，情報社会における望ましい態度を育成する。

ところが，これらの内容を教えることのできる教員は，必ずしも十分とはいえない。文部科学省は教員免許法を改正し，大学の教員養成課程においては，平成12年度入学学生から「情報機器の操作」を教員免許取得の必須科目とした。しかしながら，さらに，新指導要領に盛り込まれた情報社会とのかかわり方や情報倫理を教える教員養成は今後の課題として残されている。

これまで概観したように，プログラム学習から新指導要領に見られるネット社会へのかかわり方まで，情報教育はその40年にわたる歴史の中で大きく変化してきた。その中で情報教育は大きく三つの段階を経てきたといえる。

初期の段階は，コンピュータ操作に重点を置いた教育工学と言えるだろう。この時代は，視聴覚機器からコンピュータへと，さまざまな教材，教具，ソフトが開発され，それに習熟することに教師，生徒はエネルギーを費やしていた。いってみれば「情報スキル」の段階である。

その後，次第に情報入手能力，情報処理能力を活用した学習や授業の開発が進んだ。いわば，情報機器やネットワークを利用する力は，従来の3Rs（「読み」「書き」「算数」）とならんで，第四の「学力」と見なされるようになったのだ。「情報リテラシー」（または，メディアリテラシー）という用語は，漠然としているかもしれないが，そのような能力を総称したものである。

そして，現在，情報社会における重要な教育課題は，スキルやリテラシーもさることながら，ネットワークにおける倫理観や自己管理能力が加わってきている。ちょうど車社会の進化がそうであったように，情報社会が成熟期を迎えるためには，従来のハードウェアの整備と操作能力の向上と共に，情報社会の法的規制システムと情報社会文化・慣習（ネチケット：netiquette）が形成されなければならない。法的整備は法曹界の仕事であるが，情報社会におけるマナー教育，自己責任意識の育成は学校教育の役割でもある。こうした新しい課題を担った情報教育は「情報エートス（倫理）」教育の段階と呼べるだろう。

3．情報社会の光と影――情報教育の課題

情報教育とは，情報分野での教育という狭い意味に限定されるものではない。むしろ，他の教科や特別活動，学校・学級運営，教師―生徒間コミュニケーション等，あらゆる教育的営みの中で情報機器・ネットワークを活用しつつ，情報社会における人間形成を行うという大きな目標に向かっている。そのことを象徴しているのが，先にも紹介した新学習指導要領で打ち出されている「生きる力」という言葉である。この用語は，抽象的であるという理由で批判されることも多いが，情報社会を考えると，極めて具体的な「力」の必要性が浮かび上がってくる。

1998（平成10）年の教育課程審議会答申前文では，中央教育審議会の第一次答申を引用して，「生きる力」が次のように定義されている。
① 自分で課題を見つけ，自ら学び，自ら考え，主体的に判断し，行動し，よりよく問題を解決する資質や能力。
② 自らを律しつつ，他者とともに協調し，他人を思いやる心や感動する心

など，豊かな人間性。

　生きる力という，一見陳腐な言葉がクローズアップされたのも，現代社会における人と人のコミュニケーションが希薄化し，共同体や規範が崩壊しつつあるという危機感が底流にあるからである。情報教育は，その危機感がもつ矛盾を表している。

　なぜなら，考えてみると一方では，情報化やグローバリズムに対応するため，ネットワークにアクセスさせる教育を推進しながら，もう一方では，情報社会に生きる人々が対人場面を失い，モラルを低下させているという危機感が表明されているからである。さらにいえば，メディア社会の環境に対応すればするほどリアリティ感覚が希薄になるというのに，同時にその矛盾を学校教育で解決しようという，マッチポンプにも似た構図になるのではないか（加藤，1999）。

　こうした社会状況を背負って登場したのが，先の「生きる力」の育成である。ここに情報社会の矛盾を解決する糸口を見いだしたいという教育改革の狙いが込められていることも確かだろう。

　しかしながら，情報教育でこの矛盾を解決するには，まだ多くの教育課題が残っている。それはひとことでいえば，情報モラル教育または情報エートス教育と言うべきものである。情報モラル教育とはいったいどのようなものなのだろう。

　インターネットや e メールは，生徒個人を教室という狭い空間と時間的制約から解放してくれた。データベースやホームページ情報を活用すれば，異文化接触だろうが，学校外の人々とのコミュニケーションだろうが，無制限に実現する。いわば，サイバースペースの平等性と無規定性といえる。この性質は，外に出られない障害者や対面場面が苦手な不登校生徒など，物理的時空の制限を受けてきた人々を解放してくれたことは確かである。しかしながら，同時に，ネットワーク空間ではすべての人々が匿名性を持ち，自分の姿を意図的に隠蔽できる。このことが，すでに多くの問題を引き起こしている。たとえば，生徒たちのメール交換やさまざまなホームページ上の書込欄（BBS: Bulletin Board System）で問題になっているのは，些細な相手の言葉に感情的に激昂するフレ

ーミング（感情爆発）である。また，学校のホームページや生徒同志の学級のメイリングリストを使って特定の生徒への中傷誹謗を流す，新しいタイプのいじめが横行しているのも事実である。従来の物理的排除としてのいじめにたいして，これらは，サイバーバイオレンス（cyber violence または，cyber bullying〔いじめ〕）と呼ぶこともできるだろう。

また，出会い系サイトへのアクセスから起きる人間関係トラブルやネットショッピングサイトやアダルトサイトへのアクセスがもたらす有害情報の氾濫など，子供たちが囲まれている情報環境は無秩序状態に近い。

だが，こうした新しい暴力，差別，有害情報にたいするモラル教育は遅れていると言わざるを得ない。なによりも，アクセスが容易で規制のない自由市場だからサイバースペースは魅力的なのだという前提が，逆に，規制や倫理構築の障害になっているという皮肉な現象が起きている。

今後，学校教育現場で必要なのは，子供たちがアクセスする情報を組織的にチェックするフィルタリング（情報選別）意識やネチケット教育（ネット上のマナー教育）を情報基礎教育の中に位置づけていくことだろう。こうした教育なしには，学習指導要領が求めている，判断力，思考力，問題解決能力……といった総合的な学力（いわゆる「確かな学力」）を身につけることはできないだろう。ネット上のモラル教育をほどこさなければ，「生きる力」がめざしている共生社会の構築は不可能だろう。それには，先に矛盾と指摘したが，実際の対人関係のリアリティとサイバースペース上のバーチャル・リアリティ（virtual reality）との双方をバランスよく体験させる困難な教育に学校が取り組まなければならないだろう。アクセスが簡単な人間コミュニケーションと同時に，手間のかかる，時には葛藤を乗り越えなければならない，現実の人間関係を経なければ，規範は形成できないという反省が生まれつつあるのだ。

一例として挙げれば，新指導要領の後，2001（平成13）年に発表された「21世紀教育新生プラン」では，eラーニングやサイバー教育を取り込んだIT授業や校内LANやネットワーク対応機器を備えた第三の学習スペース（いわゆる「新世代型学習空間」）の整備と同時に，体験学習，奉仕活動，道徳教育が重視されているのは，まさに先に述べたような危機認識の表明と受け取れる。

4. 情報教育の未来——生涯学習社会に向けて

　前節で，情報社会におけるモラル教育の遅れを指摘したが，じつは学校教育は施設設備，スタッフ資質，運営のどれをとっても情報社会に対応してはいない。当然のことだが，現在の学校は高度情報社会以前の伝統的な産業社会に合わせて作られてきたからである。たとえば，学校図書館は，本を保存し整理するだけの場ではなく，「学習情報センター」としての役割が期待されており，そこで働く図書館司書も，メディア専門職としての役割が課せられてきている。また，学校運営の最高責任者である校長は，学校の情報化推進のコーディネーターとして，外部機関や地域社会との橋渡しの役割を担わなければならない。これまでのように学校内の教職員を動員するだけでなく，「学校いきいきプラン（平成13年〜平成16年）」に見られるように広く社会からボランティア人材を招き入れ，校内ネットワーク（イントラネット）構築を推進する，といった経営能力が求められている。同じように一人一人の教員も自己研鑽と自己変化が求められている。コンピュータ操作能力の向上は言うまでもなく，教育形態や方法そのものの変化が要求されているのだ。たとえば，教材は教科書やプリント，視聴覚映像だけではない。CAIソフトを利用したティーム・ティーチングを活用することも必要になるだろうし，LOM（あらゆる学習コンテンツを記したデータベース：learning object metadater）を利用して授業準備することは日常的作業になるだろう。

　いいかえれば，学校の情報化を進めることは，単に学校教育が新技術を導入するということだけではなく，近代の学校そのものを根本的に変革することを意味している。学校は校舎と教室空間から，地域社会にむけて情報発信，情報公開し，逆に，社会はネットワークを使って学校空間に入ってくる，そうした双方向性が高まっていくのである。

　ここで思い出すのが，かつて，産業社会の仕組みとしての学校教育制度を批判し，自由度の高い学びネットワークを提唱したイワン・イリッチの「脱学校論（de-schooling theory）」のことである。今一度，彼の論に注目してみると，

Column

ネット情報教育

　高度情報化社会における教育の未来像は、どのようなものになるだろう。IT 革命は教育のサイバー化を進めつつある。世界の多くの大学で、学生たちはレポート提出、質疑応答、試験までを教室ではなく、webCT と呼ばれるサイト上で行っている。また、カリフォルニア大学は全米にバーチャル大学を持っており、1,600 以上のオンライン講座を提供している（J. ブラウン、P. ドゥグッド『なぜ IT は社会を変えないのか』宮本喜一訳、日本経済新聞社、2002 年）。

　教育の情報化は、次第に中等、初等教育へと降りてくるだろう。ネット高校はすでに設立されているし、メール指導、電子教科書、CAI、自己学習プログラムの利用は一般学校で拡大している。それらは、もはや日常的な教育活動ともいえる。

　一方で、ネット教育の危険性も指摘されている。若い世代は、インターネット空間を棲家とし、みずからの物理的存在を忘れつつある。社会心理学者の S. タークルは、ネット中毒に陥り、みずからがサイバースペースの中に生きていると錯覚してしまう学生の実態を報告している。さらに、幼児を人工知能ロボットで遊ばせる実験から、子供たちが「生き物」と「機械」という二元論を持たなくなる可能性を示唆している（シェリー・タークル『接続された心』目暮雅道訳、早川書房、1998 年）。

　いったい、教育の IT 化の究極的な姿とはどんなものだろうか。アン・マキャフリーの『歌う船』の主人公ヘルバは、新生児に義務づけられた脳波形テストを受け、結果として「モノ」として生きることになった。彼女の脳は、カプセルに入れられ、宇宙船をコントロールする管理コンピュータの機能を担うことで生きていくのである。その宇宙船中枢ヘルバは、やがて、船長に恋心を抱くようになる（アン・マキャフリー『歌う船』酒匂真理子訳、東京創元社、1984 年）。

　そんな SF 物語が荒唐無稽に思えないのも、すでに私たちが、電子メディアによって意識をネット上に拡張しつつあるという現実があるからであろう。一方で、これまで長い時間をかけて心の問題と向き合ってきた、手仕事としての教育の営みは、今後どうなっていくだろうか。

極めて的確に情報教育の功罪を指摘していることがわかる。まずは，イリッチの論を振り返ってみよう。

彼は，人間を一定の空間に閉じ込める制度としての学校ではなく，学びたい者が学びたいことを，学びたい時に，学習することのできる柔軟な仕組みを提唱した。それは，「機会の網（opportunity web）」と呼ばれる学習ネットワークだった。このwebという響きは，インターネットの仕組みであるWWW（world wide web）を想起させないだろうか。彼の生きた時代には，初期のコンピュータが存在していたに過ぎない。にもかかわらず，イリッチは学びたい人と学びたい事，それを教えることのできる人，それらの変数を調整し，学習の場を設定するマッチングはコンピュータによって可能になると言っている。これはインターネットに近い概念のようにも思える。

しかし，彼は対面的人間関係を否定はせず，むしろ重視している。彼は確かにコンピュータに学習ネットワークの管理を委ねることが効率的だと言っている。だが，それは，あくまで学習の場は対面型の人間関係によって成立するという前提の上に立ってのことだ，と彼はいう。

つまり，彼がもっとも重視しているのは同じ学びたいという人々の「出会い」であり，それを学校という社会的コントロールから分離することで，近代的制度の拘束から自由になり，親和的（convivial）な制度ができるのである。

イリッチが指摘しているサイバースペースの不足を補うために必要なのが，先に指摘したモラル教育と体験教育の充実ではないだろうか。それが実現した時，近代の学校教育は，情報社会の中で生涯学習の場として広く社会に開かれ，誰もが，学びたい時に学びたいことを学ぶことのできる学習センターとして生まれ変わるだろう。

おわりに

最近，教師が「子供が理解できない」とつぶやく。その時，いったい子供の何が理解できないというのだろうか。「切れる子供」「引きこもる子供」「学びから逃走する子供」，それらの言葉で表現される「不可解な子供」という受け

止め方は，教師や親たちがもつ近代的な行動様式，人格概念との不一致のことではないだろうか。近代的な人格，つまり，一貫性（consistency）をもった行動様式を理想とする人間観からすれば，脈絡のない，矛盾する行動を見せる子供たちは，逸脱行動か病理としか説明できないのだろう。

　たしかに学校教育における人間評価は二分法的カテゴリーで分類されている。たとえば，積極的 vs. 消極的，協調的 vs. 逸脱的，といった評価基準がそれである。それぞれの対概念は，一つの言葉（未熟）からもう一つの言葉（成熟）へと発達していくという期待をこめて生徒評価として下される。人物評価だけではない。学校のカリキュラム編成，学年制といった教育構造のすべてが，「完成された形」をめざして収斂することを目標としている。

　ところが，子供たちはテクノロジー革命の影響の中ですでに変化してしまっている。ネット上ではいくつもの名前を持つことができるし，性別や年齢といった属性さえ作り替え，全く新しい姿（ペルソナ）で行為できるのだ。しかも，そこでは，一つ一つの通過儀礼をクリアしなければアクセスできないデータベースがあるわけではないから，子供たちは自分がどういう発達段階にあるかということを意識する必要はない。いわば，タブーのない世界である。子どもたちがアダルトサイトにアクセスするのを許しているのは，インターネットの開放性なのである。もはや子供たちに規範を内面化する途上で，そうした発達破壊が，IT 革命によって起きていると考えざるを得ない。

　おそらく，情報教育が最後に抱える課題は，高度情報化社会に生きる「期待される人間像」とは，どのようなものなのかを定義する作業だろう。「生きる力」を追求すればするほど，人間像が揺らいでいく現代社会の困難性がそこから見えてくるだろう。それは，かなり骨の折れる作業だろうが，情報教育はそこを避けて通ることはできないだろう。

参考文献
赤堀侃司『学校教育とコンピュータ』NHK ブックス，日本放送協会，1993 年
今田高俊『モダンの脱構築』中央公論社，1987 年
イリッチ，イヴァン『脱学校の社会』東洋・小澤周三訳，東京創元社，1977 年

加藤潤『マルチメディアと教育』玉川大学出版部，1999年
加藤潤「ポストヒューマン時代の教育」『教育学年報』第10号，「教育学の最前線」世織書房，2004年
苅宿俊文他『コンピュータのある教室』岩波書店，1996年
ギブスン，ウィリアム『ニューロマンサー』黒丸尚訳，早川書房，1986年
佐伯胖他編『岩波講座 現代の教育 8 情報とメディア』岩波書店，1998年
マクルーハン，マーシャル『メディア論』栗原裕・河本仲聖訳，みすず書房，1987年

❖ webサイトとしては，文部科学省ホームページ（http://mext.go.jp）のサイトマップから「情報化への対応」にアクセスすることを勧めたい。とりわけ，「初等中等教育におけるITの活用の推進に関する検討会議」の報告書「ITで築く確かな学力」（2002年）は有益である。

（加藤　潤）

II-3 ジェンダーと教育

はじめに

　本章をはじめる前に，まずは「ジェンダー」という言葉について解説をしておく必要があるだろう。「ジェンダー」とは何か？　非常に初歩的な説明から入れば，私たちが日頃男女の違い，いわゆる「性差」と考えていることの大部分は，歴史的，文化的，社会的に決められたものに過ぎないこと，それらは生まれながらの特質によるものではないこと，を明らかにするためにつくられたのがこの「ジェンダー」という言葉であった。

　しかし，この説明は不十分であるか，あるいは新たな誤解を生む可能性があると今日では考えられている。仮に私たちの認識している「性差」のほとんどが，「ジェンダー」であったとしても，同時にそこには「つくられたものではない性差」が確実に存在していて，それが何であるのかという議論へと発展してしまうからである。そう考えると，バトラー（1990）も指摘するように，この「ジェンダー」という言葉は，それを使用することによって「つくられたものではない性差」が存在するという認識をより確固たるものにしてしまう危険性を伴うやっかいなものでもある。

　したがって，「ジェンダー」という言葉についてはもう少し説明を加えなければならないだろう。ここで気付いてほしいのは，加藤（1998）もいうように，私たちが他者を認識する時には，常日頃から「男」と「女」を分ける作業がほ

ぼ当たり前のように行われているということである。本来，人間が複数いれば，その差異は五万とあるはずである。たとえば人間の身体の形状には生まれつきいろいろな違いがあり，耳の形やら脚の形やらは，いくつかのグループに分けることができることが知られている。ならばそれらの差異を手がかりに他人を認識してもよいはずであるが，私たちは，人間の中の確固たる違いとしてそれらに着目することはあまりなく，一方で性器の違いについては過剰すぎるほど意識的になる。すなわち，本来，多種多様にあるはずの差異の中から私たちが特定の差異のみを取り出して，そこに何らかの意味付与をするという行為は，それ自体が極めて人為的な作業であるといえるのである。したがって，これから「ジェンダー」という言葉を用いる際には，何かを根源的な意味のある差異であるとみなしてしまう私たちの視線を同時に問い直していく作業を伴っているといえるだろう。

　本章では，こうした「ジェンダー」という用語の複雑性に留意しながら，二つの方向からジェンダーと教育について考えていくことにしよう。第一の方向は，それが人為的に作られた差異であるにせよ，仮に「男」「女」のカテゴリー間を比較してみると，両者の間にはいかに不均衡な現状があるかを明らかにし，さらに既存の学校社会が，いかにこれら全体社会における「男」と「女」の不平等を再生産しているか，という視点からの考察である。第二の方向は，本来人為的に作られたものであるはずの「男」「女」の差異，あるいは境界線引きが，学校内でいかにオリジナルな知識として生産されているのかを明らかにすることである。そして最後に，学校を通じた知識の変革の可能性をもたらすジェンダー・フリー教育の可能性について触れることにしよう。

1．機会の平等と結果の不平等

　図3-1は，戦後日本社会の男女別にみた高校，四年制大学進学率を示したグラフである。ここからはこの半世紀の間に日本社会において，より高度な教育を受ける機会が格段に拡大してきたことがまず分かるだろう。同時に，こうした教育機会の拡大状況には男女差があることも読み取れる。たとえばある時代

図 3-1 男女別進学率の推移

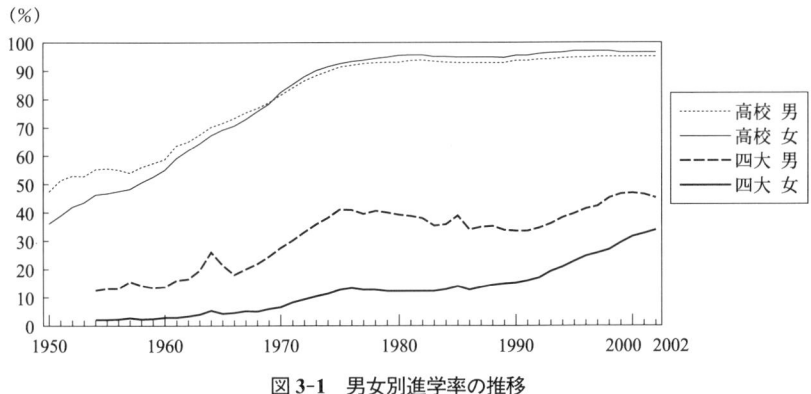

注1）文科省『学校基本調査』より。
　2）四大進学率は浪人を含む。学部入学者数を3年前の中学卒業者数で序した数値。
データ出所）内閣府男女共同参画局『男女共同参画白書平成15年度版』2003年、第1-8-1図のデータを元に筆者がグラフを作成。http://www.gender.go.jp/whitepaper/h15/danjo/html/zuhyo/fig01_08_01_01.html

までの高校進学率は，男子の進学率の上昇がまず起こり，女子の進学率は数年後にそれを追うような形で伸びてきた。また今日でも，四年制大学進学率にはなお男女差が存在している。

　次頁図3-2のグラフは，四年制大学に進学した男女がどの分野に進んだかを示したものである。ここからは，男子学生と女子学生が選択した分野には大きな違いが見られることがわかるだろう。このように，今でも高校卒業以降の男女の進路は，量の面でも質の面でも大きな違いが見られるといえるのである。

　ではなぜ，このような格差が生まれるのだろうか。ここで重要なのは，「機会の平等」は「結果の平等」へと単純には結びつかないということである。法制度上，戦後の日本社会は高等教育機関への進学機会を万人に平等に開いた。しかしながら，結果的に今日見ることができる大学進学状況には依然として男女の格差がみられている。ではそれは，高校を卒業した男女生徒の自由な意志による選択結果といえるのだろうか。

　学校文化は決して中立的なものではない。学校の中で実際に何が行われているのかをつぶさに明らかにしていくと，学校を卒業する時点での教育結果の違いが，個人の能力差や自由な意志によって生じたものではなく，学校の文化的バイアスによって生み出されたものであることが分かってくる。たしかに学校

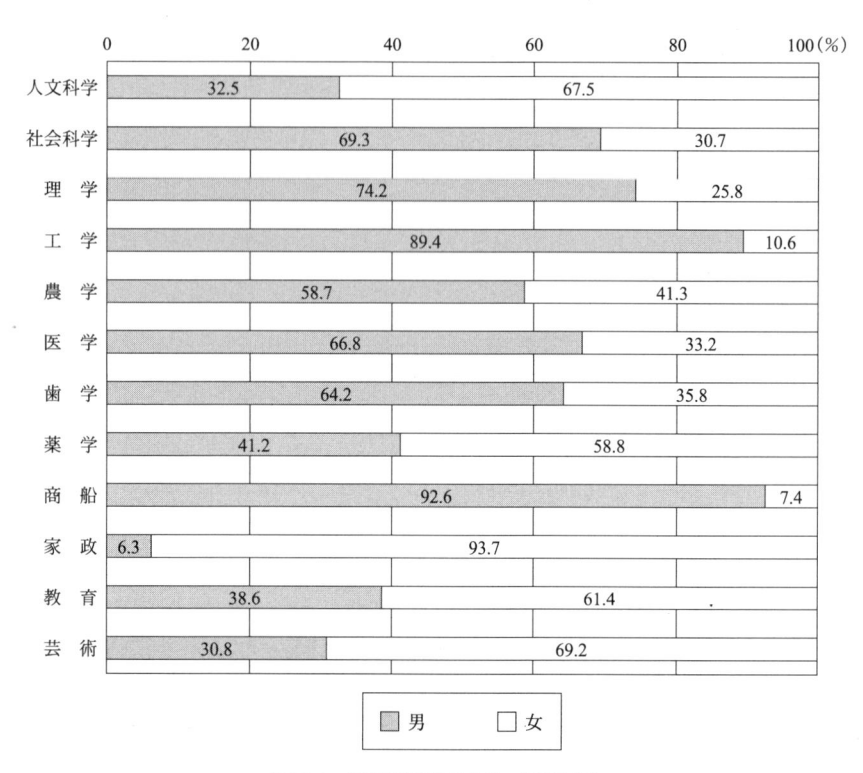

学部	男 (%)	女 (%)
人文科学	32.5	67.5
社会科学	69.3	30.7
理学	74.2	25.8
工学	89.4	10.6
農学	58.7	41.3
医学	66.8	33.2
歯学	64.2	35.8
薬学	41.2	58.8
商船	92.6	7.4
家政	6.3	93.7
教育	38.6	61.4
芸術	30.8	69.2

図 3-2 学部別学生男女比（2003 年）

データ出所）文科省『学校基本調査平成 15 年度版・高等教育編』2003 年。

教育は，新しい知を与えることにより，既存の社会の不平等を是正する機能を一面では持っている。だがそのもう一方で，既存の社会における不平等構造の再生産もそこではまた行われている。すなわち，学校は人々を平等化する場所であると同時に差異化する場所でもあるのである。

では以下，学校内部におけるジェンダーの再生産プロセスを，それを促進する一大要因と考えられる性役割の社会化プロセスに着目して明らかにしていこう。

2．性役割の社会化と隠れたカリキュラム

（1）隠れたカリキュラム

　なぜ，教育機会の平等を確保しても，教育結果の平等には結びつかないのか。なぜ，冒頭のような男女の教育達成の違いが生じてしまうのかを考えるためには，天野（1989）が指摘しているように学校内部の教育プロセスへの着目が不可欠である。

　学校では，男女に平等な教育が施される一方で，男女を区分し，それぞれに望ましいとされる社会的役割を伝達する性役割の社会化過程も潜んでいる。もちろん，男女平等理念の浸透とともに，今日ではそれが正面から行われることは少ないが，「隠れたカリキュラム」の形での性役割の社会化は随所で進行している。

　たとえば教科書の記述をみると，①国語の教科書の登場人物や主人公には男性が多く，とりわけ歴史の教科書が扱う人物は，圧倒的に男性に集中している，②女性の登場場面は，母親や看護士など，特定の女性向き職業や家庭的役割の遂行者に集中している，③現実の男女像よりも，男らしさ，女らしさを過度に強調した人物像が見られる，などの傾向があるという（伊東他，1991）。また，教育段階別，教科別に教員の男女比率を見ると，①女性教員の比率はより年少の子ども向けの教育機関に在籍することが多いこと，②教科では国語や英語，音楽，家庭科などに女性教員比率が高いこと，③校長，教頭や主任などの管理職，あるいは大学では教授職には女性が少ないことも知られている（井上・江原，1999）。

　学校でのこれらの経験は，暗黙のうちに，全体社会におけるジェンダー構造がどのようになっているのか，男女に適切な領域，専門分野はなにか，権威的地位に誰がつくのかを生徒に伝達しているといえる。たしかに今日の学校では，たとえばかつての技術家庭科の男女別カリキュラムなど，明示的な形で男女に異なる知識が伝達されることは少なくなってきたかもしれないが，隠れたカリキュラムのレベルにおける性役割の社会化は，脈々と進行している。そのため，

Column

隠れたカリキュラム

　私たちが学校で学んでいる知識は，なにも英語や数学，国語……といった時間割に載っている正規のカリキュラムだけではない。もちろん，校則に代表されるように，正規の教科以外にも教師が生徒に教えようとする知識はあるが，さらにそれ以上のことを私たちは，学校での生活を通じて学んでいる。そして多くの場合，教師自身もそれを生徒に教えるつもりもないのに伝わってしまっている知識というものがある。

　「隠れたカリキュラム」とは，このように学校において，表立っては語られることなく，暗黙の了解のもとに，潜在的に教師から生徒へ伝達されるところの規範，価値，信念の体系のことであり，それは社会的に望ましいとされる知識の再生産につながることが知られている。たとえば，「特定の時間が来たらチャイムが鳴り，教室に入らなければならない」「教室に入ったら前方を向いて座り，静かに教師の話を聞く」などは，この社会が時間の秩序によって成り立っていることや，集団の中にはそれを引っ張る人物がいてその人の指示を仰がなければならないことを，暗黙のうちに学んでいるといえるのである。

　このように隠れたカリキュラムは，子どもたちが首尾よく既存の大人社会や職業社会に適応していき，最終的には全体社会の既存の価値規範の強化・存続を保障する機能を持っているといえるのである。

　学校内部でのジェンダーの社会化メカニズムを考える際に，この隠れたカリキュラムの概念への着目は重要である。詳しくは本文中に記したが，たとえば教師みずからが自明視していた「男女の役割の違い」というものが，無意識のうちに生徒指導や進路指導の際に反映されることや，あるいは教壇に男女どちらの教師が登るのか（数学を教えているのは男女どちらで家庭科はどちらか，幼稚園で教えているのはどちらの性で大学ではどちらか），ということ自体も暗黙の知識となって伝達されているといえるのである。教室内部での隠れたカリキュラムの事例としては，教師―生徒間の相互行為のみならず，教科書の内容，教員の配置構造，名簿・制服，生徒どうし（ピアグループ間）の相互行為などもあげることができる。

たとえ教育にまつわる法制度やフォーマルカリキュラムの整備が行われたからといって，学校内部で男女に伝達される知識の不平等は解消されたとはいえないのである。

（2）教師と生徒の相互行為

　教師―生徒間の相互行為を通じても性役割の社会化は進行している。欧米では早くも1970年代後半から1980年代ごろより，教師が性別ステレオタイプに基づいて指導を行っていることへの指摘がされてきた。たとえば，教師が生徒を評価する時，男子生徒と女子生徒には異なる特性を期待しており，男子には創造性と独立性を，女子には誠実さや従順さを期待するというのである。その結果，男子生徒と女子生徒に適切だとみなす課題や活動は区別され，教師の生徒にたいする働きかけは，男子生徒には責任の重い，生徒内での威信も高い仕事を割り当て，女子には雑用や補佐的仕事を与えるなどの違いが観察されることも指摘されたという。

　さらに，教室内での教師と生徒の相互行為の量は圧倒的に男子に多く，教師から生徒への働きかけにせよ，誉められたり注意を受けたりすることにせよ，授業中の生徒による発言にせよ，その行為の量は圧倒的に男子生徒が占めているという。男子生徒と教師との相互行為がより多くなる理由の一つには，男子は教室内で騒がしい存在として捉えられることが挙げられている。教師は教室秩序を保とうとするあまり，騒がしい生徒の注意を引き，その集中力を保つよう，他の生徒よりも多く働きかけをするようになるというのである（アスキュー＆ロス，1990）。その結果，教室内の言語は男子生徒によって支配され，発言も相互行為の量も男子が女子を圧倒的に上回ることになるのである。

　同様のことは，1990年代以降の日本の研究でも明らかにされている。小学校6年生の授業風景を観察した木村（1999）は，観察したあらゆるクラスにおいて，授業中の風景として共通していたのは「男子の雄弁，女子の沈黙」という構造であったという。たとえ教師が女子生徒を積極的に指名しようと工夫しても，男子は自発的に発言して女子の発言を妨害したり，からかったりすることにより，女子の発言意欲を挫くというのである。女子は自己防衛のため，沈

黙を心がけるという悪循環が生じているのである。

（3）ピアグループのプレッシャー

　こうした教室内にみられる教師と生徒の相互行為パターンの裏には，生徒どうしの力関係も隠れている。生徒は生徒間で，教室内でどのような振る舞いをすることがのぞましいかの文化を共有しており，そこからの逸脱は時に教師への反抗よりも避けるべきことなのである。アメリカでは，すでに1960年代より生徒たちが学校や教師がのぞましいとする価値観（学力優秀であることなど）とは別のところに価値基準を見いだしていることが報告されてきたが，こうした生徒どうしが共有する性役割期待が，しばしば女子学生の学業達成を妨げる働きをすることが欧米では着目されてきた。たとえば，能力のある女子学生が，それが「女の子らしくない」とみなされることを嫌がり，学業成績の競いあいから「降りて」しまうこと，女子生徒を共学クラスと別学クラスとに分けて学習させてみたところ，別学クラスのほうが女子の理数系科目の成績が伸びたという実験結果が得られたこと，理系の女子大学生に異性の恋人ができると，成績の低下がみられるようになること，などの報告がある。こうした「ロマンス文化」の内面化は，女子に性役割の内面化と学業達成からの引退を促すようである。

　学校内での生徒どうしの力関係をみてみると，そこには攻撃する男子／攻撃される女子，からかう男子／からかわれる女子，攻撃する男子／攻撃される男子，同調を促す女子／同調をうながされる女子，という構造が頻繁に見られるという。たとえば，日本におけるクラスルーム内の研究のいくつかでは，授業中の女子の真面目な回答が複数の男子生徒によって「批判され」たり，授業中の教師の質問にたいする回答に，特定の性役割期待から逸脱した女子の行動への「からかい」が複数の男子生徒によって行われる様子が明らかにされている。先にあげた木村（1999）は，女子生徒へのインタビューを通じて，「男子が女子の発言にあれこれ言うこと」が女子生徒の発言意欲を打ち砕いてしまう要因となっていると指摘している。これらは一見，無邪気なもののように見えるかもしれない。しかし，「からかい」というものの持つ力学（江原，1985）を考え

ると，それがいかに女子生徒にとってプレッシャーなのか，検討しておく必要があるだろう。さらに，女子どうしではピアグループの価値への同調行動によって近代的な女性役割の再生産が行われているという報告もある。

　一方で男子生徒の抱える「困難」もある。男子生徒どうしは常に自分が「男」であるというアインデンティティを確認しあう作業をしており，ひとたびこのアイデンティティ確認に失敗すると，「女のような」男としてのレッテルを貼られ，いじめのターゲットになるという（アスキュー&ロス，1990）。こうした「男でない男」をつまはじきにし，攻撃の対象にする行為はすでに保育園の時点から見られるという報告もあり，かなりの幼少期から，男子はピアグループの中でそのジェンダー・アイデンティティを確認する作業にさらされているといえるのである。

3．性差を生み出す学校

（1）学習される性カテゴリー

　学校は，単に全体社会のジェンダー差を再生産するだけではない。学校独自の性差の生産過程もある。たとえば，幼稚園や保育園に入園したばかりの子どもが，突然自分が「男」であるか「女」であるかを意識し始め，服装やふるまいを自分がそうであると認識する性に適合的なものへと調整していくことは，しばしばその親たちによって驚きをもって語られることがある。これは，子どもの「自然な」成長過程というよりも，子どもたちが園で「性差」を学んできたからこそのできごとなのである。

　図3-3は，森（1995）によるある幼稚園における観察結果である。ここで着目したいことは，教師の目的はあくまでもお弁当を食べさせることであるにもかかわらず，その導入のために「性別カテゴリー」が教師によって多用されているという事実である。さらに重要なことに，園児の中には性別カテゴリーを用いた指導にまだ馴染んでおらず，自分の所属する「性」を正確に把握しきれていないものがいること，そうした園児がいた場合，教師はカテゴリーの逸脱を矯正する指導を行っていること，がここから分かるのである。繰り返すが，

図 3-3　保育園のお弁当実習トランスクリプト

T（教師）今日はねー，みんながお弁当がんばってがんばって，〈略〉ぜーんぶ食べられたらね，先生きょうはね，こーんなに，男の子がね，ピカピカ光るシールはったでしょ。これ，お弁当よくがんばって食べましたーてね。

F（女児）せんせー，―――（自分の名）はね，えーと，お人形と，―――のお弁当の中はごちそうの，お人形とか，はってもらうねん。

T　はい，わかりました。〈略〉きょうはね，もうちょっとしてからお弁当。女の子，ぜーんぶ食べられたら，きょうはね，このピンクのね，ごほうびとして紙あげるしね。ごほうびのね，シールのついた，ピカピカのこのごほうびあげる。男の子は青いの。

お弁当の時間となり，机を運ばせようとする。

T　じゃあね，せんせね，お机を出しますので，ね，ちょっとね，重いからね，ちょっと待ってね。じゃまず最初，女の子。女の子は―――せんせ（副担任）のところに行ってね，女の子はね，この後ろのところでね，おいすをね，置きますので，女の子，おいすに座ってください。はい，女の子，後ろきてください。今―――せんせきゃはるし。

女児たち，後ろのすみに集まる。〈略〉男児たちはまだ座ったまま。

T　はい，じゃあ，男の子はどこにいくのか，―――せんせ（自分）みて。男の子は自分のおかばんかけあるでしょ。そこにペターンとしててちょうだい。

〈略〉

男児たち，順々に立って，かばんかけのところに行く。女児二人，男児一人まだボーッとしたまま。T，手を引いて所定の位置に引っ張っていく。〈略〉
女の子の方に座っているある男児をみつけて，

T　男の子，すわってるとこ，おかしいやんか

とその子を連れ出し，男児の方へすわらせる。

机に着席させはじめる。

T　じゃあね，男の子，男の子，こっちおいで。

両先生男の子を前列，女の子を後列に誘導していく。女の子に

T　―――ちゃーん，女の子ですからねー

と矯正する。

出所）森繁男「幼児教育とジェンダー構成」竹内・徳岡編『教育現象の社会学』世界思想社，1995年，pp. 132-149。

　ここでの教師の目的は，子どもたちに性別カテゴリーの存在を教えることではない。しかしながら結果的に，一連の指導を通じてその存在を自明のものとする認識枠組みを子どもたちに社会化しているに他ならないと森は指摘するのである。

（2）「教室秩序の統制」という理由

　なぜ，性別カテゴリーは，それを用いる必要がないところでも多用されてしまうのか。ここで考えねばならないのは，この場面において，教師がそもそも目的としていたことは，多人数の園児が混乱することなくお弁当をカバンから取りだし，自分の机にまで持ってきて「お弁当の時間」を始めることであった。教師は家族以外の大集団内で食事をした経験がほとんどない園児たちを上手にコントロールし，教室秩序を保とうとしていたのである。

　このように学校では，しばしば一人の教師が多数の生徒に一度に指示だしをしなければならない必要が生じる。その時，教師が取りうるストラテジーの中には，多人数の生徒をいくつかのグループにわけ，グループごとに指示をだすというものがある。教師は本来どのようなカテゴリーを使って教室の生徒を分類することもできるはずだが，その時しばしば用いられるのがこの性別カテゴリーなのである。森（1995）によると，教師はそれを用いた性役割の社会化を目的としているわけではない。あくまでもそれが子どもにとって「自然である」という思い込みから手っ取り早く利用しているというのが本当のところのようである。

　しかし，それが本当に園児たちにとって「自然な」ものであるかの確認は一切されていないところにも注意が必要であると森は指摘する。園児にとってみれば，初めての集団生活の中で，唯一の大人である教師の意図するところを汲み取る作業には膨大な力量を必要とする。その中で，性別カテゴリーは，教師とつつがなくコミュニケーションをとるための唯一の手がかりとして学び取られ，自明のものとされていくというのである。すなわち，ここにおいて性別カテゴリーは，教師，園児の双方にとってあくまでもコミュニケーションの「道具」として利用されているにすぎない。しかしだからこそ，その「自明性」は他に選択の余地のない確固たるものとして園児に社会化されていくのであり，そこによりいっそうの問題が潜んでいることを森は指摘するのである。

　この初期の段階で「自明なもの」として確立された性別カテゴリーが，学校内部においていかに「あたりまえ」のものとして利用されつづけているのかは，宮崎（2000）による小学校の水泳実習観察結果からも明らかであろう。水泳の

図3-4　小学校の水泳実習トランスクリプト

〈授業前半〉（教師は男女交互の列を作る）
教師B：（児童の中に入って列を整頓）＝念押し
教師A：（何人か入れかえる）＝矯正
教師A：今日はこの並び方でやりますよー！　＝念押し
教師A：いーいー！　ちゃんとこの並び方覚えるのよー！　＝念押し
教師A：はーい，じゃあ水ばしゃばしゃ20回！
　（前列児童，プールサイドに越し掛けて水ばしゃばしゃをしてから，プールの中を歩きはじめる。後列児童，すぐ入ろうとする）
教師A：まだまだよー！　＝矯正

〈授業後半〉
教師A：（児童の列に入り）○○ちゃんまでー！（と言って12人を分ける）
教師A：1, 2, 3, 4, ……いーい？　＝念押し
教師A：はい，ここまでよー！（と言って次の12人を分ける）
教師A：1, 2, 3, 4, 5　＝念押し　△△ちゃん違うの？　＝矯正
教師A：はい，残り5人ね。
教師A：はい，いくよー！

出典）宮崎あゆみ「学校における性別カテゴリー」亀田・舘編『学校をジェンダー・フリーに』明石書店，2000年，pp. 59-77 を一部加筆修正。

　授業場面で「男子ー！，女子ー！」，という指示の出し方を教師が頻繁に行っていることに気付いた宮崎は，実験的にそれらの性別カテゴリーを「使用せずに」指導してもらうよう依頼したというが，その結果，その日の授業は図3-4のように，頻繁な念押しや確認，逸脱矯正などの「いつもとは違う」授業風景に変わってしまったという。ここからは，教師や生徒がいかに性別カテゴリーの存在を自明視して日常の学校生活を過ごしているかが分かるだろう。教師はそうした指導を通じて性役割の社会化や性別カテゴリーの存在を伝達するつもりではない。しかしながら，性別カテゴリーの存在は，いつの間にか「自明のもの」として学校で過ごす者たちの間に刷り込まれていっているのである。それらがひどく「あたりまえ」で「自然なもの」という感覚は，長年の学校生活を通じていつの間にか作り上げられてしまっているのである。

　その積み重ねが，どのような日常生活を生むことになったかについて，ここで面白い記録を紹介しよう。図3-5は，筆者が担当するある日の大学生のゼミ

3年ゼミ（出席者20名）　　　4年ゼミ（出席者20名）

○　☆○○○　　　　　　　○○○○○○

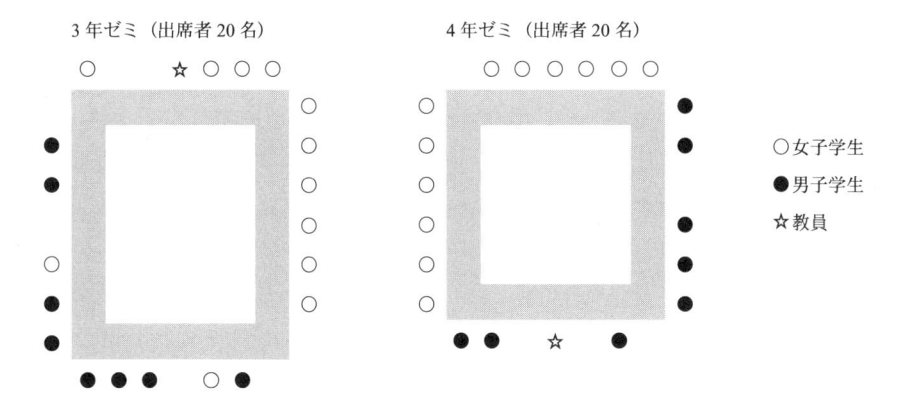

○女子学生
●男子学生
☆教員

図3-5　大学生の席とり

で，学生たちがどのような座席の取り方をしているかを記録したものである。ここからは，事前の座席指定をしていないにも関わらず，ほとんどの学生が男女のグループに分かれて着席していることが一目瞭然であろう。宮崎（2000）は，インタビューをした小学校教師が「全校朝礼のときも2列にしてって言うと男子女子って並びますよね。体育館に行っても男子女子。何も言わなくても子どもは男子女子って並びますよね。それは学校が作り出したものだと思う」と語ったと報告しているが，まさしく，「性差」というものの存在についての知識は，どこよりも学校において学ばされているといえるのである。

4．ジェンダー・フリー教育の可能性

これまで見てきたとおり，学校は全体社会におけるジェンダー構造の再生産だけでなく，ジェンダーにまつわる知を学校独自に生産しつづける場でもあると言うことができる。これにたいして，学校を通じて積極的にジェンダーにまつわる既存の知を解体していこうとする試みもある。「ジェンダー・フリー教育」と名づけられたこれらの試みは，日本国内では1990年代半ば頃から盛んに言及されるようになっている。今日では，この用語の是非そのものについても議論がかわされる時代となったが，まずは，この言葉が日本国内で普及しは

じめた経緯について紐といてみよう。

「ジェンダー・フリー」という言葉は，1995年に東京女性財団が提起したことに出発点があるという（舘，2000）。同年，東京女性財団が『ジェンダー・フリーな教育のために』，『若い世代の教師のために――あなたの学校はジェンダー・フリー』などを刊行しているが，これらが日本におけるジェンダー・フリー教育の出発点となったのだという。もっとも「ジェンダー・フリー」の語はその一方で，いくつかの誤解とともに理解されている場合があることには気をつけねばならない。舘の整理によると，この言葉はそもそも，「バリア・フリー」の言葉にヒントを得て，ジェンダーのバリア（段差・壁）をなくすことを意図してつくられたものであったという。ここでまた「ジェンダー」と言う語をアプリオリに設定された「男」「女」カテゴリーとみなすか，私たちの認識枠組みの中にそのようなカテゴリーを生み出す力学とみなすかによって，最終着地点が異なってくる可能性はある。しかしながら，少なくともそれが今日一部で誤解されているように，「風呂もトイレも更衣室も男女一緒に」，あるいはまったくその逆の「男女の特性を受け入れ，お互いを尊重しあおう」という意味のどちらでもないことには注意を促しておきたい。この用語が戦略的に適切かどうかの議論はここでは行わないが，理解しておかねばならないのは，ジェンダー・フリーという用語が本来訴えたかったのは，この世において特定の「ジェンダー」を背負わされることが人々（男女ともに）にとっていかに重荷であるかということに私たちが気づき，その「重さ」から解放される世界をつくっていくこと，言い換えれば，「『性』を理由に，何らかの生き難さを生み出す原因がそこにあるとしたら，それを取り除かなければならない」という意味であったということである。

やや誤解を伴いやすい言葉であるせいか，ジェンダー・フリー教育実践は時に，性差の存在を強調して終わってしまう危険を伴うことも指摘されている。また，ひとたび教授法を確立しようとすると，女性学／フェミニズムを出発点とするフェミニスト・ペダゴジーが採用するはずの，既存の教師―生徒関係の問い直しと，学習者の主体的な学習活動というものを実際の教室内の教師―生徒関係で応用するには，多くの困難が伴うことも明らかにされている（上田，

2003)。すなわち，ジェンダー・フリー教育の各種プログラムは，それを実践すれば即座に100％の効果があがるというものでもない。しかし，前節までに見てきたような，隠れたカリキュラムや学校が性別カテゴリーにまつわる知を生産している現状を是正するために，「ジェンダー・フリー教育」の名の下で本来目的とされてきた，既存の知の書き換え作業は，今後に向けて重要な意味を持っているといえるだろう。

おわりに

　以上，本章で明らかにしてきたことは，学校内部においていかに「性差」が自明のものとして生産，再生産され続けているかということであった。とりわけ「隠れたカリキュラム」の形で伝達される知識は，私たちが気づきにくいものであったり，教師の教授技術上どうしようもないことのように思えたりするものであるため，本章を一読した読者の中には「ではどうすればよいのか？」と袋小路に迷い込んでしまったような印象を受けた人もいるかもしれない。

　こうした疑問にたいする筆者の単純な回答は，「性カテゴリーを自明のものとした指導や知識の伝達をやめる」ということにあるわけだが，その前にここでは学校文化それ自体に性にまつわる各種の「神話」が隠れていることを指摘しておきたい。たとえばクラスルームにおける集団統制がなぜ男女のグループによって行われやすいのか。それはそもそもクラスルームが男女半々に分けやすいように「作られている」からに他ならない。

　多くの学校では今なお，一学年に複数のクラスを設ける場合，子どもをなるべく「不自然な環境下で育てないよう」との配慮から，学年全体の男女比に留意してクラス区分が行われていると思われる。しかし，私たちの社会において，学校ほど均等に男女比が振り分けられている場所は意外にも少ない。もちろん，その中には，職場における性別職業分離のように，人口全体の男女比から考えても早急に解決しなければならない問題も含まれていることも確かである。だが，逆に考えてみると，こうした分布の偏りがしばしば問題視される属性の中で，とりわけ「性」だけが学校において着目をされ，それに特別に配慮した

「クラスわけ」が行われるのはなぜなのだろうか。言い換えると，出身階層や人種・エスニシティを意識した「クラスわけ」をすることが問題であると認識可能な中で，「性」を意識することにだけは無頓着なのはなぜなのだろうか。

もしかしたら，次のような異論も出てくるかもしれない。たとえば男女比を「不自然に」崩すと，クラス対抗の運動会の時や，男女バランスの崩れたクラスにいる少数派の性別の子どもの居心地が悪くなる，といったことである。しかし，子どもたちが一年間，毎日，登校時から下校時まで，同一のクラスで，同一のメンバーの間で過ごしたり，仮に男女の運動能力にいくばくかの差があると仮定しても（そのこと自体も疑問を挟む余地があるがここでは議論を保留するとして）運動会がクラス対抗で開かれたりすること自体も，考えてみると特殊「学校的な」文化に過ぎないといえないだろうか。このように考えてみると，今日の社会においてジェンダーと学校教育の問題を考えることは，私たちが当然のものとして疑問視してこなかった学校文化というものそれ自体を，今一度疑ってかかることなのかもしれない。

参考文献
アスキュー，S. & ロス，C.『男の子は泣かない』堀内かおる訳，金子書房，1997年
天野正子「『性と教育』研究の現代的課題」『社会学評論』155号，1989年
伊東良徳・大脇雅子・紙子達子・吉岡睦子『教科書の中の男女差別』明石書店，1991年
井上輝子・江原由美子『女性のデータブック』第3版，有斐閣，1999年
上田智子「『ジェンダー・フリー』をいかに学ぶか？」天野正子・木村涼子編『ジェンダーで学ぶ教育』世界思想社，2003年
江原由美子「からかいの政治学」同『女性解放という思想』勁草書房，1985年
加藤秀一「性現象論に何ができるか」『性現象論』勁草書房，1998年
木村涼子『学校文化とジェンダー』勁草書房，1991年
舘かおる「ジェンダー・フリーな教育カリキュラム」亀田温子・舘かおる編『学校をジェンダー・フリーに』明石書店，2000年
バトラー，J.『ジェンダー・トラブル』竹村和子訳，青土社，1990＝1999年
宮崎あゆみ「学校における性別カテゴリー」亀田温子・舘かおる編『学校をジェンダー・フリーに』明石書店，2000年
森繁男「幼児教育とジェンダー構成」竹内洋・徳岡秀雄編『教育現象の社会学』世界思想社，1995年

（中西祐子）

II-4 社会のなかの学校とその改革

はじめに

　東京都品川区，その区立中学校の校長室には，壁に1枚の大きな白地図がはってある。学区域の略図だ。マンション群を示す長方形が数十個も描かれ，その上には3色の待ち針が計113本，刺さっている。

　針の刺さっている場所は生徒の住まいだ。色は学年を，本数は生徒の数をそれぞれ示す。黄色が3年生で53本，ピンクは2年生で51本，1年生は水色。9本しかない。

　校長（53）はこの地図を見ながら，生徒集めの「作戦」を練ってきた。

（『朝日新聞』2002年10月14日朝刊）

　この校長室の光景は，まるで自社商品の販売拡大策を練る企業の営業本部と見まがうばかりである。いったいなぜ学校にそうした事態がもたらされたのか。

　品川区では2001年度から，18校の区立中学校のどこでも希望する学校に進学できる「学校選択制」を導入した。しかしこの中学校では，学区内に46人の中学進学者がいたにもかかわらず，選択制の実施初年度の入学者はわずかに9人だった。その理由は，この学校が「荒れている」という評判が地域の父母たちの間に広がったからである。そして区の教育委員会は「『荒れ』は前任校長に指導力がなかったことの表れ」として校長を更迭した。こうして新校長の

奮闘が始まった。

　1学期のある夜，地元の自治会長ら40人を学校へ招き，地域の問題を話し合った。

　夏休みは苦手科目の克服期間とし，計10日間，補習をした。1年生の参加率は98％。新学期に入ってすぐの学校便りで，保護者に伝えた。

　9月上旬，隣接する小学校の6年生の保護者会に顔を出した。

　「習熟度別学習で一番力を入れているのは数学。今度の区の一斉テストで悪い成績なら，休み返上で巻き返します」

　約20分間，約40人の母親に説明した。　　　　　　　　　　　　　　（同上）

　「教育者として，自分自身との闘いです」とのべる校長の努力は，翌年度の入学者数の38人という数字となって現れた。ひとまずは「報われた」かにみえるこの校長の奮戦は，いったい何を意味しているのだろうか。

　品川区の学校選択をめぐるこの事例は近年の学校改革を象徴するものといってよい。

　一つは「選択」である。学校選択の制度では，進学する学校を行政が前もって割り当てるのではなく，親ないしは子供の選択に委ねる。そこでは「消費者」によって教育サービスという「商品」の選択がおこなわれる。「荒れた」学校を消費者は選ばない。「評判のよい」学校に消費者たちは殺到する。

　「選択」としばしば表裏の関係にあるのは「競争」である。ここでいう「競争」は子どもや親たちなどの「消費者」たちの競争であるだけではない。むしろ学校や教師たちなどの教育サービスの「供給者」たちの間での競争でもある。より多くの消費者に「選択」されるために，供給者はより魅力的な商品をもち，それらを効果的に消費者にアピールしなければならない。校長は多くの消費者獲得のために，まるでセールスマンのように親や地域への「営業」活動に熱心にならざるを得ない。

　さらに，こうした「選択」や「競争」の背後にあるのは「分権」ないしは「規制緩和」であり，それによって実現されると目される「多様化」である。中央集権的な統制が強ければ「選択」も「競争」も十分におこなえない。統制

が強ければ，教育サービスの内容は画一的でお仕着せになりがちである。しかし，たとえば地方自治体に大幅な権限が委譲されることによって，そもそも学校選択制の導入が可能になり，また，個々の学校に大きな自律性が与えられることによって，校長はみずからのアイディアに基づいて大胆で魅力的な教育サービスの提供が可能になる。そこでは，画一的ではない，多様で多彩なサービスが提供され，それぞれが競い合うことにもなりうる。

　しかし，「分権」や「規制緩和」がなされたからといって，学校が何をやっても許されるわけではない。最後に重要なことは，学校の行動をチェックし，評価する新しい仕組みが作られていることである。そのチェックの仕方は，行政が前もって細かい官僚制的なルールをつくって学校の行動を規制するというよりは，むしろ「事後的」に個々の学校がどれだけの成果をあげたかを，たとえば地域の統一学力テストの点数などを指標として評価する。さらに，その評価は行政によってなされるだけでなく，「第三者」である地域住民などをメンバーとする評価組織がおこなう。そしていうまでもなく，その評価の結果は公表されることによって，消費者たちの学校の「選択」の判断材料として用いられる。

　このような「選択」，「競争」，「分権」，「規制緩和」，「多様化」，「評価」などのキーワードによってあらわされる近年の改革の流れはしばしば「市場化」とも表現される。市場とは「財・サービスの売買がなされる場所」——必ずしも物理的な場所とは限らないが——である（金森・荒・森口編『経済辞典』〔新版〕有斐閣，1986年）。その市場の働きとは，いわゆる「市場メカニズム」といわれ，「価格が複雑な資源配分の機能を果た」し，そのことで「財・サービスの過不足」が「価格の変動を通してうまく解決される」ようなメカニズムである（同上書）。

　ただし学校をめぐる改革は，そうした純粋な市場を実現しているわけではない。たとえば価格＝授業料は学校教育においてしばしば硬直性が強く，需要と供給に敏感に対応した変動をみせるとはいえない。依然として，学校教育の「公的」な性格は多かれ少なかれ認められており，規制緩和が進んでいるとはいえ政府の規制はさまざまな側面において——たとえば事後的な評価などの

かたちで——残っていて，完全な市場メカニズムが実現しているわけではないからである。したがって，そこに現れている現象は，「疑似市場」ないしは「準市場」と称されることが多い。

1. 英米での新自由主義的教育政策

　こうした「市場化」をめざした考え方はしばしば「新自由主義」とも表現される。新自由主義とは，とりわけ英米を中心に，1970～80年代にかけて登場してきた市場原理主義的な政策志向を指していわれることが多い。それ以前の福祉国家政策を「行き過ぎ」であるとして見直しを求め，「規制緩和」「小さな政府」「民営化」を追求し，「市場メカニズム」を強調する新自由主義は，70年代半ばのオイルショックを契機とした，経済的停滞や政府の財政危機を主要な背景としてもっている。そして，アメリカにおいてのレーガン政権，イギリスにおいてのサッチャー政権などの保守政権によって，新自由主義的な政策は典型的に推進されていった。

　教育，とりわけ公教育は新自由主義的政策の主要なターゲットの一つとなってきた。たとえば新自由主義的政策に大きな影響力をもった経済学者ミルトン・フリードマンは，アメリカの公立学校制度を「この国の自由市場体制という大きな海の中に社会主義の出島をこしらえることになった」と痛烈に批判する。公立学校制度の中央集権化と官僚制化が進み，そこへの財政支出額は「明らかに上昇し」，学校管理者や教師の数は大幅に増大してきたにもかかわらず，学校教育の質は「激しく下降した」。その理由は，フリードマンによれば，「学校教育に対する支配権」が「ますます職業教育家の手に」委ねられることになったことの結果として，「親たちによる管理力」が「弱められていった」ためであったからである。いわばアメリカの公立学校は「生産者が御者であって消費者は何もほとんど注文できない乗客でしかないような取り決めの仕方」に基づいて運営されている。そこで親＝消費者が「選択の自由をもっている取り決めの仕方」へと改めるための手段としてフリードマンが提案したのがバウチャー制度である。授業料の一部ないしは全額に相当するバウチャー＝クーポンを

親は与えられ，自分の居住する地域の公立学校のみならず，私立学校を含めた，その他の地域の学校へも自由に進学できるようにする。そのことによって親の選択権は拡大し，ひいてはそのことが学校間の競争をもたらし，「社会主義」的なシステムとしての公立学校制度を効率化することにつながる，とフリードマンは構想する。

　しかし，疑似市場的・新自由主義的な教育政策は，単に消費者の自由を拡大し，政府の介入を縮小することをめざしただけではない。そこでは先にも述べたとおり，新しい評価のシステムが導入された。そのことは，1980年代後半から新自由主義的な教育政策をもっとも顕著に導入してきた国のひとつであるイギリスにおいて端的にみることができる。イギリスでは，個々の公立学校経営に大幅な自立性が与えられ，予算や人事に関する権限が与えられた。また生徒や親が通学する公立学校を自由に選ぶことのできる学校選択制が導入された。しかし他方で，カリキュラムの全国基準であるナショナル・カリキュラムが策定され，またそれに基づき学校教育のパフォーマンスを測定するためのナショナル・テストが導入された。さらに，公立学校は教育水準局（OfSTED）という公的機関によって6年ごとに査察をされ，しかもその結果は広く公表された。各校の学力テストの平均点をベースとした個々の学校ごとの得点すら算出され公表され，さらに各学校への予算は在籍する生徒数に応じて配分されることとされたのである。

2．日本での展開

　英米諸国とは異なり，顕著に中央集権的で官僚統制が強く，したがって従来から全国カリキュラムの基準が堅固に構築されていた日本では，新自由主義的教育政策の進展は独自のタイミングと内容をもつこととなった。その端緒は，英米と同様やはりオイルショックを契機とした1970年代末からの国家財政危機を背景にすすめられた行財政改革である。とくに81年に設置された臨時行政審議会（いわゆる「第2臨調」）は，「小さな政府」をめざして，国家財政支出を強く抑制する方針を打ち出した。教育費も例外ではなく，支出は全般的に

抑えられ，その費用の受益者負担主義が打ち出された。たとえば政府が運営する学生奨学金事業などで利子付きのプログラムが新たに導入されることになったのである。

　しかし，より明確に新自由主義的な改革論を登場させ，またそのような論の存在を広く社会に知らしめたのは，84年に設置された臨時教育審議会（臨教審）での審議であった。そこでは，教育にかかわる分権と選択の実現をもとめる論者たちが，学校の設立の自由化や多様化，通学区域制限の緩和と学校選択制の導入などのいわゆる「教育の自由化」論を強硬に主張したのである。しかし，審議会ではそうした議論への反対論も根強く，結局のところ，「自由化」論は「個性化」論という曖昧かつ玉虫色の議論で妥協を強いられることとなった。分権と選択を推進する明確な方策は答申には盛り込まれることなく終わり，また実際に施行された教育政策でもそうした方向性は，たとえば高等学校教育の多様化など部分的にしかみられなかったのである。

　80年代後半から90年前後にかけてのバブル時代において一旦は影が薄くなったかに思われたわが国の新自由主義は，しかしながら，90年代後半からにわかに本格的な展開を見せ，しばしば「遅れてきたサッチャリズム・レーガニズム」と揶揄されるほどの進展をみせることになる。

　おそらく，わが国においてこうした方向性をもった改革をもっとも包括的に進めている地域の一つは東京都である。本章の冒頭に紹介した品川区の事例はその一端を示している。進藤兵によれば近年の東京都の公立学校改革は以下の6点に要約される特徴をもっているという。

① 「公共サービス──公教育もその一つである──の全体としての縮小と，その中での複線化・階層化」。たとえば都立校の統廃合，夜間定時制の大幅廃止，中高一貫校の新設など。
② 「本庁による上からの指導をともなった校長によるトップダウン運営の強化」。たとえば校長の権限強化，職員会議の補助機関への"格下げ"など。
③ 外部評価の導入。たとえば学外者による学校評価システムの導入など。
④ 業績主義の本格導入。たとえば一般教員に業績評価制度を導入，人事・

給与に活用するなど。
⑤ 競争原理の導入。たとえば学校選択の自由化など。
⑥ 公共サービス組織への民間的経営の導入。たとえば学校ごとの「学校経営計画」や「貸借対照表」の策定など。

そこには，まさしく先に指摘したような新自由主義のキーワード——「選択」,「競争」,「分権」,「規制緩和」,「多様化」,「評価」——にかかわる動きが網羅されているといってよい。

一地方にとどまらない，国家レベルにおいても，部分的ながらも同様の動きが目につくようになってきた。そもそも，東京都のような改革を可能にさせたのは，90年代半ばから実施されていた国家から地方への権限委譲政策であったのであり，それらは新自由主義的改革の一環をなすものといってよい。加えて，2000年に内閣総理大臣のもとに設けられた国民教育改革会議報告(『教育を変える17の提案』)では，かなり具体性と包括性をもった疑似市場化をめざした提言がなされている。「通学区域の一層の弾力化を含め，学校選択の幅を広げる」こと，予算や人事，学級編成などにおいて各校の校長の権限を拡大するとともに，「学校に組織マネジメントの発想を導入し，校長が独自性とリーダーシップを発揮できるようにする」こと，さらに「各々の学校の特徴を出すという観点から，外部評価を含む学校の評価制度を導入し，評価結果は親や地域と共有し，学校の改善につなげる」ことといった選択，分権，そして評価という新自由主義的な改革の要素がフルに登場してきている。これらの提言はほぼ文部科学省によって実施されつつあるし，さらにそれらに関連するものとして，公教育の縮小とその階層化・複線化をもたらすであろう学校週五日制の実施や公立中高一貫校の創設といった政策もすでにそれ以前から実施されている。こうした改革がそれぞれ独自の背景と方向性をもっていることはいうまでもないが，しかし同時にそれらは疑似市場化にむけた大きな流れの部分をなしている。

さらにそこにとどまらないより大胆かつ抜本的な改革案も，しばしば政府部内の各種審議会・会議から発信されるようになってきた。その端的な例は，内

閣総理大臣によって設けられた「21世紀日本の構想」懇談会が2000年に公表した報告書(『日本のフロンティアは日本の中にある』)である。そこでは義務教育段階の「週3日制」が提言され、「週7日のうちの半分以上、すなわち少年期の半分以上を、生徒と親の自由選択、自己責任に委ねてみよう」と主張される。公共財としての教育の側面(「統治行為としての教育」)は最小化され、その他の大半部分が私事性に委ねられるべき部分(「サービスとしての教育」)と位置づけられ、そこに教育の利用者の大幅な選択が認められる、すなわち報告書の表現を借りれば「自由な教育市場」がつくりだされるべきとされるのである。ここには新自由主義的な、すなわち疑似市場化をめざす教育改革のきわめて大胆な推進構想が示されている。いうまでもなく「週3日制」がすぐに実現する可能性は低いであろうし、おそらくこの提案の作成者たちもそれを期待したというよりは、一種の問題提起としてこの主張をおこなったのであろう。しかし政府部内からこのようなきわめてラディカルな主張が登場してくるということは、近年の改革の影響力の広さと深さを示すものである。

3. 背景と特性

　以上みてきたような新自由主義的な教育改革は、すでにうかがえるように、全体としてのまとまりと一貫性をもって、はっきりと計画的に推進されてきているものではない。むしろ、それは経済財政的・イデオロギー的な比較的に短期的状況を背景にしたものであると同時に、一定の社会的価値観や態度の長期的な変化を反映したものであり、かつまた、それは教育のみにとどまらない社会政策全般にみられる特徴を映し出したものでもある。すなわち、近年の改革は、さまざまな背景が複雑に作用した結果として生み出されている。主要な背景・特性としては以下のようなものが挙げられるだろう。
　① いうまでもなく、まず改革の最大の根拠となっているのは、学校にたいする社会の厳しいまなざしと、同時にそれと裏腹の期待である。とりわけ批判の矛先が向けられているのは、義務教育段階で圧倒的なシェアを誇る公立学校である。教育、とくに教員の質、制度としての硬直性、そしてその結果として

もたらされる——とみなされる——さまざまな事件や病理が問題とされる。しかしそれだけではない。学校を「社会の荒波」と「世間の常識」から隔絶された独善的世界だとみなして、そこに「浮世の冷たい風」をあてようとする冷ややかなまなざしもしばしばそこには紛れ込んでいる。加えて、近年のグローバリゼーションのなかで、おうおうにして強いナショナリスティックな感情を伴って、国際競争力の重要な要素として人材育成が位置づけられ、学校教育の質の向上が政府にとって戦略的に重要になりつつある。こうした教育への強い不満と期待は、従来にないドラスティックな改革手法の導入を強力に後押しする背景となっている。

② 近年の改革の第二の背景は政府の財政難である。すでにみたように新自由主義は多額の政府支出をともなう福祉国家主義への反動として生じてきたのであり、「小さな政府」をめざして、公共部門の民営化（privatization）とそこへの企業家精神の導入をはかろうとする。このような方向性は、公共部門改革にかかわる「新しい行政管理（New Public Management）」と称されているが、公立学校改革もその一環として位置づけられている。すなわち公立学校についても、中央ないしは地方政府から投入される諸資源に見合い、かつ「顧客」のニーズに即した産出＝成果をあげているかというアカウンタビリティ（説明責任）が厳しく問われるようになってきた。もはや教育は予算削減やリストラとは無縁な聖域であるという議論は通用しなくなっている。

③ しかし単に財政的な一時的要因を背景としているだけではない。選択・分権・規制緩和を推進する改革は、画一的で中央集権的な政府運営からの転換をも意味する。すなわちそれは、従来の官僚統制からの開放であり、それに代わって市場に開放され、多様な選択の機会が与えられ、個々の機関や家族・個人の主体性が求められるという点で、ある意味での政治的行政的な「近代化」の側面ももっている。したがって、昨今の改革は、これまで教育行政の画一化や学校運営の官僚制的性格を批判してきた改革論者の主張と重なる側面をもつ。しかし、このような「集権型」システムから「分権型」ないし「市場型」システムへの転換は、すでに述べたように決して「国家の退場」ではない。それは評価という形をとった国家からの明確なアカウンタビリティ要求をともなって

いるのであり，いわば国家機能の変形ないしは再配置という側面を色濃くもつ。したがって，ガイ・ニーブが指摘しているように，わが国のようにそもそも中央集権的な国では，それは分権化の進行とみなされるが，逆に従来から分権的な国では新自由主義的改革は中央統制の強化とみなされることすらある。

④ おそらくそうした国家機能の変容の背景となり，さらに広く新自由主義的な教育改革の背後要因となっているのは，藤田英典が指摘するように，「個人の嗜好・関心を優先し，自己決定（self-determination）と私秘性（privacy）を重視する」，まさしく「自己実現」とよぶべき価値観の広まりである。人々はもはや画一的な内容の押しつけでは満足せず，さまざまな構造的制約から解放され，みずからの意志に基づく選択をおこなうことへの強い要求をもつようになっている。近年の改革はそうした「自己選択」を求める人々のニーズに適合したものである。ポスト大量生産主義時代にあって，学校教育も「ユーザー」の嗜好の多様化に対応した柔軟性をもたざるをえないからである。しかしこのことは同時に，各個人あるいは家族が，チャンスとともにリスクにたいしても絶えざる対応を迫られるという別の側面をもつことにも留意せねばならない。選択肢の拡大は必ずしも安全網＝セーフティ・ネットを伴ったものではない。メグ・マグワイアらが述べているように，「個々人は自分の生き残りに対する責任をますます自分で負わなければならなくな」っており，「たえず自己を構築・再構築していくプロセスに巻き込まれている」という「自己責任」社会は，「自己選択」社会の裏の姿である。

4．改革は何をもたらすのか

こうした改革はどのような効果を学校，さらに広く社会にもたらすことになるのだろうか。この点は，ごく近年に本格的に新自由主義的な改革が行われるようになった日本の場合よりも，それに先んじた英米の事例が参考になる。そもそも，選択や競争，多様化を推進する政策は，その推進者たちが期待していたような成果をあげ，学校教育の質の改善に貢献しているのであろうか。

イギリスの教育社会学者ジェフ・ウィッティーはこのことについての英米や

ニュージーランドでの研究成果を整理しているが，その結論によれば，改革がポジティブな成果を伴ったケースがあったことは事実であるが，その成果が持続性をもつのか，それが新自由主義的な改革によってもたらされたものであるかは明確でないし，多くのケースにおいては，改革の効果は納得のできるものではない。たとえば，学校選択制の導入が，学校教育の多様化をもたらすという証拠はほとんどなく，むしろ学校間の画一性が強化される傾向すら見いだされたという。すなわち，「選択は，その多くの主張者がいうほど供給のより多様でより応答的な形態にはつながらず，むしろ既存の学校序列を試験結果と社会階級に基づいて強化する」ことが多いというのである。

こうしたウィッティーの主張にたいして，そうした問題が生じるのはむしろ新自由主義的な改革の不徹底に基づくのであり，市場化が十分になされたならば，成果も十分にあがるであろうとする反論もある。しかし，徹底した改革によって期待される効果がもたらされることの証拠は今のところ示されていない。少なくとも既存の研究を見る限りでは，選択や分権をめざす改革が，所期の目的を達していると言い切ることは困難であり，改革の推進論者の主張は十分に納得できるものではない。

加えて，新自由主義的な教育改革の影響は学校改革のレベルにとどまるものではない。「選択」「競争」を重視する諸改革は，とりわけ教育機会の配分様式を変化させることで，教育と社会の関係のあり方を大きく変える可能性を持っている。すなわち，先にあげたウィッティーのコメントでもふれられていたように，新自由主義的な教育改革は社会的分断ないしは社会階層の分極化を強化するかもしれないのである。

「選択」や「競争」の導入は，子どもや親などの家族により多くの選択権を与える改革である。しかしそもそも各家族がもつ経済的な資源や文化的な資源は，決して均等に配分されているわけではない。そして所有する資源の差は，各家族のおこなう「選択」に違いをもたらす可能性が高い。経済的資源はさまざまな教育機会の幅を左右し，文化的資源はこどもたちの知的能力にとどまらず，好奇心・意欲といった学習態度にまで影響すると指摘されている。したがって，各家族の諸資源へのアクセスの機会をそのままにした状態で，家族の選

択に多くを委ねる改革を導入することは，豊かな資源をもつ者により有利な機会・キャリアを提供し，他方で貧しい資源しかもたない者にますます不利な機会・キャリアしか与えないという，社会における諸資源の不均等な分布を，再生産どころかさらに強化することになりかねない。さらにその結果として，各学校には類似した家庭背景をもった子どもたちが集まりやすくなり，少なくとも義務教育段階の多くの学校でこれまで維持されていた「公教育の重要な教育資源」（金子元久）である生徒集団の多様性が損なわれ，公教育自体の存在意義そのものが問われることにすらつながっていくかもしれない。

しかも，そもそも学校における教育の効果は，教育方法や教師の質といった学校の提供するサービスの質によってのみでは決まらないことにも留意が必要である。小塩隆士が指摘しているように「教育というサービスは，学校が一方的に供給し，子どもや親が一方的に需要して完結するといったものではなく，需要者自身がその生産に参加するという興味深い特徴をもっている」。学校が「良く」なっていくこととは，学校が提供する教育サービスの質が改善したと言うよりは，しばしば通ってくる生徒たちの質の変化にも左右される。よって，もっとも社会的に不利な家族の子どもたちを引き受ける学校は，きわめて大きなハンディを負っている。「悪い」学校というスティグマ（社会的に付与される差別的烙印）を与えられた学校が，「良い」学校へと生まれ変わるには相当な困難が伴う。

しかも事態はさらに深刻だといえるかもしれない。子どものキャリアにたいして家族が果たす役割はそもそも近年において増大傾向にあるからである。そこには，宮本みち子が指摘しているように，次のような三つの変化が寄与している。まず第一に，就職難や不定期雇用（パートタイム労働や「フリーター」）の増大など若者をめぐる雇用の状況はますます不安定化している。第二に，若者が教育をうける期間はますます長期化し，若者が家族から自立する年齢が高まっている。そして第三に，伝統的な性別役割のゆらぎや家族形態の多様化のなかで，家族自体も不安定化している。したがって宮本は「年長世代の人生にはあった，長期的な安定性が消滅して，より個人化しリスクの多い『選択的人生』へと転換した」と述べる。

Column

キャリア教育――学校と職業の連結

　日本の学校卒業者たちの学校から職業への移行プロセスには他の先進諸国にはみられない特徴がある。すなわち，大半の卒業生の就職＝採用は卒業直後の4月に「一括」してなされ，また就職後の一定期間はすべての「新卒」は「一律」に処遇される。このことは長期雇用や年功賃金制を特徴とするいわゆる「日本型雇用」の入口として，「新卒採用」がきわめて重視され，またそれによって「新卒」者たちが守られてきたことを示す。しかし近年こうした移行プロセスの安定性は大きく損なわれている。それは単に長期化する経済不況の中で卒業者たちが深刻な就職難に喘いでいるからだけではない。学校から職業への「間断なき移行」を享受することのできない，無業者や「フリーター」と呼ばれる若年層のアルバイト・パート就業者の割合は大きく増加している。「ニート」（NEET，Not in Education, Employment or Training）と呼ばれる，職にもつかず，学校にもいかず，職業訓練もうけていない若者たちの存在も話題になっている。さらに正規職に就いた者も，しばしば「7・5・3転職」（それぞれ中高大卒者における就職後3年以内の離転職者割合）といわれるように，その多くが短期間のうちに離転職を経験する。こうした現象の背景はきわめて複雑である。経済不況のみならず，非正規雇用の増加などの労働市場の構造変動，さらに広くいわゆる日本型雇用と呼ばれる雇用システム自体のゆらぎ，加えて若者たちの就労意識の変化などの諸要因がそこでは絡まり合っている。近年，盛んに主張され始めた「キャリア教育」はそうした事態への，主に学校教育の立場からの処方箋である。その内容や実践形態は多様だが，若者たちの職業観・労働観の育成がおおむね意味されているといってよい。もとよりそうした教育が必要であることは言をまたないが，それへの過大な期待は禁物である。若年就労をめぐる問題は，その広さと複雑さの故に，労働政策・経済政策・教育政策などの横断的・総合的政策として対処されるべきものだからである。

　こうした「選択的人生」において家族，とりわけ親からの援助がもつ効果は大きい。そして，ここでも先に述べたような，文化的・経済的に豊かな資源をもつ家族において若者は恵まれたキャリアを享受する可能性が高く，他方で，

逆にそれらの資源が乏しい家族において若者は「社会のメインストリートから長期に排除される」（宮本）可能性が高い，という社会階層の再生産メカニズムがさらに強化されることになる。こうした事態のなかで，選択と自己責任を強調する新自由主義的な教育改革がもつ社会的影響がきわめて大きなものになるであろうことは想像するまでもない。

おわりに

　ここまで疑似市場化をめざす新自由主義的な教育改革にたいして，いささか否定的なニュアンスで議論を進めてきた。しかしそもそも，多くの人々が，より市場化し，「個性化」し，それ故により大きな社会的「分断」をもつであろう社会を望んだとすれば，われわれはそれに従わざるを得ない。すなわち，競争と選択＝自己実現を重視し，より「個性化」した社会を求めるのか，あるいは協同をめざし，社会的分断の程度の少ない，より平等な社会を求めるのかの，これら二つの社会のあり方のどちらを選択すべきかについて結論は決して自明ではない。選択は他ならぬ私たち自身に委ねられているからである。しかも，その選択はおそらく「右か，左か」といったような単純な二者択一ではなく，両者を，あるいは他の選択肢も加わって，どのように組み合わせていくかという，より複雑な問題である。この複雑なパズルの解も，これまた決して自明ではない。

　この解をもとめていくにあたって，おそらくわれわれに必要とされるのは，社会のなかで学校が現実に果たしている役割を，冷静かつ幅広い視野をもって観察する態度である。そして，そこで参考となるのは，先にも引用したウィティーが，「コンドルの眼から眺める」という比喩を用いて述べている姿勢ではないだろうか。「コンドルはつねに後景を視野におさめながら，直接的な関心となる対象を拡大して見ることができる」。この比喩が意味するのは，対象と後景（「大きな絵」）とを「弁証法的に関係」しているものと捉え，そのことで「個人史と全体史，アイデンティティと構造，さらには個人的問題と公的問題との相互連関を理解」しようとすることである。このような姿勢を取ること

で，われわれは学校という小さな世界でおこなわれようとしていることの，大きな社会的意味を読みとっていかねばならない。

本章の冒頭で紹介した品川区のある校長の逆境を跳ね返す奮戦ぶりは，ある意味では感動的ですらある。しかし私たちはそのような無数の校長たちの行動がもたらす影響の広がりに目をむけねばならない。そしてそのことによって，「競争」「選択」「個性化」の強調という，一見すれば魅力的な方向性が，ひょっとして「社会的分断」の正当化のレトリックとなり，「分断」そのものを引き起こす危うさを秘めていることを見抜かなければならないのである。

参考文献
ウィッティー，ジェフ「教育改革を理解する——コンドルの眼をめざして」藤田英典・志水宏吉編『変動社会のなかの教育・知識・権力——問題としての教育改革・教師・学校文化』新曜社，2000 年
小塩隆士『教育を経済学で考える』日本評論社，2003 年
金子元久「方法としての『市場』」『教育学年報』5，世織書房，1996 年
進藤兵「東京都の公立学校改革と『新しい行政経営 (NPM)』」『世界』2003 年 7 月号，2003 年
Neave, Guy 'On the Cultivation of Quality, Efficiency and Enterprise : an overview of recent trends in higher education in Western Europe, 1986-1988', *European Journal of Education*, Vol. 23, No. 1/2, 1988
藤田英典「教育政治の新時代」藤田・志水編『変動社会のなかの教育・知識・権力——問題としての教育改革・教師・学校文化』新曜社，2000 年
フリードマン，ミルトン『選択の自由』西山千明訳，日本経済新聞社，1980 年
マグワイア，メグ他「イギリスの教室をとりまく文脈——構造化されたアイデンティティの役割」藤田・志水編『変動社会のなかの教育・知識・権力——問題としての教育改革・教師・学校文化』新曜社，2000 年
宮本みち子『若者が《社会的弱者》に転落する』洋泉社，2002 年

（伊藤彰浩）

III
教育文化の再構築に向けて

III-1 教育制度の再構築

はじめに

　小泉内閣が社会諸制度の構造改革を政策の中心課題に掲げていることは周知の事実である。文部科学省のホームペイジにも「教育の構造改革」の方針が大々的に謳われており，教育改革論議は中央レベルでも地方レベルでも花盛りである。それでは教育改革によって何をどのように改革しようとしているのであろうか。

　一般的に言うならば，改革の対象となっているのは教育の制度（体系）だといえる。教育学で教育制度（educational system）という場合，義務教育制度，中等教育制度，高等教育制度に代表されるように，ある目的を達成するために法律や規則によって根拠づけられた教育の仕組み（組織）をいう場合が多い。しかし社会制度として教育をとらえる場合，教育活動がどの程度制度化されているかによって，教育制度にはいくつかの段階がある。第一段階としては，部族社会のイニシエーション（通過儀礼）にみられる社会的習慣の伝達過程を教育の制度化の一形態としてあげることができる。第二の段階は学校の登場であり，教育活動を主目的とする施設・設備の設置や教えることを専門とする教師の誕生により，教育の制度化は一層進むことになる。さらに第三段階になると，さまざまな学校が一定の関連性をもった学校体系として出現することになる。学校の体系が出現するとその組織を維持運営するための中央・地方レベルの教

育行政制度や，社会的経費（公費）を配分するための教育財政制度が整えられることになる（潮木，1986）。

　本章で取り上げる教育制度は第三段階のそれであり，今日その必要性が叫ばれている改革は，まさに第三段階の教育制度そのものに向けられている。明治以後，営々と整備されてきた近代教育制度（体系）は，近年その「制度疲労」が指摘されており，グローバル時代にふさわしい教育制度の再構築が大きな課題となっているのである。

1．近代教育制度の光と影

　日本の近代教育制度は，1872（明治5）年に公布された「学制」（太政官布告214号）に始まるとされている。その長文の序（「被仰出書(おおせいだされしょ)」）に謳われた学事奨励に関する次のような文言からは，明治新政府の意気込みが伝わってくる。

　……学問は身を立るの財本(もとで)とも言うべきものにして人たるもの誰か学ばずして可ならんや……

　……必ず邑(むら)に不学の戸なく家に不学の人なからしめん事を期す，人の父兄たるもの宜しく此意を体認し其愛育の情を厚くし其子弟をして必ず学に従事せしめざるべからざるものなり……

　この文書は，明治新政府が国民に呼びかけた「学び」のすすめであったといえる。学問（学び）なしに身を立てることはできないと断言し，すべての国民（親）はその子弟を必ず学校に送らなければならない，と「国民皆学」を呼びかけたのである。

（1）奪われた時間

　こうしてはじまった日本の近代教育は，19世紀後半の数十年間に一挙に学校制度（体系）として整備され，近代教育の成功指標と見なされる小学校の就学率は1900年には早くも82％に達した。中央・地方政府の就学督励措置が効

を奏したのである。日本の学校は，近代化の基礎づくりを成功に導いたと世界的にも高く評価されている。しかし見方をかえれば，このような就学率の上昇は，すべての子どもが近代国家創出の装置としての学校に組み込まれたことを意味していた。これを「子どもの時間」の観点から見ると，生活時間の大部分が学校に奪われることになったともいえる。しかも学校の時間は，教科・徳育・学校行事を通じ，国家により管理される体制が整えられていった。特に20世紀前半期に日本の教育界を支配した「教育勅語」(1890年) 体制下においては，学びを国家が全面的に管理することになった。近代教育制度の頂点に立つ大学の目的までも，大学令 (1918年) の第1条 (「大学ハ国家ニ須要ナル学術ノ理論及応用ヲ教授シ並其ノ蘊奥ヲ攻究スルヲ以テ目的トシ兼テ人格ノ陶冶及国家思想ノ涵養ニ留意スヘキモノトス」，傍点筆者) に見られるように，国家に管理されることになったのである。戦前期の学校教育は，国民の物理的時間のみならず精神的時間まで拘束するような「教育文化」を形成したのである。

　では第二次大戦後の教育はどうであろうか。戦後教育の基本となった日本国憲法や教育基本法には，戦前期のそれとはまったく異なる「教育を受ける権利」(憲法第26条) や「個人の尊厳」(教育基本法前文) が法律として明文化され，国の論理は大きく後退した。次に見られる日本国憲法の教育条項は，明治初年の学制 (序) に盛られた国民皆学の精神を，戦後民主主義体制の文脈において再定義したものといえる。

> すべて国民は，法律の定めるところにより，その能力に応じて，ひとしく教育を受ける権利を有する。②すべて国民は，法律の定めるところにより，その保護する子女に普通教育を受けさせる義務を負う。義務教育は，これを無償とする。　　　　　　　　　　　　　　　　　　　　　　　(憲法第26条)

　国民の能力に応じて均等に教育を受ける権利を保障する制度として導入された6-3制の単線型学校システムは，国民の教育熱ともあいまって教育の普及に大きく貢献した。折からの戦後復興過程において「経済発展」は国是となり，産業社会 (企業) も良質の労働力 (高学歴者) を求め続けたため教育の経済価値は上がり，それに呼応して進学率はみるみる上昇した。義務教育 (9年) 就

学率は戦後すぐにほぼ100％になり，高等学校進学率も1960年代には80％を越え，70年代後半には90％の大台に乗った。大学進学率も1960年代には同年齢人口の10％前後であったが，60年代後半には20％，70年代には一挙に30％台に急上昇し，90年代の半ばには40％台に到達したのである。

このような進学率の上昇を通じて教育機会の均等化は進み，大学教育まで大衆化（マス化）することになった。誰もが大学に行ける時代になったのである。しかし教育年限が長期化するにつれ，子どもは学校に拘束される時間が多くなっただけでなく，皮肉なことに残された時間さえ受験準備（その典型は「塾通い」）に追われることとなった。戦前期のような国による時間の管理がなくなった代わりに，20世紀後半の日本の学校は，進学競争といういわば「私益」のために子どもの生活時間の大部分が支配されることとなってしまったのである。戦後の教育は，教育の経済的価値を最優先する「教育文化」を生み出したといえる。

結局のところこれまでの日本の近代教育制度は，戦前は「国益」に，戦後は「私益」に支配され，公教育本来の目的とする「公益」に資する制度として十分に機能してきたとはいえない。今日叫ばれている教育改革の課題も，まさにこの点にあるといえる。

（2）学校の否定性

このような近代教育制度のもつ否定的側面は，日本だけのことではないようである。いまから100年以上も前にスウェーデンの婦人思想家エレン・ケイは，その著『児童の世紀』(1900) において，近代学校制度を次のように鋭く批判している。

> ……いまの学校では，どんな結果を生んでいるであろうか。それは脳の力の消耗であり，神経の衰弱であり，独創力の阻止であり，進取性の麻痺であり，周囲の真実に対する観察力の減退である。……　　　（エレン・ケイ，1979）

> ……いまの学校システムがあらゆる分野において，子どもに自然に備わっている集中能力と総合的能力を発展させる能力を弱めていることを人びとが認

めたときに初めて，……学校は若者にとって，生涯教育を続けるための準備段階となり，それ以外の何ものにもならないであろう。そしてそのときに初めて，学校は，人生を学ぶための公共機関となるであろう。　　　　（同上）

つまりケイは，20世紀の学校が児童にとってバラ色であると楽観してこの書を書いたのではない。むしろ学校の「否定性（逆教育機能）」を告発するために，この書は世に問われたと考えるべきである。ところが20世紀を通じ，スウェーデンや日本をはじめ世界の多くの国は「教育をすべてのものに（education for all）」を合言葉に，機会均等（平等）理念に基づく近代学校を作りつづけ，学校教育年限も延長に延長を重ねてきた。その結果，20世紀はまさに「学校の世紀」となったのである。ところがその学校は，ケイが100年以上も前に突きつけた問題に十分な回答を用意できなかった。20世紀は「児童の世紀」にならなかったばかりでなく，さらに複雑な問題を21世紀に持ち越したのである。教育の普及が進むほど，学校内暴力，いじめ，不登校，中途退学等の学校拒否現象は増大した。これは，ケイが「もっとも非個性的で無色な者が，つねに模範となる」と皮肉った近代学校のあり方にたいする子どもたちの反乱，ギリギリの叫びと抵抗であったと言えるかもしれない。そして最近では「学びから逃走」（佐藤，2000）する子どもたちの存在が顕在化し，学力低下ないし学力の二極分化を招いている。ここ数年大きな問題になってきている「学級崩壊」現象は，近代学校制度の危機を象徴していると言わなければならない。

2．教育制度改革の課題と方向性

（1）教育改革の力学

それでは，このような豊かな社会の「貧しい学校」という不幸な状況を脱するには，どうすればよいであろうか。もちろん政府も手をこまぬいてきたわけではない。今日の教育改革の先鞭をつけたのは，1980年代の半ば，内閣直属に設置された臨時教育審議会（臨教審）である。臨教審（1984～87年）は四次にわたる答申を通じて，明治以後120余年にわたる近代教育制度のあり方に根

本からメスを入れようとした。したがって臨教審はみずからの打ちだす改革を，明治初期（第一の教育改革），第二次大戦後（第二の教育改革）に次ぐ第三の教育改革と位置づけたのであった。臨教審は，第一，第二の教育改革がもたらした教育普及や教育制度の効率性を評価しながらも，結果的にはそれらが教育の画一性・硬直性をもたらしたと断じ，それに代わる新しい「教育文化」の創出を提唱したのである。臨教審は改革のキーワードとして，①自由化（個性化），②多様化，③国際化，④情報化，を掲げ，教育制度の抜本的な改革をめざした。ところが臨教審は時の首相（中曽根康弘）の主導で設置され，トップダウンで改革を断行しようとしたにもかかわらず，もともとその設置に積極的でなかった文部省は，答申のめざした抜本的制度改革にすぐには取り組もうとしなかった。また1980年代末以後，自由民主党による長期保守政権に終止符が打たれ，短命の連立政権が続くという政治状況の中で，立法府（議会）も改革案を法制化する力を欠いていた。

　これにたいして90年代の教育改革を主導したのは文部省（現在の文部科学省）であった。文部省はその諮問機関である中央教育審議会をはじめとする各種審議会（教育課程審議会，大学審議会）を活用し，その答申に基づき個別の改革を積み重ねていく従来型（ボトムアップ型）の手法をとった。たとえば初等・中等教育改革についてみると，学校週5日制の完全実施に伴う学習指導要領（カリキュラム）の改定においては，教育課程審議会の答申に基づき，教育内容の「三割削減」を打ち出すと同時に「ゆとり」，「生きる力」，「自己教育力」をキーワードとする新学力観を改革のスローガンとして提起したのは記憶に新しい。また高等教育改革については，1990年代以後，一連の大学審議会答申に基づき，大学設置基準の改定（1991年）をはじめとする数多くの改革を実施に移してきた。

　ところが文部省による改革は必ずしもグランドデザインに基づくものではなく，細切れな印象をぬぐえない。ゆとり・生きる力を売り物にした学力観はあまりに曖昧で論理性に欠けるものであったが，はたせるかな学力低下問題が学校現場やマスメディアを通じて問題にされると，手のひらを返したように，学習指導要領の解釈を「最高基準」から「最低基準」に変更して辻褄を合わせる

ような一貫性のなさを露呈した。また大学改革においても，その集大成とも言われている中教審答申（「21世紀の大学像と今後の改革方策について」1998年）は，これまでの改革事項を羅列したに過ぎず，高等教育の将来像を明確に提示しているとはいえない。その証拠に，2004年に立法化された国立大学の法人化は，事柄の重要性にもかかわらずこの答申では明確に言及されていなかったのである。概して，文部科学省主導の改革は対症療法的なものに終始しており，教育制度を再構築するインパクトに欠けている。

（2）公教育再考

このような文部科学省方式のピースミールな改革手法により教育制度の構造改革をはかるには限界がある。ちなみに小泉政権発足以来，総合規制改革会議の主導によりあらゆる分野で規制緩和の大合唱が起こっているが，教育界では小さな「規制」はむしろ増えている印象を受ける。規制緩和の原語ともいえる英語の'deregulation'は「規制撤廃」を意味する言葉であるが，これを「緩和」と翻訳したところにそもそもの問題があるのかもしれない。ここ数年，文部科学省が規制緩和と称して打ち出した改革事項は，通学区制の緩和，学級編制基準の弾力的運用，入学資格の弾力化，総合学科・単位制高校の設置，大学設置基準の大綱化等，枚挙に暇がないが，規制は緩和されたにすぎず撤廃されたわけではないので，いざこれらの改革を実施に移すとなると当事者の自己責任で決められることはほとんどないに等しい。いちいち上位機関（文部科学省，都道府県教育委員会，市町村教育委員会）のお墨付きを得なければならない。これはなにも国立大学や国公立学校に限ったことではない。公教育のかなりの部分を分担している私立大学や私立学校の場合でさえ，設置認可はもとより教育課程の編成にいたるまで，国および地方（都道府県）の規制に縛られているのである。

このようにみてくると，現代教育の根幹となっている公教育とは何かについていま一度考え直してみなければならない。言うまでもなく公教育原理は，公益性（公共性）を保障するための教育原則であり，一般的には①教育機会保障（義務制），②無償制（公費負担），③中立性（特定の政治的・宗教的イデオロギー

からの中立）から成っているとされている。問題は行政府（「官」）がこれらの理念を実現する過程において，戦後一貫して国公立学校一辺倒の画一的な制度運営をしてきたため，国公立学校自体の自己責任能力を著しく衰退させてしまったことである。その一方において，本来公教育の重要な担い手である私立学校にたいしては，財政支援をしなかった代わりに放任に近い政策をとってきた。たとえば私立高等学校は受験エリート校と底辺校とに二極分化することになってしまい，公教育の均衡ある発展は著しく阻害されてきた。私立大学にたいする公費助成も，法律の目標を大きく下回る水準にとどまっている。現在政府が進めている改革は，依然として国公立セクターを中心に進められており，公費負担にたいするアカウンタビリティー（説明責任）を強く求めて学校間競争や各種の評価を強化すると同時に，需要者（両親・子ども）側の学校選択制を促進する政策を展開している。これでは国公私立を総合した均衡ある公教育制度の構築はおぼつかない。

（3）教育観の転換

　以上みてきた戦前，戦後を通じて形成されてきた教育制度のもつマイナス面を克服し新たな制度を構築するには，明治以後われわれ日本人の体質と化した教育観にメスを入れる必要がある。一言で言えば，「国富（国益）」や「立身（私益）」を旨とする功利的教育観からわれわれを解き放たなければならない。特に必要なことは，学校にたいする過剰な期待や，その裏返しとしての悲観論を克服することであろう。それにはこれまで「教える」ことを主体としてきた学校を，「学ぶ」ことを主体とした組織に組替えていかなければならないであろう。

　ユネスコが1960年代に提唱した生涯教育（lifelong education）という概念を，1980年代になって生涯学習（lifelong learning）に改めたように，学習者が主体となってこそ，生涯にわたる教育にも意味がある。生涯教育がこれまでのような学校（教育）の「生涯化」を意味するのであれば，それこそ生涯が「学校化」してしまうことになりかねない。教育の主体を，教育する側から学習する側に転換する頭の切り替えがまず必要となろう。

> **Column**
>
> ## 『学習――秘められた宝』（ユネスコ編）
>
> 　近代国家における教育のあり方（目的・方針）は，各国の当事者により決定されることが大原則になってきたが，20世紀後半になると国連のような国際機関による教育に関する条約や宣言が，各国の教育政策の形成に大きな影響をもつようになってきた。児童の権利に関する条約（1994），万人の教育に関する世界宣言（1990）等は，その代表的なものである。本コラムで紹介するユネスコ21世紀教育国際委員会編『学習――秘められた宝（*Learning : The Treasure Within*）』（1997）も，各国に共通する21世紀の教育指針を明快に示した報告書として注目され，世界各国で翻訳され読まれている。この報告書で特に注目されるのは，教育を再構築するために提示された「学習の4本柱」（①知ることの学習＝learning to know，②行動することの学習＝learning to do，③ともに生きることの学習＝learning to live with others，④人間として生きる意味を考える学習＝learning to be）であり，21世紀の学習原理として各国の政策立案者に大きな影響を及ぼしている。多くの国では，これらの原理を，幼児期から高等教育にいたる各段階の学校教育，さらには生涯学習システムの中に組み込む教育改革が進められている。ちなみに副題に示された「秘められた宝」は，働くことの尊さを説いたラ・フォンテーヌの寓話（農夫とその子どもたち）からとられたものであるが，ユネスコ国際委員会は「学習」こそは人間にとっての宝であると強調している。

　ちなみに1990年代の後半，ユネスコ21世紀教育国際委員会が世に問うた報告書（『学習――秘められた宝』，*Learning : The Treasure Within*, 1997）は，来るべき21世紀の学校を「学習への意欲と喜びを与え，またいかに学ぶかを学ぶ能力と知的好奇心を植え付ける場」にしなければならないとの信念のもとに，示唆に富む具体的提案を行っている。報告書は，学習の4本柱として次の観点を挙げている（ユネスコ，1997）。

　① 知ることの学習（learning to know）

② 行動することの学習（learning to do）
③ ともに生きることの学習（learning to live with others）
④ 人間として生きる意味を考える学習（learning to be）

　第一の観点は，伝統的な知育だけを意味しているのではなく，むしろ学び方（知識獲得の方法）の学習を重視している。われわれに求められているのは，一過性の情報に流されることのない知的好奇心や批判精神，細切れになった知識を再統合する力であろう。
　第二の観点も，従来のような特定の職業上の技能や資格の取得を通して行動（労働）することを前提とした学習では必ずしもない。21世紀の知識基盤社会においては，伝統的な生産労働（農業，工業等）とはまったく異なる職種が誕生してきているのであり，そこで求められる能力は定型的な知識であるより，人と人とのコミュニケーション能力や行動力（管理力，組織力）である場合が少なくない。
　第三の観点は，今日の教育にとって最大の課題ともいえる。モノやカネのボーダレス化に伴い，民族・宗教間の憎悪や紛争もボーダレス化し拡大する傾向にある。かつてユネスコが提唱した国際理解教育は，国を単位とした教育の相互理解が前提になっていたが，それではすまなくなっている。この報告書が提唱しているのは，これまでのような「他国学習」ではなく，「ひとりひとりの他者が何者であるのかを発見する」ことの学習であり，そのためには国家・民族・階層の違いを越えた他者との出会い（対話・討論）を通じて，共通の目標に向かって進むことの重要性である。
　第四の観点は，ユネスコが創立以来追求してきた教育理念の集大成ともいえる。すなわち，人間は生れた時から生涯の終わりまで「個（自己）」を発達させ続ける存在であること，それは自己を知ることから始まり，自己と他者との対話を通じて，自主的で判断力のある人間に成長していくこと，それが学習の最終目的だというのである。
　このような学習観に照らして現在の日本の教育現場を考えると，その将来を楽観することはできない。すでに現実のものとなりつつあるグローバル社会に

おいて，日本人が地球社会の魅力ある隣人になるには，ユネスコが提唱しているような教育観を教育制度改革の中に具体的に組み込んでいかなければならないであろう。

現在政府が教育改革の最重要課題として位置づけている教育基本法改正と教育振興基本計画策定の基本目標として挙げているのは，①自己実現を目指す自立した人間の育成，②豊かな心と健やかな体を備えた人間の育成，③「知」の世紀をリードする創造性に富んだ人間の育成，④新しい「公共」を創造し，21世紀の国家・社会の形成に主体的に参画する日本人の育成，⑤日本の伝統・文化を基盤として国際社会に生きる教養ある日本人の育成，以上5項目である。一見するところ，これらは文句のつけようがないもっともな目標のように見える。ところがユネスコのそれと比べて明らかなことは，すべて「○○の育成」という表現に見られるように，従来型の「教える」教育観で貫かれており，学習者主体の「学ぶ」教育観にはかならずしもなっていない。さらには，グローバル化する世界のなかで，「日本人」や「日本の伝統文化」をこれほどまでに強調する必要があるのかについても，慎重に考えてみなければならないであろう（文部科学省，2003）。

3．新しい教育制度構築に向けての検討課題

それでは新しい時代にふさわしい教育制度を構築するには，どのような点に重点をおいて改革していけばよいのであろうか。制度疲労をおこしているといわれる現行教育制度を根本から改革するには，すくなくとも次の五つの課題について優先的に検討を加えなければならないであろう。

（1）幼保一元化

第一に検討されなければならないのは，小学校に入学する前のいわゆる就学前教育が幼稚園と保育所（通称・保育園）に二元化されている点である。両者には戦前期からの起源を異にする長い歴史があるが，少なくとも現行の幼稚園は学校教育法により設置されている「学校」であり文部科学省が所管している

のにたいし，保育所は児童福祉法により設置されている「施設」であり厚生労働省によって所管されている。所管庁が違うだけではない。幼稚園は満3歳児から小学校に入学するまでの幼児を対象に，年間39週以上（春夏冬の休みもある）一日4時間を標準とする教育を行っているのにたいし，保育所はゼロ歳児から就学前までの「保育に欠ける乳児または幼児」（児童福祉法第39条）を対象として，年間300日以上一日11時間以上の保育を行っている。また担当者の資格も幼稚園が教諭であるのにたいし保育所は保育士であり，養成制度も異なっている。ところが両者が行っている保育内容は，少なくとも3歳以上については共通するところが多くなっている。しかも近年女性の就労率が上昇するにつれ，保育所にたいする需要は激増し，いまや幼稚園就園者に匹敵する幼児が保育所に通っているのである。都市部における保育所は待機児童が続出しているのにたいし，幼稚園は空き教室があるところも少なくない。90年代を通じて幼稚園就園率は漸減傾向にあり，2003年現在59.3％である。ところが幼稚園は制度上，「保育に欠ける幼児」を長時間受け入れることはできないのである。

　このような就学前教育のアンバランスが顕著になっているにもかかわらず，文部科学省と厚生労働省という縦割り行政が原因となって，両者の調整は一向に進んでいない。文部科学省は近年，その教育白書で教育改革をたびたび特集しているが，幼児教育に関しては他の分野ほどには関心が払われていない（文部科学省，2004）。いまや幼児のほとんどが幼稚園か保育所を経て小学校に入学してくる時代である。官庁の垣根を越えて，就学前の「教育」と「保育」を一元化する方向で制度の再構築をはかる時期に来ているのではなかろうか。その意味で，2005年から経済財政諮問会議の肝いりで実現する予定のモデル事業（「総合施設」の設置）は，幼稚園の教育機能と保育所の預かり機能を統合する試みとして注目に値する。

（2）義務教育制度の弾力化

　第二の課題は義務教育制度である。義務教育は明治初期に制度化され，第二次大戦後においても憲法（第26条）および教育基本法（第4条）において国民

の権利として保障され，もっとも安定した制度として今日にいたっている。同時に義務教育は教育制度の中核部分を構成してきたため万全の整備がなされ，とりわけその無償性原則を実現するために，①授業料無償，②教科書無償，③義務教育費国庫負担法による教員給与の二分の一国庫負担，等の措置が講じられてきた。しかしこのような国家による手厚い保護は，他方において国家（および地方公共団体）による画一的統制をもたらすことにもなった。教育内容の面では学習指導要領の遵守や検定教科書の採択が義務づけられ，学級編成や教員定数に関しても関係法律により細かく規定され，全国一律に運用されてきたのである。

　このような義務教育制度の画一的運用が日本の教育を硬直化させてしまったと批判したのは前述した臨教審であるが，結局のところ四次にわたる答申においては義務教育制度の根幹にかかわる改革案は示されなかった。ところが21世紀になって小泉内閣が登場すると様相が変わってきた。磐石を誇ってきた義務教育制度にもさまざまな角度からメスが入れられ始めたのである。

　その第一は，規制緩和措置による学校選択制の部分的導入である。これまで公立小中学校への入学は通学区が指定されていたので，一学校あたりの生徒数・教員数は安定していたといえる。ところがたとえば東京都の場合，学校選択制は2000年に導入した品川区を皮切りに半数以上の区・市が何らかの形で実施しているが，小中学校の新入生数に大きな変化が起きており，最近では新入生ゼロの学校が現れる等，学校関係者に衝撃が走っている。第二はこれまで義務教育といえば，小学校6年，中学校3年と固定されてきたのであるが，たとえば東京都品川区の場合，2006年度より義務教育9カ年をひとまとめにした小中一貫の「義務教育学校」の開校を決めている。そして9年間を「4・3・2」に分けるカリキュラム案を作っている。このような6-3制の弾力化案は2004年文部科学大臣案（河村プラン）としても示されており，義務教育制度の弾力化に拍車をかけそうである。第三には，これらの弾力化措置に関連して，教員の採用方法にも変化が生じている。これまで義務教育段階の教員採用人事は都道府県教育委員会が行ってきたが，近年構造改革特区では部分的に市区町村教育委員会が独自の基準により教員採用を行うことが認められている。文部

科学省の計画によれば，2006年からこの制度を全国化していく方針のようである。また東京都杉並区のように「師範塾」をつくり独自の小学校教員の養成（一種の研修）まで計画している市区町村まで現れている。さらに第四には，2004年に株式会社立の中学校が構造改革特区（岡山県）に誕生したことにみられるように，義務教育段階の学校の設置形態にも大きな変化が生じている。

このような義務教育制度の弾力化措置は，将来的には就学開始年令，就学年限，進級制度の見直しにまで及んでいくかもしれない。しかしその際，弾力化措置が「ひとしくその能力に応ずる教育を受ける機会」（教育基本法第3条）を保障することになるのかどうかが問われなければならないことは言うまでもない。

（3）中高一貫教育

第三の課題は中等教育制度であるが，第二次大戦後の中等教育制度は中学校3年，高等学校3年からなり，前期中等教育（中学校）が義務教育となっているため，制度上大きな変化はないままに90年代を迎えたといえる。一方，後期中等教育も1961年に5年制の高等専門学校制度が発足したことにより部分的に複線型に移行したとはいえ，3年制の高等学校（普通科，専門学科）は安定的に推移してきた。ただ高等学校への進学率が90％を越えた1974年頃から，生徒の適性や進路に応じた柔軟性のある後期中等教育の必要性が叫ばれ始め，そうした状況に機敏に反応した臨教審は1985年の第一次答申において，中学校と高等学校を統合した「六年制中等学校」の創設と単位の累積加算によって卒業資格の認定をおこなう「単位制高等学校」の設置を提案した。いわゆる高校教育の多様化路線に先鞭をつけたのである。

これらの提案のうち最初に具体化されたのは単位制高校であり，1988年には定時制・通信制において，1993年からは全日制においても設置が認可されることになり，2004年現在，516校の単位制高校が運営されている。また1994年からは高等学校の学科構成を従来からある普通科・専門学科のほかに，「総合学科」の設置を認め学科構成の多様化が図られた。2003年現在，総合学科は220校に設置されている。

一方，六年制中等学校制度の創設に関しては，臨教審答申を直ちに具体化する機運は高まらなかった。ところが十数年を経た1998年，学校教育法改正により従来の中学校および高等学校とは別種の「中等教育学校」が制度化されることになり，いわゆる中高一貫教育が正式にスタートすることになった。これまでにも国立や私立の中高併設校は存在していたが，中等教育学校は主として公立の中高一貫校を政策的に育成していくことをねらいとしていた。このことは義務教育である前期中等教育（中学校）と義務教育でない後期中等教育（高等学校）を連結して6年一貫教育をおこなうということであり，義務教育段階における学校選択制を容認することを意味していた。したがって中等教育学校の制度化は，戦後一貫して堅持されてきた単線型の6-3-3制学校体系を複線型へと改編するものとして，中等教育制度改革の争点となっている。推進の論拠としては，①6年一貫により「ゆとり」のある中等教育を実現できる，②教育制度の弾力化・多様化の突破口になる，③大学進学実績等で私立の中高併設校に対抗できる，等が挙げられている。一方，反対の立場からは，①少数の公立エリート校を作ることになる，②学校序列・学校間格差を中学校段階まで拡大する，③受験の低年齢化を招き教育機会の階層差を拡大する，等の論拠が挙げられている（藤田，1997）。

　中高一貫校は1999年に設置が開始され，当初の4校から2003年には118校まで増加している。実施形態は三種類（①修業年限6年の中等教育学校，②同一設置者による中学校・高等学校の併設型，③市区町村立の中学校と都道府県の高等学校との連携型）あるが，①は15校にとどまっている。現在のところ，公立の中高一貫校が今後における中等教育制度改革の決め手になるかどうかは未知数である。いま問われていることは，義務教育段階に学校選択制（複線型）を持ち込むことにより，「制度的格差」を意図的に作り出すことが教育的観点から意味があるかどうかということである。

（4）高等教育の質保証と高度化

　第四に検討しなければならないのは，初等・中等教育にくらべ国際的評価が低いといわれる高等教育分野である。第二次大戦後の高等教育制度は，それま

での多様な高等教育機関が「新制大学」に一元化され門戸開放がなされたため，高等教育機会の拡大に貢献するところ大であった。1960年代には高度経済成長政策に対応して，高等専門学校制度の創設（1961），短期大学の恒久化（1964）等，短期高等教育機関の整備が行われ高等教育制度は多様化された。さらに70年代になると専修学校制度の創設により，その専門課程（専門学校）が「高等教育機関の一種」と認められることとなったため，高等教育はポストセカンダリー教育（中等後教育）制度に移行することとなった（喜多村，1997）。その結果，2003年現在，18歳人口を母数とした大学・短大・高専への進学率49.8％，専門学校への進学率16.4％，両者を合わせると66.2％となり，日本の高等教育はいわゆるマス段階からユニバーサル・アクセス段階に完全に移行したのである。一方，大学院は戦後アメリカの課程制大学院制度が導入されたにもかかわらず，1980年代まで進学者数は伸びなかった。ところが1990年代の大学院拡張計画により増大に転じた。2003年からは法科大学院をはじめとする専門職大学院が一斉にスタートし，大学院制度の多様化がはかられている。2003年現在，大学院在学者は約23万人（同年の大学院進学率11.0％）を数え，大学院拡張時代を迎えたのである。

　このように高等教育の拡大は1990年代に加速することになったのであるが，その背後にはこれまで文部省がとってきた高等教育行政の転換があった。従来の手法は厳格な設置認可行政と大学入学定員の管理に重点がおかれていたが，前者は「事前規制から事後チェックへ」という政府の規制改革方針により大幅な規制緩和を余儀なくされ，後者は18歳人口急増期の臨時定員増の恒常化を求める圧力により，行政によるコントロールを放棄せざるをえなくなったのである。かくして1991年の大学設置基準の改正に始まる一連の規制緩和政策は，まさに戦後50年日本の高等教育システムを支配してきた伝統的な秩序を崩壊させたといえる。言葉を換えて言えば高等教育制度再編の時代がはじまったのである。そこに登場したのは規制緩和と表裏の関係にある競争原理を通じた質保障の制度化であった（天野，2004）。

　その一つとして大学設置基準の改正（大綱化）によって導入された「自己点検・評価」をあげることができる。これは大学がみずからの責任においてその

教育研究活動を点検・評価し，その質を担保するシステムである。当初，自己点検評価は各大学の努力規定であったが，やがて実施義務となり，2004年度からは文部科学省によって認証された第三者機関による評価（外部評価）を受けることがすべての大学に義務づけられることになった。評価結果は資金配分にリンクすることが予想され，大学はまさに競争時代に入ったといえる。現在のところ，大学評価・学位授与機構，大学基準協会，日本高等教育評価機構等の評価機関が定期的に各大学の評価を行うことになっている。

　もう一つの新しい動きは大学の高度化戦略であり，グローバル化に対応して国際的競争力のある世界水準の大学づくりをめざす試みである。その第一は90年代を通じて行われた主要国立大学の大学院重点化政策であり，第二は2002年度から開始された「21世紀COE（卓越した研究拠点）プログラム」，第三は2004年度からスタートした国立大学の法人化である。特に注目されるのは国立大学の法人化であり，これまで行政組織の一部であった国立大学を経営体として再構築することを通じて，競争力の強化を狙ったものである。まさに大学は競争的環境のなかで個性を競い合う時代に入ったといえる。

（5）教育行財政制度の分権化

　第五の課題は教育行財政制度のあり方の問題である。第二次大戦後，日本の地方教育行政制度は教育委員会法（1948）により，①一般行政からの独立，②地方自治，③民衆によるコントロール，を基本理念としてスタートした。ところが1956年に同法が廃止され，それに代わって制定された「地方教育行政の組織及び運営に関する法律」においては，教育委員は公選制から任命制に，また教育長の任命が都道府県の場合は文部大臣の，市町村の場合は都道府県教育委員会の承認が必要となる等，文部省→都道府県教育委員会→市町村教育委員会という縦の権限関係を強めた。その後40数年にわたり地方教育行政は中央依存の体質を強くしていった。

　しかしながら1990年代後半に至り，行政改革推進の機運のなかで地方分権推進法（1999）が成立し，教育長任命における承認制の廃止や指導・助言規定の見直し等により，縦の権限関係は緩和されることになった。その後小泉政権

下で「分権化」の流れは加速し，地方教育委員会の裁量により，①少人数学級（30人程度）の編成，②教職員定数の弾力化による加配教員の活用，③教育課程編成における学校裁量の拡大，④民間人校長の任用，⑤地域住民による外部評価の実施，等の施策が実施できるようになった。

このような地方分権化の流れは教育財政制度の面でも顕著となっている。たとえば義務教育経費については，これまで国庫負担制度（公立学校の教員給与の二分の一を国庫負担）が堅持されてきたが，このような特定目的の政府補助金を一般財源として地方に委譲し，地方の自主性においてその使途を決める「税源委譲」論が，政府（経済財政諮問会議，地方分権推進会議）側から検討課題として提示されている。これにたいし文部科学省は，義務教育は教育の根幹であり，憲法上の要請もあることを根拠に税源委譲に反対の立場をとっている。もし義務教育経費の一般財源化が行われるならば，都道府県による教育格差が広がり，教育の機会均等理念が損なわれる恐れがあると警告している（遠山，2004）。

おわりに

以上みてきたように，日本の教育制度はいま岐路に立っており，その再構築が迫られていることは明らかである。近年，文部科学省が推進している幼小連携，小中一貫，中高一貫，高大連携，等の政策はいみじくも既存の制度が十分に機能しなくなっていることを物語っている。それにもかかわらずこれまでの政策展開をみるかぎり，既存の制度の部分的手直しを「連携」，「一貫」という名のもとに進めている段階にとどまっている。21世紀対応の教育制度再構築に向けてのグランドデザインはまだ明確な姿を現してはいない。

参考文献
天野郁夫『大学改革——秩序の崩壊と再編』東京大学出版会，2004年
潮木守一「教育制度」『新教育社会学辞典』東洋館出版，1986年
エレン・ケイ『児童の世紀』小野寺信・小野寺百合子訳，冨山房百科文庫，1979年

喜多村和之『現代の大学・高等教育――教育の制度と機能』玉川大学出版部，1999年
佐藤学『「学び」から逃走する子どもたち』岩波ブックレット，2000年
遠山敦子『こう変わる学校・こう変わる大学』講談社，2004年
藤田英典『教育改革――共生時代の学校づくり』岩波新書，1997年
文部科学省「中央教育審議会答申――新しい時代にふさわしい教育基本法と教育振興基本計画のあり方について」(『文部科学時報』平成15年5月臨時増刊号)，2003年
文部科学省「平成15年度文部科学白書」2004年
ユネスコ『学習――秘められた宝』天城勲監訳，ぎょうせい，1997年（英語版は1996年）

（馬越　徹）

III-2 新しいカリキュラムと学力観の転換

はじめに

　20世紀の日本は，その100年間でほぼ欧米並みの近代化をなしとげ，外見上は先進国と並ぶようになった。もちろん，完全に欧米のようになったわけではなく，その近代化は，幕末からの多くの先人によって，日本的なものを生かしながら，また日本人の近代化への強いあこがれをベースに，いかにも日本の近代化としての良し悪し両方の特徴をあちこちに帯びている。公教育の方は，その近代化のための最も重要な手段として用いられ，また一定の成果も挙げたと言えよう。しかし，キャッチアップした日本はもはや欧米諸国を先進国と見て，それをモデルとして追いかける時代が終わり，みずからも欧米のように"手探り"で，試行錯誤しながら進まざるをえない時代に入ったのである。この意味で，外国から近代文化を"吸収"する能力よりも，みずからの頭と手と体とでこれからの文化をつくり出す能力の育成が求められるようになった。これはいわゆる「記憶」重視の教育よりも「思考」重視の教育へ重点を移さねばならない，ということである。もちろん，依然として記憶すべきものがあることは変わらないが，その量の多さはもはや最重要の関心事ではない。むしろ，その記憶を用いて，どれほど新たなものを考え出せるか，その独創的な思考力が求められるようになったのである。

　日本という国が，そのために公教育の重点をそちらに移さざるを得なくなっ

たことは明らかであり，その具体的な方策に一歩踏み込んだのが，1998（平成10）年告示，2002（平成14）年実施の新しい学習指導要領であると言ってよい。2003（平成15）年には，施行後の一部改正が初めて行われたが，では，その具体策は何なのか。学習指導要領という国の基準の性格，それに基づいてつくられる各学校の教育計画としての教育課程，とくに「総合的な学習の時間」や「個に応じた指導」，そしてそれによって育てられる「学力」の特徴を，実施過程や結果として育てられる能力までを含むことばである，「カリキュラム」のレベルで明らかにしておきたい。

1．カリキュラム研究と学校カリキュラム

（1）日本のカリキュラム研究の概要

　日本のカリキュラム研究はまだまだ力不足であるが，これまでまったく研究成果がないわけではない。たとえば，それを整理してみると，次のようにまとめられよう。

① 歴史的研究＝最も基礎的な研究分野の一つであるが，日本の学校の教育課程が，明治以降どんな要因によって変化してきたか，また外国のどんな理論や人物の影響を受け，また変質したのかなどについては，過去30年間ほどで研究が格段に進んだと言える。

② 社会学的研究＝カリキュラム研究の分野で，この30年の間で最も目ざましい成果を示したのが，カリキュラムについての社会学的な研究であろう。公教育が階級などの再生産を行ったり，性差別や人種差別を温存・補強したりしているとの「潜在的カリキュラム」論者の指摘は，カリキュラム研究に新しい展開をもたらした。また，多くの団体，組織，権力などによるカリキュラムへの関与，強制などを析出しようとする「カリキュラム・ポリティクス」論も，教育の成果の解釈の仕方に大きな影響を与えた。

③ 心理学的研究＝子どもの発達研究や認識研究の深化が見られ，子どもの認識形成や認識発達については，ピアジェ，ヴィゴツキーを中心に多面的にとらえることが必要だとの見方を広めた。最近は脳科学的な知見もあらわ

れ，今日的な指導方法・指導技術の特質への新たなとらえ方を提示している。
④ 開発的研究＝新しい学習指導要領で「総合的な学習の時間」が設けられることとなり，この種のカリキュラムをどうするのかが全国的に主要な関心事となった。またその前提となる研究として学力調査が定期的に行われるようになり，さらにその学力の向上策としてティーム・ティーチングや習熟度別指導など，多くの指導法・指導体制の研究も行われている。

　以上のような研究が進む一方で，その成果は学校にどの程度反映しているのか，という問題がある。日本に限らず，先進国でも教育研究者，教育学者は批判ばかりして実践に役立つことはほとんどしていない，と言われる。これは人文・社会科学系の研究や学問のもっている一般的で，かつ必要な特質であり，かならずしも教育研究だけがそうなのではない。しかし「教育」という分野は他の分野と比べても，実践的性格が強く，また事実を創るという点では理系の工学関係の分野に近似している。この方面の研究は，たしかに求められているわりには多くない。この不整合は改善されなければならない。

（2）カリキュラム研究と学校カリキュラムとの関係

　日本の学校カリキュラムも，これまでカリキュラム研究との結びつきが必ずしも十分でなかった。1945（昭和20）年以後の10年間は，第二次世界大戦後の新教育運動の流れの中で，珍しくカリキュラム研究と各学校のカリキュラムづくりが，行政も巻きこんで一体的に進められた時期である。ところが1955（昭和30）年頃から，行政が新教育から手を引き，実践現場の学校も，行政の規制強化の流れの中で研究者から離れたことにより，研究者もカリキュラム研究から教育方法研究，指導法・指導技術を中心とする「授業研究」へと重点を移してしまった。しかし1965（昭和40）年頃になると，民間教育研究団体による各教科のカリキュラムづくりが活発になった。ただし，これは教科の親学問の専門家が中心で，教育研究者はそのコメンテーターか外部協力者になっていて，カリキュラム研究者が主導するものはほとんどなかったと言ってよい。代表的なものが，数学教育では，一般から特殊への計算体系に沿って教材作り

を試みた，遠山啓の「水道方式」であり，理科教育では，集団で仮説を立てるプロセスを，実験よりも重視して多くの授業書をつくった，板倉聖宣の「仮説実験授業」である。アメリカもほぼ同じ頃学問中心のカリキュラムをつくり，とくに旧ソ連の人工衛星の打ち上げ成功に遅れをとるまいとして，国をあげて「教育内容の現代化」をめざし，主に自然科学系教科の内容の高度化・現代化を図った。しかし，やはり教育学者よりも自然科学者が主導したものであった。1975（昭和50）年前後から日本でも現代化の弊害とされる「落ちこぼれ」問題が中心的な問題となり，1977（昭和52）年の学習指導要領で戦後初めて内容上のレベルダウンを図るとともに，「学校裁量の時間」を設けるなどして中央による規制を緩和した。この結果，再び教育学者，教育研究者がカリキュラムづくりに関係するようになったが，研究者が少なく，実践家もほとんどカリキュラムづくりを経験した者がいなくなっていたため，せっかくの機会もこれまで生かすことができずに来た。以後現在まで，中央の行政当局による規制緩和は進行し，実践現場での学校の自由裁量の幅が拡大するに応じて，カリキュラム研究者の関係する余地は拡大した。したがって，カリキュラム研究が学校のカリキュラムづくりに直接関与する時間が増え，学校も行政も研究者の関与を強く期待するようになった。

　このような状況の中で，カリキュラム研究者は大きく二つのグループに分かれる。一つは分析研究のグループで，カリキュラムの効果を歴史的・社会的な観点から分析して，その問題点を指摘するものである。他の一つは開発研究のグループで，もっぱら学校の教師のカリキュラムづくりにたいして助言者ないし相談相手（コンサルタント）となり，より望ましいカリキュラムをつくることに寄与しようとするものである。もちろん，この二つのグループの両方に入るカリキュラム研究者が多く，決して一方だけで済ませられるわけではない。分析研究も事実を創る開発研究に結びついて初めて意味をもつと言ってよいであろう。日本では，この点でカリキュラム研究が，実践現場である学校とその教師に大分近いところに位置づいてきたけれども，まだまだ良好な関係にまでは至っていない。行政が研究者に学ぶ姿勢を示す一方で，行政をリードしたり，実践から理論化して実践へ返すカリキュラム研究が望まれる。

2．現行の学習指導要領の特徴

（1）規制緩和の流れ

　1998（平成10）年告示，2002（平成14）年から実施されている現在の学習指導要領は，2003（平成15）年一部改正の作業が進められ，2004（平成16）年度から部分改訂の学習指導要領として実施されることになった。この部分改訂の経緯を少し説明しておこう。なぜなら従来このようなことは行われたことがなく，今回が初めてのことだったからである。

　1998（平成10）年に告示されてからの新学習指導要領の評判は，「総合的な学習の時間」の導入による新しい教育への転換を示すものとして，当初は比較的その成果が期待されていた。ところが2000（平成12）年に首相の私的諮問機関として設けられた教育改革国民会議の方から，学力低下の危惧が指摘されると，一転して「総合的な学習」よりも「基礎・基本」を重視せよとの声が強まり，文部科学省も強調点をそちらに移したため，文部科学省は動揺したとの見方が広まり，教育界は混乱した。そしてその原因を文部科学省に帰して，中央行政当局の権威は大きく損なわれた。この直接の要因は，省庁再編により首相直属の内閣府が各省庁の上に置かれ，文部科学省も内閣府の決定に振り回されるようになったためである。この行政の二重構造という点はあまり表立って指摘されないが，今後の国レベルの行政の動きを見る上で極めて重要なので，注意を喚起しておきたい。

　ところで，過去に遡ってみると，1977（昭和52）年の学習指導要領改訂の際，「学校裁量の時間」が設けられることとなり，学校レベルで自由に決められる部分が出現して以後，中央による教育行政は「弾力化・柔軟化」の方向に動き，国レベルの方針は「大綱化」するということになって，現在に至るまでこの方向が一貫し，定着したといってよい。この方向は，1989（昭和64）年までの臨時教育審議会の四次に亘る答申に沿ったものであることを忘れてはならない。

（2）「基準性」の明確化

　この流れで原則的に問題になったこととして，まず学習指導要領に示された国家基準というものの性格＝「基準性」の明確化ということがあった。「基準性」という表現は，今回の2003（平成15）年の部分改正の作業の中で初めて用いられたものであり，それまではほとんど用いられたことはなかった。この点については，次のことに注意しておこう。規制が強かったときの「基準」というのは，それ以外のものは許さないという意味で，「最高基準」的な性格のものと受けとられるけれども，規制が弱まり緩和されると，文脈上それ以外のものも教えられるということになり，その意味で，文言は何も変わらないのに「最低基準」的な性格のものと受けとられるように変わるということである。「規制緩和」はこのように質的で文脈的な部分で影響を与えることになったのである。

　結果として，規制緩和の流れの中におかれたとき，この「基準性」は次のように規定されることになった。

　学習指導要領に明示されている共通に指導すべき内容を確実に指導した上で，子どもの実態を踏まえ，明示されていない内容を加えて指導することも可能という性格。

このように規定しなければならなくなったのは，まさに「規制緩和」によるものなのである。したがって，従来の規制の強かった頃のイメージをもっている人は，自分がもつそのイメージを意識的に振り捨てなければならない。同じ文言のものであっても，文脈や流れの変化によって，違った性格をもつようになることを知らねばならないからである。

　この点は，たとえば，次のような学習指導要領の文言に影響してくる。改正前の小学校学習指導要領，第1章 総則，第2の1に，すべての学校が取り扱わねばならない内容だと明記した上で，「学校において特に必要がある場合には，第2章以下に示していない内容を加えて指導することもできるが，その場合には，第2章以下に示す各教科，道徳，特別活動及び各学年の目標や内容の趣旨を逸脱したり，児童の負担過重となったりすることのないようにしなけれ

ばならない」と記されている。これを規制が強い文脈の中で読むと,「学校で特に必要がある場合」というのを,できるだけ狭く特別なときのことと見ることになり,普通はこういうことはないと考えて,ほとんど「普通ではこんな場合はないから,できない」ととらえられる。ところが,規制が弱いとすると,「必要な場合はかなり認められる可能性があり,そういうことをすることができる」という幅のある読み方ができる。

要するに,「基準性」は弱まり,各学校で必要があると判断すれば,子どもの実態に応じ,学校の実態に応じて,学習指導要領に示されていない内容でも教えることができる,というのがその意味だというわけである。

総じて,この方向は,よほどのことがなければ,今後さらに推進されるものと思われる。このことは学校教育に直接責任をもつ教師の自由裁量を拡大し,教育権者である保護者の意思を従来以上に強く反映させる点で望ましいことであると言えよう。教師と保護者が,子どものために分担協力して教育に当たることが容易になるからである。

3. 新しい学力観とその育て方

(1) 「総合的な学習の時間」設置の経緯

現行学習指導要領が告示された1998（平成10）年頃は,産業界も「個性の育成」を唱え,教育界の一部には,やっと社会も教育界の求める方向に動き出したかと歓迎する向きもあった。このような動きの奥には,これまでは「記憶重視」でよかったかもしれないが,これからは「思考重視」でなければならない,との思いがあったからであろう。そこでこれによって学力観を転換しなければならないと言われたわけである。しかし,「記憶」は「思考」重視の時代に入っても不要にはならない。別の意味で重要である。これまでは,先進国の文化を吸収模倣するために「記憶」そのものが重視されたけれども,今後は,自分たちが他国に発信できる文化を創るために思考することが第一で,そのための基礎として,またその手段として「記憶」が大切に考えられねばならない。俗に「記憶」は電子機器に任せ,人間は「思考」だけすればよいという見方も

あるが，それは間違っている。記憶なしに思考することが，時にユニークなものになることもあるが，多くがどんなに低次元の質の悪いものであるかは，日ごろの生活で経験済みである。この意味で，「学力観の転換」という言い方は誤解を生みやすいので，「重点移動」ととらえるべきである。

　事実，2003（平成15）年10月に中央教育審議会の教育課程部会が，現在の学習指導要領の一部改正のための答申を出し，「確かな学力」の育成に向けた取り組みの強化を促したけれども，基本的な原則を変えたものではなかった。現行学習指導要領の内容性格を規定した教育課程審議会の1996（平成8）年の答申でも，以前から基礎と基本を一体視した「基礎基本の重視」が「個性重視」とともに言われてきていたのである。ところが，「学力観の転換」ということばに引きずられて，「個性」や「創造性」を伸ばそうとする「総合的な学習の時間」ばかりが取り上げられ，注目されたため，あたかも「基礎基本」を軽んじてよいかのようなムードが生まれた。とくに「基礎基本」の中に「意欲」を含めるという考え方が強調されて，基礎学力的な性格の知識・技能よりも，子どもの主体性や興味・関心の方が重視されたこともあり，このような偏向が生じたと言える。これをあらためて「バランスのよい」状態に戻し，その上で「より質の高い学力」としての「確かな学力」が強調されることとなった。この「より質の高い学力」としての「確かな学力」を育てるために特に設けられたのが「総合的な学習の時間」である。この時間は，第15期中央教育審議会の第一次答申において，「ゆとり」の中で「生きる力」を育むことを重視し，それが「いかに社会が変化しようと，自分で課題を見つけ，自ら学び，自ら考え，主体的に判断し，行動し，よりよく問題を解決する資質や能力」「自らを律しつつ，他人とともに協調し，他人を思いやる心や感動する心など，豊かな人間性」そして「たくましく生きるための健康や体力」という三つの大きな要素から成るものとしてとらえ，その実現のために特設されたものと言ってよい。

　この種の力が求められる背景として，教育課程審議会は答申で，「社会の変化に柔軟に対応し得る人間の育成」を基本的な考え方として明示した上で，中教審の第一次答申の趣旨を尊重し，「そのためには，これからの学校教育においては，これまでの知識を一方的に教え込むことになりがちであった教育から，

自ら学び自ら考える教育へと，その基調の転換を図り，子どもたちの個性を生かしながら，学び方や問題解決などの能力の育成を重視するとともに，実生活との関連を図った体験的な学習や問題解決的な学習にじっくりとゆとりをもって取り組むことが重要である」と考えたと言う。

　これは「基調の転換」という表現のように，大きな変化であり，当初は一般的にも，教育界からも，やっと本来の教育ができるようになるとの前向きの期待が高まった。ところが教育改革国民会議や京都大学理学部数学教室の西村和雄教授らによる岡部恒治・戸瀬信之・西村和雄編『分数ができない大学生』（東洋経済新報社，1999年）などの書物の影響で，子どもたちの学力低下を心配する声が一気に吹き出し，さらに前学習指導要領下における2001（平成13）年度の教育課程実施状況調査の結果などからも，子どもの意欲の低下を中心に，その心配な一面が明らかになったため，急速にその「転換」の声は弱まり，「基礎学力」をつけることに学校現場も逆もどりしなければならないのかと，中央の意向を伺う事態となった。そこで2003（平成15）年の部分改正により，あらためて基本的姿勢を確認すると同時に，中身についても趣旨の一層の明確化を図ることとしたわけである。「総合的な学習の時間」については，

① 「ねらい」の確認と拡充
② 学校の教育計画全体の中への位置づけと体系化・系統化
③ 子ども主体とはいっても，教師が指導すべきことは指導することの強調
④ 施設の利用，地域人材の活用，その他による学校の内外の機関や人材との連携強化

などが，これまで以上に具体的に示された。部分改正後のこの時間については，当初の二つの「ねらい」に三つ目が加わり，すべての学校段階でめざすべきものが次のように示された。

(1) 自ら課題を見付け，自ら学び，自ら考え，主体的に判断し，よりよく問題を解決する資質や能力を育てること。
(2) 学び方やものの考え方を身に付け，問題の解決や探究活動に主体的，創造的に取り組む態度を育て，自己の生き方を考えることができるようにすること。

Column

総合的な学習

　現行の学習指導要領で登場した「総合的な学習の時間」における学習は,「横断的・総合的な学習」と言われている。これは厳密に言えば教育学・教育史上初めてのもので, これまでは「総合学習」というものしかなかった。日本の場合, 大正新教育の時代や第二次世界大戦後の昭和20年代の新教育の時代に, 教科を否定する経験主義の立場からの「総合学習」というものが唱えられた。また1976年には日教組の研究集団が提示した「総合学習」というものがある。これは, 各教科の枠を越えて取り組むべき環境, 人権, 平和などの「国民的（人類的・現実的）諸課題」と称する, 今回の中央教育審議会が示した「今日的課題」というものと酷似したものをトピックとして取り上げたものだが,「教科」として提案されている。今回の「横断的・総合的な学習」はこれら二つを含む, それ以外の試みをも奨励した, 非常に自由な学習の創案が可能なものである。

　ただ, 2004（平成16）年度実施の一部改正では,「総合的な学習の時間」の学習が, これまであまりに体験的活動に偏り, 子どもは楽しいだけで終わっていないか, との批判を受けたので, この時間のカリキュラムを学校の教育計画全体の中に位置づけ, より体系的・系統的なものにし,「理論と体験との往復運動」を欠かさないように工夫せよと勧められている。そこで, 小学校中学年から高校までの, この時間の年間計画の「重点ないし核」になるものを次のように設定し, 後は種々のものを組み合わせてはどうかと提言する。※小学校中学年：「総合化していく心（Integrating Mind）」の育成――興味・関心が中心, ※小学校高学年〜中学校：「総合化された心（Integrated Mind）」の育成――トピック・テーマ中心（義務教育の内にすべての子どもに今日的課題は認識させる必要あり）, ※高校：「一段高い総合化していく心（Integrating Mind）」――専門的興味・関心が中心。要は, 子どもの発達段階に沿った自主的な学習を展開することである。

　なお, 2004年発表のOECDやIEAの国際学力調査で, 日本の子どもの読解力や理数科の学力が「低下傾向」にあるとされたため, この「総合的な学習の時間」のあり方があらためて問題にされている。

(3) 各教科，道徳及び特別活動で身に付けた知識や技能等を相互に関連付け，学習や生活において生かし，それらが総合的に働くようにすること。

これによって，この間，必要な知識や技能などが欠けていないかとの疑問から熱心に取り組まなかった教師や学校にたいして，子どもたちにそれらの必要性を認めたうえで，真剣に，計画的に，また協力体制をつくって，この時間の教育効果を上げる方向で実践するよう促されている。

なお，この時間の学習については「横断的・総合的な学習」と言われていることから，とくに中・高校では「横断的な学習」の試みがもっと積極的に行われるとよい。

（2）個に応じた指導の重視

もう一つの強調点が「個に応じた指導」である。多くの教育学者や教育社会学者が「個性教育」を批判する。それは「個性」が社会的に産業界に絡めとられる形で強調されるのみで，決して教育的な論理から出されているわけではないと解されているからである。

しかし，長年教育界で，あるいは学界で「個性」の教育を主張してきた者にとって，少なくとも産業界もその必要性を認めざるをえない時代がついに来た，という印象は強まった。また，そのことを単に「個性」のレベルではなく，「個人」という人格面も含めたとらえ方で実践を展開する必要があるからこそ「個に応じた」と言い，「個性に応じた」と言わなかったものと解することができる。では，具体的にどう異なるのか。「個に応じた」は，「個性に応じた」という面と「個人差に応じた」という面の両方から，「学力面」のみでなく「人格面」にも配慮した指導を展開する必要がある。

まず「個に応じた指導」として学習指導要領が強調する点は，次のようなものである。

各教科等の指導に当たっては，児童が学習内容を確実に身につけることができるよう，学校や児童の実態に応じ，個別指導やグループ別指導，繰り返し指導，学習内容の習熟の程度に応じた指導，児童の興味・関心等に応じた課

題学習，補充的な学習や発展的な学習などの学習活動を取り入れた指導，教師の協力的な指導など指導方法や指導体制を工夫改善し，個に応じた指導の充実を図ること。

このようなさまざまな指導が促されているが，その中身は「すべての子どもの個性の伸長を図ること」と「すべての子どもに一定水準の学力の保障を図ること」とである。前者は「自由」原理を満たし，後者は「平等」原理を実現するものである。前者は「児童の興味・関心等に応じた課題学習，……発展的な学習など」という文言に表れており，後者は「児童が学習内容を確実に身につけることができる」という文言に表れている。各学校はこれら両方を，可能な限り具体的に実現するよう求められているのである。

このことを別の面から言えば，前者は一人一人のもつ「個性」をできるだけ伸ばし，創造性や独創性を発揮させるよう努めることであり，後者は「個人差」に注目し，「人格」をも支える能力を保障することに努めることである。前者は「選択教科」で，後者は「必修教科」で主として対応する。これによって学力差が拡大することを憂える声があるが，子どもたち全体が向上するならばよいのではないか。もちろん，学校現場では差別の拡大などが起きないよう可能な限り「補正」を欠かしてはならない。

産業界は，かつては個性を，最近は学力低下の防止という形で一定以上の学力を育てることを求めている。この二つを「個性のための基礎・基本」の確実な習得という形で，バランスよく追求すべき時代に入ったのである。この点で誰もこの新たな方向自体を批判するものはいないであろう。ただし，「方向」は正しくても「方策」を誤ってはならない。一方に偏する方策は決して望ましいものではない。この点について，最後に述べておこう。

4．学力観の相違と「学力低下」問題

今回に限らず，「学力」論議は 1945（昭和 20）年以降，これまで常に混乱してきたと言ってよい。その理由は「学力とは何か」という問いについて，その

とらえ方＝「学力観」の相違を踏まえず，すぐにその高低のみが論じられるため，論議がすれ違ってきたということなのである。2000（平成12）年頃から2003（平成15）年頃まで高まった学力論議については，「記憶した知識の量」を重視する従来の学力観と「自主的・意欲的な思考の質」を重視する新しい学力観との，それぞれの立場によって主張が異なっているけれども，全体として「学力が低下した」ことは，立場の違いをこえて当たっていると思われる。ただし，この論議の結果によっても改革の「方向」は変える必要はなく，「方策」を修正すればよいのだと考える。以下，そのことを少し整理してみよう。

　1998（平成10）年の学習指導要領改訂で「ゆとりある教育」として個性や創造性を含む問題解決能力の育成をめざすこととなり，その象徴的なものとして「総合的な学習の時間」が創設された。ところが，先述のように，一つは京都大学理学部数学科の西村和雄教授らを中心とするグループが，分数を典型例として，大学生の「学力低下」がすでにいかに深刻かを論じ，この改訂学習指導要領の方向を批判したと同時に，教育改革国民会議の議論の中で，委員の一人である東京大学の藤田英典教授（当時）ら何人かの委員から，すでに進められていた教育改革の方向が批判され，とくに「学力低下」が生じるとの心配が強調されて，2001（平成13）年から2002（平成14）年にかけて論議が一気に高まった。とくに藤田教授に次いで，同じ東京大学の教育社会学者，苅谷剛彦助教授（当時）が苦心してデータを集め解釈して，その「低下」の実態を示そうと努力した結果，事実上「低下」が確かであると断定したことにより，それがほぼ妥当だと社会的に見なされ，教育改革の方向を疑問視する声が高まった。

　他方，文部科学省は，この間の国際教育評価協会（IEA）の数学・理科の国際学力調査（TIMSS）やOECDの国際学力調査（PISA）の結果に加えて，みずからの教育課程実施状況調査の一環たる学力調査によって，「学力低下」は生まれていないか，あっても部分的にごくわずかで，全体としては無視できる程度のものだと反論してきた。またこの教育改革の方向を支持するグループのリーダー，上智大学の加藤幸次教授らは，「学力観」のちがいを主たる理由として，低下を言う人は旧い学力観に立っており，新しい学力観に立てば低下はとくに認められない，と反論を展開した。

しかし，全体として見ると，2002（平成14）年正月に当時の文部科学大臣の遠山敦子氏が「確かな学力」を唱えるアピールを出したことに象徴的にあらわれているように，「学力低下」の心配をする声によって動かされたため，その結果として2003（平成15）年の学習指導要領の部分改正が行われたと言ってよい。このような部分改正は，上記のような論議が起きなければ行われなかったと思われる。今後も何かよほどのことがなければ部分改正は行われないであろう。ただ，新学習指導要領の本来の趣旨の中に，個性重視とともに基礎基本の重視も唱えられていたので，原則や方針の修正ではなく，趣旨の実現を一層徹底させるという方策上の部分修正であった。実際，文部科学省が重視した「意欲」などもその低下がすべての調査で認められた以上，何らかの修正が必要であったと言えよう。これによって，「学力観」は新しいものを採用したとしても，その部分への対応策を考えねばならなくなったと言ってよい。

おわりに

　要は，基本的に新旧のどちらの学力観に立っても，基礎基本も個性もともに重要であり，その重点を前者から後者へと移動させることが求められるにすぎない。ただ，この重点移動は単に量的なことでは済まず，質的にも変わらねばならない。その質的な内容を一言で言えば，「個としての強さをもつ日本人」の学力ということになろうか。
　先にも「個に応じた指導」であって「個性に応じた指導」ではないことを述べた。これは，単に「個性的な学力」のみが求められているのではなく，人間としての「個人の人格を支える基礎的な学力」をもしっかりと身につけた日本人を育てることが求められているのである。一般に，「読み・書き・算」を「基礎学力」と見る立場からすれば，それが，人間としての「人格」を表現し，支える能力として必要不可欠だからであり，それは，決して個性的な能力と矛盾するものではない。むしろ矛盾させてはならない，ともに必須の能力であるといえる。それは，基礎と基本とを区別し，「個性のための基礎・基本」という両者の関係づけをもとにして，個性の伸長を妨げず，それを支え促進する基

礎と基本に絞ることによって生まれる学力でなければならない。それは「個性における（の中の）基礎・基本」という考えに立ったカリキュラムによって育てられることになろう。これによって，これからの日本人は「個性的に強い」とともに「個人として人格的にも強い」，独創性もあるが，基礎的素養もしっかりと備えた国民として育てられるのである。

　21世紀に入り，日本も先進国と同様に「自分の足で歩き，自分の頭で考え，自分の力で進まねばならない」状況となる。そのような時代に必要な学力は，世界に向かって自力で立つ「個としての強さをもつ日本人」に具体化するものでなければならない。世界を認め，世界に認められる日本人，世界から尊敬を受ける日本人とは，そういう人間であろう。新しい教育は，そのような学力を求めて展開される必要がある。

参考文献
安彦忠彦『カリキュラム開発で進める学校改革』明治図書，2003年
安彦忠彦『新学力観と基礎学力』明治図書，1996年
市川昭午『臨教審以後の教育政策』教育開発研究所，1995年
佐藤学『カリキュラムの批評』世織書房，1996年
苅谷剛彦『なぜ教育論争は不毛なのか——学力論争を超えて』中公新書，2003年
加藤幸次『学力低下論批判——子どもが"生きる"学力とは何か』黎明書房，2001年

（安彦忠彦）

Ⅲ-3 国民教育と市民教育

はじめに

　教育とその学に取り組む際に，国民とは何か？　という問いを避けて通ることは許されない。公教育制度を持たない国民，国民を前提としない公教育。どちらも想像することさえ不可能であろう。教育学にとって，国民という社会のあり方にたいする批判的考察は，グローバリゼーションが進むいまこそ，まさに欠かせないものである。

1．二つの国民理解

　冒頭の問いにたいしては，すでに19世紀末のソルボンヌにおいて，エルネスト・ルナンが後に一つの伝説ともなる模範解答を提示している。「国民の存在とは，日々の人民投票である」と（ルナン，1979）。
　彼によれば，言語や文化・伝統あるいは血統の同一性が国民を形づくるのではない。国民が存在するのは，一人ひとりがまさにその国民であることを支持しているからである。
　しかしながら，日本で「国民」という言葉が用いられるときには，ルナンが否定する，国民についての文化的な定義に基づくのが一般的である。これはドイツ型の国民理解とも言えよう。古代地中海世界のポリスにおける共同体が発

展した形として，国民を捉えるのである。それにたいして，ルナンの言葉に象徴されるような，いわば社会契約に基づく市民の延長線上に理解される国民をフランス的あるいは市民的国民と呼ぶことができるだろう。

戦後日本の知識人のあいだでは一般に，このドイツ型国民は後進的，フランス型国民（市民）は先進的なものと考えられてきた。文化的同一性に基づく国民理解は，異文化・異民族の否定に向かいがちなのである。

天皇制ファシズムと呼ばれる全体主義体制を生み出した日本において，こうした判断がなされたのは当然のことと考えられる。むしろ，いまも愛国心涵養の必要性といった民族主義的な議論に見舞われている私たちは，フランス的な市民としてのあり方への素朴な信仰を，文化・民族共同体としての国民理解によって導かれる精神的・政治的頽廃にたいする一種の歯止めとして必要としているのかもしれない。

そして「郷土や国を愛する心」が「日本の伝統・文化の尊重」と結びつき，「『公共』の精神」の重要性と合わせて声高に要求される（中央教育審議会，2003）という状況は，1945年以来，半世紀以上にわたって教育学が無力あるいは無為の分野に終始したことを示唆している。文化や伝統とともに愛国心を語ることは，文化の異なる人々の排除を意味し，公共の精神と矛盾する。このような文化を同じくする者，いわゆる民族による国家の私物化が，国内的のみならず国際的に見ても正当化し得ないことは，近現代日本史における失敗だけでなく，今日の中東やバルカン半島における激しい民族・宗教紛争からも明らかである。

日本では，敗戦というみずからを見直す絶好の機会に恵まれたにもかかわらず，民族主義的な原理に基づく国家から，文化その他の属性に還元されない個としての市民を基礎とする国家へという政治的転換は，いまだ着手すらされていない。

（1）市民幻想

しかし，本当に深刻な局面は，日本の過去および現在から世界へ目を転じるとき，市民というあり方への安易な期待も，もはや不可能であるという点にこ

そ認められる。

　フランス近代史は，国家と一体化した市民がドイツに負けず劣らず他者の排除に努めてきたことを示している。まさに民主主義の下で，フランスは「文明化の使命」を掲げて国内の言語的マイノリティの抑圧・同化を進める一方，海外に植民地を拡張していった。

　そして今日では，文化なかでも宗教に政治的な意味を持たせないという原則（ライシテ＝非宗教性）のために，イスラム教徒を逆に過激主義へと向かわせてしまっているという現実もある。

　さらに，フランス共和政の歴史そのものを象徴する存在であるエルネスト・ラヴィスの歴史教科書を分析したピエール・ノラは，普仏戦争敗北後にあって愛国者ラヴィスが対独復讐に動機づけられる形でドイツに赴き，そこで「祖国崇拝」を学んで帰国したことを明らかにしている（ノラ，2003）。文化・民族的国民理解の上で育まれた歴史の動員や愛国心は，フランス共和主義と結びつくことにさほどの困難を見いださなかった。

　国民という社会形態は，それがエスニックに構成されようと，シヴィックな原理を掲げようと，ほぼ同様の政治的結果をもたらすものと考えて良さそうである。その内部においてはたしかに一定の政治的・社会的権利が構成員により共有され，民主的な関係の成立に向かう可能性も存在している。こうした期待に基づき，戦後日本の教育学においては国民の教育権といった主張も展開されてきた。しかし，他方で国民概念が他者を創造し，排除し，場合によっては抹殺さえ試みるものであることについて，歴史は証言をやめない。

　正常（ノーマル）な国民などというのは存在しない。　　　　　　　　　（Duve, 1998）

　ハンナ・アレント賞受賞作家のフライムート・ドゥーフェによれば，世界中のどの国民も，程度の差こそあれ，大量虐殺を頂点とした過去および現在における無数の不正にたいする責任を免れていない——アブノーマルな存在だ——という。

　また9.11事件後のアメリカ社会にたいして，スーザン・ソンタグは，その自国民の生命を他国民の生命よりも重視する感覚に疑問を提起した。理性的に

考えるなら，たしかにすべての人間は平等な価値を持つはずである。この理性が機能しないところから，戦争という国家公認の無差別殺人が行われることになる。

こうしてみると，「健全な愛国心」なるものが現実化する可能性は極めて乏しいと言わなければならない。国民というあり方は不道徳を運命づけられており，ましてそれを肯定することは，いまも大きな危険をはらんでいる。

たとえ今日の日本において民主主義が表面的に機能し，軍事力が文民の統制下にあったとしても，国民は潜在的に内外の非-国民を傷つける存在であることに変わりはない。

こうしてみると，国民の手で（未来の）国民にたいして行われる教育は，常に自己批判の意識を持たなければならないことがわかる。それを欠くとき，教育は愛国心といった感情論に流され，アブノーマルな現実をノーマルだと教えて安住することになる。

2．歴史教育は国民を越えられるか

軍隊と並んで学校が国民国家にとって本質的な役割を演じてきたという認識は，教育学の範囲を越えて現代世界において広く共有されている。近代の公教育で国語が教えられたのは大衆に政府の命令を理解させるため，数学が教えられたのは科学技術の発展を通じた国力増強のため，体育が教えられたのは健康な兵士と労働力を育てるためだったと考えて大過ないだろう。また，毎朝学校に通うという習慣の訓練は，工業化社会の要請でもあった。

こうして公教育の力を借りて建設された近代国家は，少なくとも先進工業国においては，ある程度まで豊かで健康的な生活をもたらした。しかし，これは同時に，試験を中心とする国家が用意した関門をくぐり抜けた人間がより高い地位，より豊かな生活を得るという社会の仕組みによって，一人ひとりの幸福感と価値観が操作されてきたことをも意味する。

そもそも国民そのものが近代において人為的に作られた存在であり，学校教育は，そこで遂行される多様な活動を通じて，その形成と維持に大きく寄与し

てきた。この状況は，いまも基本的には変わっていない。全国統一カリキュラムは言語と文化の統一に一役買っただけでなく，同じ知識を同じように学んでいるという意識を学習者に持たせることにより，一体感，すなわち国民のイメージを醸成してきた。内容と形式の両面にわたって，学校は国民国家に奉仕しているのである。

しかし，学校の教育活動のなかでも国民のあり方を決める上で重大な役割を果たしたのが，換言すれば「殺戮の世紀」にたいする高度な責任を免れ得ないものの一つが歴史教育であることについては，異論の余地がないだろう。

歴史は学校が提供する知識としては最も実用性の乏しいものに属しているが，その分だけ高度な政治的期待を背負わされている。21世紀の日本でも，学習指導要領は極めて明瞭に，歴史教育の課題は「我が国の歴史に対する愛情を深め，国民としての自覚を育てる」（中学校用学習指導要領〔平成10年度改訂〕第2部社会）ことにあると宣言している。

近現代史を顧みようとしない，こうした歴史教育の指針は，日本国民の悲喜劇的性格を象徴するものと言える。とくに1982年に東アジア諸国を中心とする世界の批判的な目が向けられて以来，日本の歴史教科書には，侵略戦争の美化の象徴というレッテルが貼られてきた。新しい歴史教科書をつくる会の活動や政治家による靖国神社参拝問題は，こうした批判を裏書きするものである。

しかし，今日の世界にとってより深刻なのは，同様の問題が程度の差こそあれ，多くの国々に共有されていることであろう。歴史認識をめぐる対立は，東アジアのなかの日本にとって極めて大きな問題であると同時に，残念ながら日本固有の問題ではない。

（1）ヨーロッパの国際歴史教科書対話

しかし，そうした愛国主義的な歴史教育を日本に輸出したヨーロッパに目を向けるとき，そこには自省の跡を認めることもできる。すでに19世紀後半には，広範な平和主義者や社会主義者のあいだから，各国で行われているナショナリスティックな歴史教育が他国民にたいする偏見と敵愾心を育てているという批判の声があがっていた。歴史教育が紛争や戦争を準備しているという認識

は，近代学校における歴史教育そのものの歴史に匹敵するくらい古くから存在したのである。やがて，こうした思想は第一次世界大戦後に国際連盟を動かし，各国の教科書を相互に検討しあうことを通じて自国中心主義的な記述を除去するシステムを創設させることになった。

　もっとも，この戦前のシステムは現実にはほとんど機能しなかった。アメリカ，イギリス，フランスといった大国の政府が，「教育は国民のもの」であるとして「国際連盟による内政干渉」に反対の姿勢をとり続けたことによる。

　結局，このような活動が飛躍的な発展を遂げるには，ナチス・ドイツの敗北が必要だった。かつて協力を拒否した欧米諸国が，今度はドイツ人を「再教育」しようと，ドイツの歴史家・歴史教員との交流の回路を模索したのである。ドイツから二度とナチズムを発生させないために，そしてナショナリズムに歪められた歴史像からドイツ人がみずからを解放できるようにするためである。

　他方，この戦勝国の方針は，ナチズムを否定して国際社会への早急な復帰を願う敗戦国ドイツにとっても歓迎すべきものだった。

　戦後世界において，こうした国際歴史教科書対話と呼ばれる活動はドイツを中心に発展することになるが，見落としてならないのは，そこにゲオルク・エッカートという傑出したリーダーが現れたことである。彼は，有名なドイツ―フランス対話，ドイツ―ポーランド対話のいずれにおいても中心的な役割を果たしている。

　当然のことながら，北大西洋条約機構における同盟国フランスとの活動と，鉄のカーテンの向こう側に位置したポーランドとの活動では，ドイツにとって持つ意味が違っていた。前者が，政治経済における基本的価値を共有するあいだで進められただけでなく，とくにヨーロッパ統合の進展を追い風とすることができたのにたいし，西ドイツとポーランドのあいだには領土問題――終戦時に曖昧な形でポーランド管理下に置かれた旧東部ドイツ領土の帰属をめぐる対立――があり，この歴史的過程をどう理解し，教えるべきかについてだけでも，意見の一致をみることは困難が予想された。事実，後者は，1969年に西ドイツに成立した初の革新政権下において，領土問題における譲歩が外交関係の正常化をもたらしたときに，ようやく実現をみたのだった。

Column

国際歴史教科書対話

　国際歴史教科書対話は戦後の西ヨーロッパ，とりわけ(西)ドイツを中心に発展してきた。

　その初期の活動で中心的な役割を果たしたのが，エッカート (Georg Eckert) である。1912年にベルリンの社会主義者の家庭に生まれ，学生時代にはナチスの学生組織と対決した経歴を持つ彼は，戦後，東ドイツとの国境に近いブラウンシュヴァイクの教育大学に国際教科書研究所を設立。そこを中心に，教員組織やドイツ・ユネスコ委員会と協力しながら近隣諸国の歴史家・歴史教員と教科書の相互検討を進めた。

　1974年1月に彼が大学での講義中にたおれると，研究所の所在地であるニーダーザクセンの州議会は，同年，全会一致で「ゲオルク・エッカート国際教科書研究所設置法」を可決し，彼が残した機関を公法上の研究所に改組した。同研究所は，ヨーロッパを越えて世界の歴史教科書研究の中心地へと発展することになる。

ゲオルク・エッカート

　ドイツの国際歴史教科書対話の発展過程を振り返ると，その初期にはフランスやイギリスなどの西側諸国との活動が中心を占めていたのにたいし，世界的に緊張緩和が進んだ70年前後に，東の社会主義諸国へと対話の範囲が拡大された。特にポーランドとの対話は，当初，ドイツ国内で激しい論争を呼んだが，80年代半ばまでには保守派からの批判も消滅し，それ以来，この対話の成果については広範なコンセンサスが存在している。

　今日の国際教科書研究所は，もはや活動対象をドイツに限定していない。パレスチナとイスラエル，東欧革命後のバルカン半島など，対立関係にある世界各地の国家・民族の歴史家に対話の機会を提供する活動を進めている。

写真出典）Becher, U. A. J. u. R. Riemenschneider (Hg.), *Internationale Verständigung*, Verlag Hahnsche Buchhandlung, Hannover, 2000, S. 158.

西と東の隣国との対話は，対称的な国際環境を背景として，前者が1950年，後者が1972年と，22年間の時差をもって開始された。しかし，両者がドイツの歴史教科書にたいして示唆したことには，意外にも共通する部分が認められる。それは，ドイツの歴史教育は単にナチスの不法行為を詳細に教えれば良いのではない，ということである。

　ドイツでは，60年代後半から70年代前半にかけて，すなわち学生紛争に象徴される社会全体の変化に連動するかたちで，歴史教育と教科書におけるナチズムの扱いが急激に変わった。戦後初期に支配的だった，19世紀までで授業を終えてしまったり，あるいはナチスの政権掌握以降については簡潔な説明にとどめる教育が批判に晒され，第三帝国が歴史教育の最重要テーマと位置づけられるにいたった。

　こうした歴史教育の変化は国際歴史教科書対話にとっても有利に働いたと考えられるが，近隣諸国の歴史家との実際の対話は，事態がそれほど単純ではないことを具体的な形で明らかにしていく。たしかにドイツ国民にとって，ナチズムが何を行ったのかを詳しく知ることは大切である。しかし，ナチズムにたいしてフランス人やポーランド人はどう対応したのか，さらに現在の彼らはヒトラーの時代をどう理解しているのか，このようなこともドイツの青少年は認識する必要がある。

　とりわけ最大の被害国の一つであるポーランドから見れば，ドイツ人による反省は当然であり，むしろその反省の仕方にも，相変わらずのドイツ中心主義が認められたという。つまり，西ドイツの教科書ではナチスの非道さを訴えるためにポーランド人が無力な存在として描かれ，その結果，ワルシャワ蜂起に代表される抵抗運動のようなポーランドの歴史にとって重要なテーマが軽視ないし無視されていると彼らは主張したのだった。

　これは，自国民によってなされた犯罪を反省的に理解しようとするとき，その反省さえもが国民の枠にとどめられがちであるということ，さらにその問題点を指摘する隣国の声自身が彼らの国民史に基づいていることを示している。歴史教育を自国賛美の語りから切り離すことは不可欠なだけでなく，ある程度まで可能だが，国民との結びつきを完全に断ち切るのは難しい。どのような立

場を支持するとしても，何らかの国民を肯定してしまいがちである。

（2）国家を越える歴史教育——ヨーロッパ史教育の試み

　戦後のヨーロッパには，国際歴史教科書対話と並行する形で，国民と歴史との関係を批判的に問い直すもう一つの動き，すなわち国民史ではなくヨーロッパ史の教育をめざす努力も存在している。

　こうした動きとしては，1992年にヨーロッパ12カ国の歴史家が共同執筆した『ヨーロッパの歴史』といった歴史教材が有名だが，同様の試みはすでに1950年代から存在している。

　実際に提唱・実行されているヨーロッパ史教育は，ほとんどの場合，既存の国民史を中心とする歴史に付け加える形でヨーロッパ全体の歴史を教え，それを通してヨーロッパ人としての意識を育もうとするものであり，国民国家の枠組みで形成された歴史教育にたいする全面対決を望んではいない。しかしながら，それらが国民によって占拠されてきた歴史教育のあり方と，それに起因する「ヨーロッパ内戦」としての二度の世界大戦への反省に立脚していることは明らかである。国際歴史教科書対話がまさにインターナショナルに——すなわち国民間の関係で——進められるかぎりにおいて，個々の国民の存在を前提としているのにたいし，ヨーロッパ史教育は，原理的には，どの国民であるかに関係なく，すべてのヨーロッパ人に向けて等しく語りかけるという想定の上で構想されうる。

　ところが，ヨーロッパ史教育を実際に追求する段になると，それは，ヨーロッパ・アイデンティティの構築をめざすという目的のために，そして実際に政治経済的な統合の進展にともないヨーロッパ合衆国が少しずつ姿を現してくるにつれ，結局，単数形のヨーロッパ・ネーションの創設に向けて努力しているように見えてしまう。

　そして，こうした疑念の上で，次々と意地悪な質問が浮かんでくる。ヨーロッパに現に暮らしているイスラム教徒やユダヤ教徒はその歴史にどう位置づけられるのか？　植民地はどう扱われているのか？　ヨーロッパの歴史とは言っても，北欧や東欧が十分に顧みられることはなく，結局のところフランスとド

イツの歴史にすぎないのではないか？　などである。

　これらの問いは，いずれも，これまで国民史に向けられてきた性格のものである。日本史のなかで，マイノリティはどう位置づけられているのか，侵略の事実はどう語られているのか，日本史と言ってもそれは都の歴史にすぎないのではないのか，などとして。

　また，各国で国民史が教えられているという事実をもって，つまり，それを補う位置にあることによって，逆にヨーロッパ史教育は国民・国家的性格を持たないと結論することもできない。ドイツのような連邦国家に典型的なように，歴史教育は地域的な重層性——たとえば国民の下位集団としての地域——を許容し，その上で国民のイメージを描くことが充分できるのである。

　国民と歴史の癒着を一因とする近現代の戦争やその他の紛争にたいする反省から歴史教育が進めてきた試行錯誤は，両者の結びつきが俄には解き難いことを物語っている。歴史教育が何らかの意味で集団的なアイデンティティに関与するかぎり，この状況に根本的な変化は生じないのであろう。考えられるのは国民を，できるだけ他者に開くことである。

　なお，本節ではもっぱら広義の国民のレベルで論じてきたが，市民的な国民と民族的な国民を区別した上で前者に焦点をあてても結果は同じことである。この点については，第1節で述べたように，フランスの歴史家ラヴィスが身をもって証明しているだけではない。そもそも国民軍の創設をもって傭兵による戦争の形態に終止符を打ち，圧倒的な軍事的優位を形成したのが，ほかならぬ革命期のフランスであったこと，そして靖国のモデルともなった戦没者の英霊化がそこで開始されたことが想起されるべきである。

（3）東アジアにおける歴史教科書問題

　第二次世界大戦後のヨーロッパにおいては，二度にわたる世界戦争への反省に基づき，国際歴史教科書対話やヨーロッパ史教育が進められてきた。それらは未解決の課題を残しているとはいえ，戦前の歴史教育にたいする批判を活動の基礎として，平和の構築に寄与する新しい形態を模索するものであるのは疑い得ないところである。

それにたいして，東アジアの状況は大きく異なっている。

すでに述べたように，1982年に日本の歴史教科書の記述にたいして近隣諸国の批判的な目が注がれてから――正確には，その厳しい視線に日本人がようやく気付いてから――今日にいたるまで，歴史認識問題をめぐる状況は大きな進展を見せていない。

たしかに，この間，歴史家を中心とする人々の手で，いくつもの私的・公的な対話が韓国・中国との間で進められてきた。三国間の共同作業によって各国の学校に向けた歴史教材も作成されている（日中韓3国共通歴史教材委員会，2005）。しかし，このような活動の成果が日本の歴史教育に及ぼした影響力は，いまだわずかと言わなければならない。少なくとも，ポーランドとの対話がドイツの歴史教科書の改善に与えた影響とは比べ物にならないのである。

また，歴史認識をめぐる対立は，日本を中心に存在するだけではない。中国と韓国のあいだでも，高句麗の歴史をめぐって認識の対立が見られる。

以上が示唆するのは，東アジアではナショナリスティックな歴史教育への批判が一般化していないということであり，これは民族主義が持つ平和への脅威についての認識の不足を示している。まさに歴史から学ぶ姿勢の欠如が，歴史教育の発展を押し止めているのである。

この点で，東アジアにおける加害国として，最も反省的な姿勢をとりやすい位置にある日本人の責任は極めて大きい。その自省を欠く歴史教育への姿勢は，近隣諸国の歴史教育に相似形の枠をはめ，ヨーロッパの19世紀を思わせる状況を固定化させている。国際歴史教科書対話やヨーロッパ史教育がいま抱える諸問題を共有できていないところにこそ，私たちの未解決の課題が端的に表れているのである。

3．政治教育の可能性

戦後ヨーロッパにおける歴史教育をめぐる試みは，国民を越えることをめざすように見えながら，実は学校教育が国民という社会のあり方といかに緊密に結び付いているかを明らかにするものだった。

私たちが国民として存在しているという事実を無視するのは論外であり，さらに，その基礎的条件を容易に飛び越えられるかのような前提で教育を語ることも，非現実的であるばかりか，かえって実際に存在する国民にたいする批判的な視点を欠く結果をもたらしかねない。

　こうしてみると，教育の課題は，とりあえず国民という近代に形成された枠組みを，現在において，どうすれば，より民主主義が機能するように，また人権が守られるように統御していくことができるのかを追究するところにあると言えるであろう。

　この点で，日本が国民を形成する際にモデルとしたドイツでは，国際歴史教科書対話を進めるのと同時に，いわゆる政治教育によって国民理解の転換が図られてきた。

　もちろん日本でも，教育基本法は，改正前も後も民主主義にとって政治教育が重要な意味を持つことを確認している。

（政治教育）
　第 14 条　良識ある公民として必要な政治的教養は，教育上尊重されなければならない。

　しかし，実際の学校で支配的なのは，いわゆる国旗国歌法はもちろん，さまざまな行事や校則，さらには先輩後輩関係などを通じた政治的教化であると言わざるを得ない。

　このような教化の現実を批判的に捉えることも政治教育の課題のはずだが，それはむしろ権力に裏付けられた文化に圧倒されてしまっている。また，特に政治教育の中心をなすべき社会科などの教科は，いわゆる暗記科目としての位置へと追いやられることで政治的機能を奪われ，こうして「良識ある公民」の育成という課題は，事実上放棄されたままである。

　そもそも，政治教育という言葉が普通の語感ではネガティヴに響いてしまうという状況自体が，私たちの感覚が政治的・理性的判断よりも慣習によって統制されていることを示している。戦前に創造された文化的アイデンティティに基づく国民の物語を解体し，代わりに理性に基づく民主主義社会を建設しよう

とする試みは、いまだ見るべき成果をあげていない。

こうしたなかで、戦後初期にはドイツと同様な可能性が開かれていたことを示す痕跡とも言うべき教育基本法第8条は、いまもなお無自覚な日常からの脱却を孤独に訴え続けているのである。

では、戦後日本には、本当はどのような希望が存在していたのであろうか。それをドイツに確認するのが、本節の課題である。

（1）戦後ドイツにおける政治教育の展開

ドイツにおける政治教育は長い歴史を持っている。ケルシェンシュタイナーやシュプランガー、リットといった日本でも有名な多くのドイツの教育学者が、政治教育学を語ってきた。しかし、民主主義のための政治教育が広く行われるようになったのは、第二次世界大戦における敗戦を経てのことである。

このような新しい政治教育は、歴史教育の場合と同じように、アメリカを中心とする占領軍によって、ドイツにおける民主的な政治文化の確立に不可欠なものとして認識され、促進されたものである。そもそも戦前のドイツでは法学を中心とする国家学が優位だったのであり、政治学はむしろ周辺的なものと見られていた。その学問自体が、社会の民主化のために、アメリカの支援の下で発展を遂げたのである。

しかし、ドイツの教育学者のあいだにも、政治教育の必要性への認識は存在していた。そこには、当然のことながら、ナチス時代の教育への批判が働いている。

第三帝国の教育にたいする批判の上に立って戦後初期の政治教育を主導したのが、いわゆるパートナーシップ教育論である。

この教育理論を唱えたテオドア・ヴィルヘルムによれば、問題はナチス時代にだけあったのではない。それ以前の政治教育も、まさに国家主義的という点で、ナチスを準備していたのであった (Oetinger, 1951)。

こうした認識に基づき、ヴィルヘルムはそれまでの国家と政治教育の関係を逆転させ、前者を後者の下に置く。彼によれば、いま求められるのは国家意識ではなく、共同体における人間的な活動である。国家は政治的なるものの一部

であり，政治そのものが人々のパートナーシップによってその価値を高められなければならないという。民主主義は国家形態ではなく，生活形態として教えられなければならない——正確には経験されなければならない——のであり，ここに政治教育の目標が置かれることになる。

　戦前からデューイの思想に学んでいたヴィルヘルムによる，こうした非政治的な政治教育論にたいしては，発表当時すでに，権力や闘争の次元を軽視しているとの批判がなされていた。しかし，それにもかかわらず，50年代のドイツにおいて，パートナーシップ教育論は教育関係者の圧倒的な支持を得ることになった。その原因は，彼の思想が，当時の社会で支配的だった調和への欲求に応えるものだったほか，とくに社会科学的知識がなくても，生徒に向かって単に「仲良くしなさい」「助け合いなさい」と言いさえすれば政治教育を行ったことになる点で，教師のニーズに応えるものだったところにあるとされている。

　さらに問題なのは，ヴィルヘルム自身が終戦以前にナチス教育学者として活躍しており，そのパートナーシップ教育論にも，ナチス教育論の焼き直しという面があったことである。それが，まさに非政治性である。

　ナチズムの特徴は，国家主義にのみ見られるのではない。人種理論と結び付いた民族主義が前提とする調和的な共同体のイメージが，その基礎に存在している。異なる意見の存在と利害の対立を前提とする政治を否定することで，ヴィルヘルムはナチズムあるいはそれ以前から続くドイツの保守的なメンタリティを，戦後にもたらしたのである。

（2）コンフリクト教育学

　こうした状況に，いわゆる「コンフリクトの発見」が終止符を打つことになった。ラルフ・ダーレンドルフの社会葛藤理論がドイツの政治教育に新しい観点を提供したのである。

　彼によれば，戦後も人々は民主主義を儀式的に実践しているだけであり，その儀式をそぎ落とすとき，ある人々は権威主義的な行動に走り，また別の人々は行動指針を失ってしまうという。これは，彼らが非政治的な段階にとどまっ

ていることを意味しており，このような非政治的人間を再生産してきた思想的伝統を打破し，社会におけるコンフリクトを正常なもの，社会変革のために必要なものとして見ていくことが，政治的現実を理解し，民主主義の基礎を形成するために不可欠とされた (Dahrendorf, 1965)。

彼のメッセージは，コンフリクト教育学に結実する。そこで思考の核をなすのは，もはや協力（パートナーシップ）ではなく，利害の対立と闘争（コンフリクト）である。

コンフリクト教育学は，政治を，いまだ決定されておらず，これから論争のなかで現実性を獲得していくものと定義し，そのうえで政治教育には現実の政治的対立の分析に集中するよう要求した。

21紀初頭のドイツでは，政治の本質的な要素としてコンフリクトがあり，それへの対応能力を養うことが政治教育の最重要課題であるという認識は広く共有されている。しかし，学生運動に象徴される緊迫した社会状況にあった60年代半ばから70年代において，コンフリクト教育学という言葉はポレミカルな響きを伴っていた。

保守派の人々の目に，この新しい政治教育思想は，寛容や妥協のような社会を維持するために不可欠な価値をおろそかにし，階級的視点に基づく社会変革に学校を利用しようとするものと映った。その結果，保守のキリスト教民主・社会同盟が政権を担当する州では，家族，国家，歴史といった，いわゆる伝統的——今日ではむしろ，その近代性が語られることが多いのだが——な価値が訴えられる状態が続くことになる。

一方，コンフリクト教育学は左派からも批判を浴びている。それは，現実の社会に利害対立が存在することを認めながらも，結局のところは共通のルールにより対立は調整可能という楽観的な期待を抱かせるもので，資本主義体制下における既存の権力関係の安定を意図するものではないのか，というのである。

そして，このようなラディカルな立場に立つとき，政治教育は人間の解放と公正な社会の実現に向けて，より積極的に現実に介入するよう求められることになる。こうして，コンフリクト教育学の支持者の一部は，批判的教育学あるいは解放教育学と呼ばれる，文化的な支配体制をより批判的に分析し，その是

正の可能性を追究する方向へと進んでいった。

（3）ボイテルスバッハ・コンセンサス

　以上のような一連の論争を経たドイツの政治教育学は，今日，いくつかの点で見解が分かれている。

　政治教育の目的は，パートナーシップの構築なのか，それとも合理的な判断能力の育成なのか，それとも政治的行為能力の育成なのか？

　あるいは，既存の社会にたいして批判的な距離を取れるようにすることが重要なのか，それとも憲法が定める価値へのアイデンティフィケーションが最優先されるのか？

　そもそも政治は秩序として理解されるべきなのか，それとも解放の原理として理解されるべきなのか？

　こうした思想的多様性を束ね，実際の政治教育を可能としているのが，ボイテルスバッハ・コンセンサスである。1976年にドイツ南部の村ボイテルスバッハに全国の著名な政治教育学者が集まり，そこでの議論をもとにまとめられたことから，このように呼ばれている政治教育の原則は，以下の三点からなる。

　第一に，仮に望ましい意見をもってしても，それを生徒に強制してはならない。第二に，学問と政治において議論のあることは，授業においても議論のあるものとして扱わなければならない。第三に，生徒は政治的状況とみずからの利害関係を分析し，各自の利害に基づいて政治的状況に影響力を行使する手段と方法を追求できるようにならなければならない。

　この三点には必ずしも思想的急進性はみとめられない。最低限のコンセンサスである以上，それは当然と言うべきだろう。

　本章にとって重要なのは，歴史や伝統といった文化的支配の道具が全く言及されていないことである。戦後ドイツにおける民族的国民理解からの離陸を，ここに見ることができる。そこでは，国民が民主主義を望むのであれば，重要なのは，文化的・歴史的一体感ではなく政治的判断力であると考えられている。

　結局のところ，国民主権の前提のもとで国民を統御するためには，国民の一人ひとりがみずからを政治的に高める以外にはないのであろう。ナチズムへの

反省をバネに進められてきた政治教育は、啓蒙主義に立脚している。

　当然のことながら、政治教育学が示すのは理想像であって、ドイツの現実を完全に表現するものではない。そこにも伝統文化を訴える保守派政治家、民族主義を標榜する右翼急進主義者は存在している。

　しかし、上記のように国民みずからのあり方を理性的に考察し、そこに現実を近づける努力をすることが、教育という営みに方向性を与えてきたのはたしかである。そして、このような教育が続けられる限り、未来への希望が消滅することはない。

　同じ可能性は、戦後初期の日本にも開かれていた。しかし、私たちはそれを摑み取ることができなかった。そしていま、理性の否定に立つ教育が、子どもたちを伝統文化に満ちた蒙い神話的世界観へと追いたてている。

おわりに

　戦後ドイツが進めてきた国際歴史教科書対話と政治教育は、相互に補完的な意味を持っている。政治教育は、民族的国民理解から市民的国民理解へと国民像の転換を図るものである。しかし、最初に述べたように、市民もまた国民である限りにおいて、他者を創造し、敵対する性格を持つ。だからこそ、国民を世界に開くために、国民を超えた対話が求められるのである。

　それにたいし、私たちはそのいずれも怠ってきた。かつて国民理解を含めてドイツをモデルにした日本は、戦後の半世紀間、ドイツとは異なる道を歩んできた。正確にはドイツが進路を変えたことを無視し、アメリカの庇護のもとに思考を閉じているのである。

　その結果が、まさに1982年以来のいわゆる歴史教科書問題であり、さらに、いわゆる民主主義の成熟度の差ではないだろうか。今日のドイツは、報道の自由が良く守られた国の一つに数えられるのにたいし、日本はアメリカと並んで先進国の中では極めて不自由な国に属する（Reporters Without Borders, 2006）。

　愛国心を声高に唱えるほど国際的に孤立し、文化や伝統を偏愛するほど民主主義は遠ざかる。愛国心に繋ぎ止められている日本の教育に歴史的な進展はな

く，過去への回帰と繰り返しがあるばかりである。

しかし，以上の戦後ドイツの観察から，私たちはすでに一つの処方箋を手にしている。

現代日本の教育と社会が抱える問題の多くは，近代化あるいは個人主義の行き過ぎから生じているのではなく，その不徹底にこそ原因がある。失われた共同体を再建したいという欲望は，従来の感性と思考の延長を意味し，問題解決にはつながらないであろう。

いま賭けるべきは，啓蒙以外にはない。

近代の始まりにあってカントは述べた。「啓蒙とは，人間が自分の未成年状態から抜けでることである」（カント，2003）。

個人が未成年状態から脱出するとき，少なくとも自立した価値観と判断力・行動力の確立をめざして努力を始めるとき，民主主義は息を吹き返すのであろう。そして教育は，啓蒙と対話の精神に基づき，自由な個人に立脚する開かれた市民社会の形成を目標に据えることにより，再びみずからの存在意義を確認できるのである。

参考文献
カント，I.『啓蒙とは何か』岩波書店，2003 年
近藤孝弘『ドイツ現代史と国際教科書改善』名古屋大学出版会，1993 年
近藤孝弘『国際歴史教科書対話――ヨーロッパにおける「過去」の再編』中公新書，1998 年
ソンタグ，S.「勇気と抵抗について」『世界』No. 717，2003 年
高橋哲哉『「心」と戦争』晶文社，2003 年
中央教育審議会「新しい時代にふさわしい教育基本法と教育振興基本計画の在り方について（答申）」2003 年
日中韓 3 国共通歴史教材委員会『未来をひらく歴史』高文研，2005 年
ノラ，P.「ラヴィス 国民の教師――共和国の福音書『プチ・ラヴィス』」ノラ，P. 編『記憶の場 2 統合』岩波書店，2003 年
モッセ，G. L.『英霊――創られた世界大戦の記憶』宮武実知子訳，柏書房，2002 年
ルナン，E.「国民とは何か」鵜飼哲他『国民とは何か』河出書房新社，1979 年
歴史教育研究会『日本と韓国の歴史共通教材をつくる視点』梨の木舎，2003 年
Dahrendorf, R., *Gesellschaft und Demokratie in Deutschland*, Piper, München, 1965
Duve, F., Auch wir waren Barbaren. Gedenken an die NS-Verbrechen bleibt eine Aufgabe für

den Frieden, in *Der Standard*, 18. 11. 1998

Oetinger, F., *Wendepunkt der politischen Erziehung. Partnerschaft als pädagogische Aufgabe*, Metzler, Stuttgart, 1951（著者名のエティンガーは，戦後ヴィルヘルムが本名を隠すために使用したペンネーム）

Reporters Without Borders, *Worldwide Press Freedom Index 2006*, 〈http://www.rsf.org/rubrique.php3?id.rubrique=639〉

（近藤孝弘）

III-4 新時代の宗教教育

はじめに

　近代国家においては政教分離の原則が掲げられることが多い。宗教と政治，教会と国家が分離され，教育においても宗教教育と一般教育（世俗教育）が区別して扱われる。しかし，政教分離の原則も，教育と宗教の関係，公教育における宗教の位置づけを一義的に決めるものではない。政教分離の厳格な適用をめざして，公立学校から宗教教育を排除しても，宗教組織による要求がくりかえされ，それが政治的に学校の教育内容を変化せしめる場合もある。政教分離を掲げるアメリカで，世界の成り立ちについて進化論を教えるか創造説を教えるかが，たびたび論議の対象となってきた。同様にライシテ（政教分離）を掲げるフランスでも，イスラーム教徒の女子生徒がスカーフを被って登校することの是非が問われた。

　日本では第二次世界大戦後，憲法で信教の自由が保障され，また国による宗教行事，および宗教教育，宗教活動が禁止された。宗教と教育に関しても，1947年の教育基本法で，国及び地方公共団体が設置する学校は，特定の宗教のための宗教教育その他の宗教活動をしてはならないことが定められた。私立学校では宗派的な宗教教育が認められているが，国公立学校には，（特定の宗教のための宗教教育だけでなく）宗教教育そのものが置かれていない。しかし，人命にかかわる青少年犯罪が起こるたびに，学校における宗教的情操教育の必

要が繰り返し叫ばれてきたし，また近年では宗教教育の位置づけをめぐって，教育基本法改正に関する議論も行われている。

ここではまず，日本における公教育制度と宗教について歴史的に振り返ったあと，いくつかの国における宗教教育の位置づけとその実施について取り上げることにする。政教分離原則の中で宗教教育の位置づけをめぐる議論が続いてきた国，単一の宗教教育の内容をめぐって問題をかかえる国，また複数の宗派教育の提供の仕方に特徴のある国などを取り上げる。いずれも日本における宗教教育を考えるうえで，直接には参考にならないにしても，宗教教育の今後を考える上で何らかの示唆を得ることができる。

1．日本における近代学校制度と宗教

（1）近代学校制度の導入と宗教の位置づけ

日本の近代学校制度は1872年8月の学制にはじまる。学制ではフランスをモデルにした中央集権的な学校制度が構想された。学制序文の「被仰出書」では「学問は身を立るの財本」とされ，学問（教育）を通しての個人の立身出世が強調された。これはめざされた学校制度の世俗性を示すものであった。

学制はその後，1873年3月に学制二編が追加されるが，その第154～158章で神社寺院において学校を開く場合の規定がなされた。神官僧侶が教師資格（学科免状）をもって神社寺院で学校を開く場合も学制に準じ，教則に従わなければならないことが規定された（学制二編　1873年3月18日文部省布達30号，154～158章，井上順孝，1997年参照）。

さらに1873年5月の学制二編改正の154章では「……但宗教ノ為メニノミ設ケタル学校ニ従事シ尋常ノ小学教科ヲ授クル公私学校ニ出席セサル童児ハ不就学ト見做スヘシ」とされた。また，158章で「宗教ノ為メニノミ設ケタル学校ニハ官ノ扶助金ヲ配当スヘカラス」として宗教学校への官費補助を禁じた。宗教のために設けられた学校を，このように公教育の外に位置づけた。

他方，明治初めから日本には多くのミッションが進出し，派遣された伝道師によって英語教育を中心とした人格教育がおこなわれるようになった。明治

10年代に入ると，欧化主義の隆盛の中で，ミッション・スクールの拡大がみられた。礼拝と聖書の学習が中心に据えられ，キリスト教信仰に基づく厳格な生き方が教えられた。

（2）教育勅語の煥発

しかし，明治20年代になると国家主義的な統制が次第に強まってくる。1890年に教育勅語が煥発され，翌1891年には「小学校祝日大祭日儀式規程」が定められた。教育勅語は第一段で国体の美点をたたえ，第二段で忠孝を根幹とする道徳について述べ，第三段でその普遍妥当性を強調したとされる。

教育勅語が発布される前年には天皇の写真「御真影」が全国に配布されていた。また，教育勅語の謄本も1891年に全国の学校に配布された。この御真影と教育勅語の謄本が学校儀礼を通した国民教化，国家神道に基づく国民教化に大きな役割を果たした。御真影と教育勅語が聖化されることによって，それを守るために，各学校は大変な苦労をしなければならなかった。火災の際に校長や教師がこれを持ち出そうとして焼死する事件や，それを焼失させた責任を負って辞職したという事件も起こった。また，1891年に第一高等中学校の講師をしていたキリスト教徒の内村鑑三は，天皇の写真を拝することを躊躇したことに端を発し，ついに免職されるにいたった。

1891（明治24）年の小学校教則大綱で，「修身ハ教育ニ関スル勅語ノ旨趣ニ基キ，児童ノ良心ヲ啓培シテ，其徳性ヲ涵養シ，人道実践ノ方法ヲ授クルヲ以テ要旨トス」とされ，修身科の目的が教育勅語の実践にあるとした。

（3）宗教教育の禁止と宗教的情操の涵養

ミッション・スクールのあり方に大きな打撃を与えたのは，1899年に「私立学校令」と同時に発せられた文部省訓令第12号「一般ノ教育ヲシテ宗教外ニ特立セシムルノ件」（1899年）である。すなわち「一般ノ教育ヲシテ宗教ノ外ニ特立セシムルハ学政上最必要トス依テ官立公立学校及学科課程ニ関シ法令ノ規定アル学校ニ於テハ課程外タリトモ宗教上ノ教育ヲ施シ又ハ宗教上ノ儀式ヲ行フコトヲ許ササルヘシ」。

一般の教育と宗教とを区別し、官公立の学校では課程外においても宗教教育を提供することが禁じられた。キリスト教主義学校は宗教教育を断念するか、あるいは進学の道が閉ざされる各種学校として存続するか、いずれかを選ぶ以外に道はなかった。

このように宗教教育を禁止した上で、その後は国家神道の強化がはかられていく。1935年「宗教的情操の涵養に関する件」において、一般的な宗教的情操の涵養は宗教上の教育ないし儀式には含まれないという公式見解が示された。これは神社参拝や皇居遥拝などは一般的な宗教的情操の涵養とされ、学校で禁止されている宗教教育にはあたらないとする見解であった。神道と他の宗教を区別し、宗教教育は禁止した上で、宗教的情操の涵養のための神道的行事を学校で行うことは認められた。

2．第二次大戦後の日本における宗教と教育

(1) 私立学校における宗教宗派教育

第二次大戦後、「新日本建設ノ教育方針」(1945年9月15日文部省)のなかで、宗教に関しては次のように示された。「国民ノ宗教的情操ヲ涵養シ敬虔ナル信仰心ヲ啓培シ神仏ヲ崇メ独リヲ慎ムノ精神ヲ体得セシメテ道義新日本ノ建設ニ資スルト共ニ宗教ニ依ル国際的親善ヲ促進シテ世界ノ平和ニ寄与セシメンガ為メ各宗教宗派教団ヲシテ夫々其ノ特色ヲ活カシツツ互ニ連絡提携シテ我国宗教ノ真面目ヲ一段ト発揮セシムルヤウ努メテキル、(以下略)」と、国際親善、平和における宗教の役割を強調し、宗教宗派の間の協力の必要について述べられた。

続いて1945年の10月15日の「私立学校ニ於ケル宗教教育ニ関スル件」で、私立学校において宗派教育が認められるようになった。すなわち

　　私立学校ニ於テハ自今明治三十二年文部省訓令第十二号ニ拘ラズ法令ニ定メラレタル課程ノ外ニ於テ左記条項ニ依リ宗教上ノ教育ヲ施シ又ハ宗教上ノ儀式ヲ行フコトヲ得
　一　生徒ノ信教ノ自由ヲ妨害セザル方法ニ依ルベシ

二　特定ノ宗派教派等ノ教育ヲ施シ又ハ儀式ヲ行フ旨学則ニ明示スベシ
三　右実施ノ為生徒ノ心身ニ著シキ負担ヲ課セザル様留意スベシ

このように，法令で定められた課程の外ではあるが，私立学校において，それを学則に明記すれば，特定宗派の宗教教育を行うことが認められるようになった。

（2）国公立学校における宗教教育——憲法と教育基本法

1945年12月15日にマッカーサーの「神道指令」によって，超国家主義的，軍国主義的なイデオロギー的国家神道は禁止された。他方，国家神道と区別される宗派神道については他の宗教と同様な保護を受けられるとした。また，同指令の「目的ハ宗教ヲ国家ヨリ分離スルニアリ」とし，「神道ニ対シテノミナラズアラユル宗教，信仰，宗派，信条乃至哲学ノ信奉者ニ対シテモ政府ト特殊ノ関係ヲ持ツコトヲ禁ジ……（以下略）」というように政教分離の原則が示された。

教育機関に関しては，同指令一の（チ）で「全面的ニ或ハ部分的ニ公ノ財源ニ依テ維持セラレル如何ナル教育機関ニ於テモ神道ノ教義ノ弘布ハソノ方法様式ヲ問ハズ禁止セラルベキコト」とされた。また，物的な面でも「全面的乃至部分的ニ公ノ財源ニ依テ維持セラレル役所，学校，機関，協会乃至建造物中ニ神棚ソノ他国家神道ノ物的象徴トナル凡テノモノヲ設置スルコトヲ禁止スル，……（以下略）」とされた。

1946年に公布された日本国憲法第20条の規定で，信仰の自由を保障するとともに，国による宗教教育，宗教活動を禁止した。20条の規定は下記の通りである。

　信教の自由は，何人に対してもこれを保障する。いかなる宗教団体も，国から特権を受け，又は政治上の権力を行使してはならない。何人も，宗教上の行為，祝典，儀式又は行事に参加することを強制されない。国及びその機関は，宗教教育その他いかなる宗教的活動もしてはならない。

さらに 1947 年の教育基本法第 9 条によって，国公立の学校で特定の宗教のための宗教教育を行うことが禁止された。規定は下記の通りである。

> 第 9 条（宗教教育）宗教に関する寛容の態度及び宗教の社会生活における地位は，教育上これを尊重しなければならない。国及び地方公共団体が設置する学校は，特定の宗教のための宗教教育その他宗教的活動をしてはならない。

このように，政教分離の原則が憲法において規定され，教育基本法で国立・公立学校における特定の宗教のための宗教教育が禁止された。また，宗教に関する寛容の態度，宗教の社会生活における地位は尊重しなければならないとしながら，実質的には宗教教育を国公立学校から排除することになった。他方，私立学校における宗教教育は，前記の通り課程外ではあるが，認められるようになった。

（3）道徳教育と宗教教育の関係――道徳の時間特設

戦前の教育の反省から，戦後は「修身」のような科目は設けられず，学校における全教科，全活動を通して道徳教育の実現をはかることがめざされた。しかし，現実の学校現場では道徳教育が意識されず機能しないという危機感が次第に持たれるに至った。それにたいして 1958 年に「小学校・中学校における道徳の実施要領について」が出され，「教科以外の活動」の時間から毎週 1 時間を道徳の指導にあてることが通達された。同実施要領（抜粋）は次の通りである。

> ……その徹底をはかるため新たに道徳の時間を設ける。道徳の時間は，児童生徒が道徳教育の目標である道徳性を自覚できるように，計画性のある指導の機会を与えようとするものである。……道徳の時間における指導は，学級を担任する教師が行うものとする。これは児童生徒の実態を最もよく理解しているということ，道徳教育を全教師の関心のもとにおくということ，また道徳教育には，常に教師と児童生徒がともに人格の完成を目ざして進むと

いう態度がきわめてたいせつであるということなどによるものである。

こうして1958年から「道徳の時間」が特設され，原則として担任がそれを担当することになった。しかし，道徳の指導にあたっては，それが教科ではなく，学習指導要領もないことから学校現場では対応に苦慮せざるを得なかった。ちなみに，私立学校においては上記の通り宗教教育が認められ，宗教教育をもって「道徳の時間」に代えることができるとされる。

道徳教育の方向性を示そうとしたものとして「期待される人間像」があげられる。1966年10月に中央教育審議会第20回答申（昭和41年10月31日）「後期中等教育の拡充整備について」が出され，同答申の別記として「期待される人間像」が掲げられた。「期待される人間像」は二部構成で，第一部 当面する日本人の課題，第二部 日本人にとくに期待されるものに分かれる。さらに第二部の中が四章，すなわち個人として，家庭人として，社会人として，そして国民としての四つに分かれ，それぞれ三点から五点，期待されることがらが示されている。第一章 個人としての部分で，「5 畏（い）敬の念をもつこと」の中で宗教および宗教的情操について述べられている。すなわち，

5 畏（い）敬の念をもつこと
　以上に述べてきたさまざまなことに対し，その根底に人間として重要な一つのことがある。それは生命の根源に対して畏敬の念をもつことである。人類愛とか人間愛とかいわれるものもそれに基づくのである。
　すべての宗教的情操は，生命の根源に対する畏敬の念に由来する。われわれはみずから自己の生命をうんだのではない。われわれの生命の根源には父母の生命があり，民族の生命があり，人類の生命がある。ここにいう生命とは，もとより単に肉体的な生命だけをさすのではない。われわれには精神的な生命がある。このような生命の根源すなわち聖なるものに対する畏敬の念が真の宗教的情操であり，人間の尊厳と愛もそれに基づき，深い感謝の念もそこからわき，真の幸福もそれに基づく。
　しかもそのことは，われわれに天地を通じて一貫する道があることを自覚させ，われわれに人間としての使命を悟らせる。その使命により，われわれ

は真に自主独立の気魄（はく）をもつことができるのである。

　他方，4章 国民として期待されることの中に「2 象徴に敬愛の念をもつこと」「3 すぐれた国民性を伸ばすこと」が示され，天皇への敬愛，日本人の国民性が強調されており，先の「畏（い）敬の念を持つこと」も，戦前の国家神道に基礎づけられた宗教的情操を復活させるとも捉えられかねない側面があった。

　「期待される人間像」から35年余りが経過した2002年に，文部科学省によって「心のノート」が全国の小・中学校生に配布された。2002（平成14）年4月22日付け文部科学省初等中等教育局長名の依頼文書で，その趣旨が説明された。教材としての位置づけは「『心のノート』は，教科書ではなく，道徳の時間に活用される副読本や指導資料等に代わるものでもなく，これらの教材と相まって活用されることにより，道徳教育の充実に資する補助教材である」とされる。そして，「(1) 学校の教育活動全体を通じての活用の他に，(2) 学校と家庭との連携による活用が示され，学校のみならず家庭との連携によって，児童生徒の道徳性の育成に取り組み，道徳教育の充実をはかろうとするものである」としている。同ノートの一斉配布と活用の勧めについては教育法上，教育行政上の問題点を指摘する向きもあるが，他方で「心の教育」の重視が叫ばれるなかで，文部科学省が社会的要請に応えようとした一つの施策として捉えられる。

（4）宗教的情操教育

　心の教育や道徳教育の原点として宗教は避けて通れない。現行の学習指導要領においても，総則の中で「人間尊重の精神と生命に対する畏（い）敬の念を家庭，学校，その他社会における具体的生活の中に生かし……」と記されている。宗教的情操教育の必要がこれまでも繰り返し求められてきた。ただ，戦前の「宗教的情操の涵養」の名のもとに行われた国家神道の教化への反省と，戦後の教育基本法に規定された国公立学校における特定宗教の宗教教育を禁止する条項から，宗教教育の提言・主張はタブー視される傾向が強かった。

しかし，繰り返し引き起こされる残虐な青少年犯罪や児童虐待とともに，国外のテロリズムや戦争とも向き合う必要が認識され，宗教と教育の関係を再検討する動きが出てきている。2001年のアメリカで起きた同時多発テロのあと，10月末の衆議院文部科学委員会で，遠山敦子文部科学相（当時）は「宗教に関するある程度の知識がないと（テロについて）間違った理解をする」と答弁し，一定の宗教教育の必要性を認めた。同じ時期に開かれた中央教育審議会の教育制度分科会でも「世界の宗教や異文化に対する理解」を促進させるとする骨子案が出され，「グローバル化時代に生きる世界市民の教養として，宗教に関する理解は不可欠」としている。教育基本法の文言の再検討や，さらに教育基本法改正論議の中で，宗教教育に関する条項も一つの焦点ともなっている。

教育基本法第9条の規定に含まれる「宗教に関する寛容の態度」，「宗教の社会生活における地位」，「特定の宗教のための宗教教育」，「宗教活動」は実体として何を意味するのか。「宗教に関する寛容の態度」は，宗教を信ずる又は信じないことに関して，また宗教のうち一定の宗派を信ずる又は信じないことに関して，他宗教ないし他宗派をそれと認めつつ，侮べつ，排斥をしないこと，ゆるしいれることであり，さらに反宗教者にたいしても寛容の態度をとることというように解釈されているが，後述のインドネシアの例では無信仰・反宗教にたいする寛容などということは考えられない。また，「特定の宗教のための宗教教育」についても，本来的な，(a) 特定の宗教のための宗教教育だけでなく，(b) すべての宗教のための宗教教育（宗教一般を宣伝する目的で行われる教育），(c) 宗教を排斥することを目的として行われる教育，を意味すると解釈されるのがわが国では一般的である。こちらもかなり広い解釈であり，この点が宗教教育の位置づけを考える上で難しい問題である。

日本では戦前の「宗教的情操の涵養」が宗教宗派教育を排除したうえで，国家神道に基礎づけられて行われたということにたいする反省がある。戦後は国公立の学校では特定の宗教教育が禁じられたが，その後も宗教的情操教育の必要性が繰り返し主張されてきた。しかし，それを実施するとなると，教材編成一つとってみても理念的・抽象的にとどめることはできず，日本の伝統的な神道の信仰のコンテクストと文化とのかかわりで教材編成を行わざるをえないの

ではないか。

3. 諸外国における宗教と教育

　グローバル化する世界の中で，国内外ともに多様な宗教に関する偏見のない知識と深い理解が必要とされていることは言うまでもない。それでは，世界の国々の公教育のなかで宗教は如何に位置づけられているのか。いくつかの国の例を参照して，その位置づけの特徴と問題点について検討し，わが国における宗教教育のありかたを検討する材料としたい。

（1）伝統社会における宗教と教育

　教育は伝統的には宗教と不可分のものであった。宗教共同体の一員となるために教育が組織的に提供された。キリスト教の教育はカテキズム（教理問答）にもとづき，それを暗記し，答えられるようになることが求められた。また，キリスト教世界における大学は歴史的に神学，法学，医学，哲学で構成され，神学が最高位に置かれた。大学の教授職を聖職者が兼任した。貧しい階層の人々に開かれた上昇移動は，宗教教育の階梯をのぼって聖職に就くことであった。現在でもヨーロッパの伝統的な大学には神学部が置かれ，宗教研究の長い歴史をもつ。

　また，仏教世界のタイでは，男性には生涯に一度お寺に入って修行することが義務づけられている。青木保『タイの僧院にて』では，僧院での修行の様子とともに，僧院に入るためにパーリ語の聖典を丸暗記する苦労が記されている。また，イスラーム世界では，一人前のムスリムとして認められるにはコーランの基本的な章句を暗唱し，教徒としての義務的な行いについて学ばなければならない。子供たちは基礎的なコーラン学習を修了すると，コーラン修了式ハタマン（ハタムル・クルアーン）が開かれ，共同体から祝福を受けた。共同体の維持のためにはより高度な学問——法学，神学，神秘主義など——を修める必要があり，一部の人にはその学習が求められた。前者の基礎的な学習は個々人の義務とされ，後者の高度な学習は共同体の義務とされた。

近代国家の形成は宗教共同体を国民の共同体に置き換えていくプロセスであったとも言える。教育についても宗教宗派の教育から世俗的な国民教育への転換がはかられた。言語の学習は聖なる言語から俗語へと転換され，民族の神話・伝説，歴史の学習など領域（領土）に縛られた内容が含まれ，国民意識の形成がはかられた。日本においても近代学校導入の当初は西洋的な価値が教えられたが，その後，教育勅語と修身教育を核とした皇民化教育の強化が図られた。植民地支配をうけた地域では，宗主国によって近代学校が移入されたが，その世俗的な教育の意味が人々には理解されなかった。学校に生徒を就学させるために，通学の強制を課したり，あるいは実業的な内容を含めてそのメリットを理解させようとした。ファーニバルが指摘するように，生きるための教育と生活する（生計を立てる）ための教育に分離し，移植された近代学校は後者の役割を担った。近代学校制度の発展は，生きるための教育，すなわち伝統的な宗教教育を間接的に弱体化させていくことにつながった。

（2）諸外国における宗教教育の提供

① 政教分離原則と宗教の教育——アメリカ，フィリピン

　アメリカでは，1791年の合衆国憲法修正第一条で，連邦が国教を樹立したり，信教上の自由な行為を禁止する法律を制定したりしてはならないことが規定された。修正第一条は下記のような内容である。

　　連邦議会は，国教の樹立を規定し，もしくは信教上の自由な行為を禁止する法律，また言論および出版の自由を制限し，または人々の平穏に集会をし，また苦痛事の救済に関し政府に対して請願をする権利を侵す法律を制定することはできない。

　合衆国憲法のこの条項が，州にたいしても次第に適用されるようになった（江原，2003）。この政教分離の原則は，しばしば宗教勢力の要求に直面してきた。キリスト教原理主義者は1920年代に進化論教育の禁止を求め，それがいくつかの州で法制化された。しかし，その後は社会における世俗的な傾向の強まりとともに，国家と教会の分離が明確になっていった。1948年に訪問聖職

者が禁止され，さらに 1962 年に学校によって行われる祈禱が禁止された。さらに 1963 年に（学校儀礼としての）聖書朗読が禁止された（江原，2003）。

1971 年に州の立法が政教分離の原則に合致するか否かを判定するために，次の条件が示された。すなわち，

(a) 法律は世俗的な立法目的を持つものでなければならない。
(b) 主要な効果は宗教を助長したり，抑圧するものであってはならない。
(c) 法律は宗教との過度の関わり合いを促進するものであってはならない。

この基準は判決にちなんで「レモンテスト」と呼ばれ，この三つの基準をすべてクリアできないと違憲とされる。その後，この基準が各地で適用された。

他方，1970 年代から 80 年代にかけて進化論と創造説（創造科学）を同じ科学だとして，均等に公立学校に取り入れることを求める動きがあり，法制化された州もあった。しかし，これは後に連邦裁判所で違憲判決がなされ，公立学校では創造説を科学として教えることはできなくなり，生物進化論の地位が確立された（江原，2003）。

アメリカの植民地支配を受けたフィリピンでも政教分離の原則が掲げられた。それ以前のスペインによる植民地支配のもとでカトリックの布教が進んでおり，政教分離原則の実施もアメリカとは異なるものとなった。宗教教育は選択制で課業時間外に割り当てられることになった。保護者には事前の手続きが義務づけられたし，公立学校教師は宗教教育の担当を禁じられ，教会などの宗教団体が担当者を派遣することが決められた。

1989 年度から導入されたハイスクール・カリキュラムに，新たに「価値教育」という科目が設けられた。「キリスト教やイスラームの神を敬う」という単元も含まれ，価値教育と宗教教育の関係が問題となった。カトリック教会は選択制宗教教育よりも正科の価値教育が優先されることを批判した。これにたいして 1998 年の宗教教育に関する教育文化スポーツ省令では，「任意選択制宗教教育と本省の価値教育とは，二つの，別個で，異なり，区別された科目」であり，別個の授業時間にあたえられることが示された。「しかしながら，校長ないし学校責任者が任意選択制宗教教育のために利用可能な時間帯を週の授業時間割りのなかにみつけられないとき，宗教の教員や教授者の合意の上，価値

教育の現行週あたり5回のうち少なくとも2回に任意選択制宗教教育を割り当てること」(市川, 1999) とされ，正科の価値教育の時間をつかって任意選択制宗教教育を行うことが可能になった。

② **単一の宗教教育の問題——イギリス，マレーシア**　イギリスでは「アグリードシラバス」(協定教授細目) の呼称で知られる形態の宗教教育が提供されている。1870年の基礎教育法において公立学校での宗教教育は特定宗派によらないことが規定され，1944年教育法によって宗教教育が公営学校における必修教科に位置づけられた。1944年教育法ではあらためて，個人の信教の自由を保障する条項，すなわち親が子供を宗教教育から退出させる権利を保障する「良心条項」，および公営学校における非宗派的教育を明記した「クーパーテンプル条項」が規定された。また，多宗派からなる委員会によってアグリードシラバスを作成する権利や，アグリードシラバスにもとづく宗教教育のモニタリング機関 (宗教教育諮問審議会〔SACRE〕) を設立する権利についても明記されている (江原, 2003)。

イギリスでは国教会が圧倒的多数を占め，アグリードシラバスは当初は国教会以外のキリスト教系宗派，ユダヤ教とのコンセンサスが考えられていたが，1960年代以降，旧イギリス植民地から多数の移民が流入し，イスラーム，シーク教，ヒンドゥ教など異なる宗教を含めて検討することが求められるようになった。

1988年教育改革法では，宗教教育は基礎教育課程に含められたが，この法律ではキリスト教以外の宗教への配慮に言及しながらも，基本的にはキリスト教的性格をもつ宗教教育が確認された。すなわち，「すべてのアグリードシラバスは，イギリスの伝統的な宗教は主としてキリスト教であるという事実を反映するものでなければならず，イギリスにおいて相当数の信者がいるキリスト教以外の主要な宗教の教えおよび実践に対しても配慮が示されなければならない」(第8条第3項) とされた (江原, 2003)。

また同改革法の6条および7条で，「公営学校のすべての児童・生徒は，学校の集団礼拝に参加しなければならない」(6-1)，「公立学校の場合，学校で要求される集団礼拝は，全面的にあるいは主としてキリスト教の特徴を包摂する

ものでなければならない。集団礼拝はキリスト教の特定の宗派に偏ることなく，キリスト教の信仰に関する各宗派の伝統を包括的に反映し，キリスト教の特徴を有すること」(7条1項，2項) とされ，公立学校における集団礼拝の位置づけ，およびそのキリスト教的性格が規定された (江原, 2003)。

マレーシアはイギリスの植民地支配を受けた地域で，イスラーム宗教教育の他に道徳教育がおかれ，その内容構成にアグリードシラバス的な性格がみられる。マレーシアはマレー系の他に移民の中国系，タミール系他の住民で構成される多民族社会で知られる。イスラームが多数派を構成し，イスラームを公式宗教とする。イスラームに関する権限は基本的に州にあるが，各州および連邦ではイスラーム教育への公費補助を行うことができる。

公立学校ではイスラーム教徒の生徒にたいしてイスラーム宗教教育が必修で，非イスラーム教徒の生徒には道徳教育が必修となっている。この必修の「道徳教育」は1983年の小学校新カリキュラムから導入された。近代化，社会変容の中で増加した青少年非行の問題に対処するためのもので，宗教の違いをこえた普遍的な価値として16の徳目（純粋な価値）が定められた。社会背景としてのマレー・イスラーム文化がその徳目に色濃く反映されている。他方，イスラーム教徒にたいする教育も，従来は「イスラーム宗教知識」という科目名であったが，新カリキュラムでは新たにイスラーム倫理，礼拝実践が内容に含められ，「イスラーム宗教教育」という科目名に変更された。

③ 公教育における複数の宗派教育——オランダ，ドイツ，インドネシア　複数の宗派教育が公教育の中で提供されているケースとしてはオランダやドイツが注目される。オランダでは公教育の枠組みの中で，学校選択や宗教教育の自由が認められている。1848年憲法の第23条において，学校設立の自由，学校方針の自由，学校組織の自由の三つが示された。さらに1920年の初等教育法では公立・私立学校にたいする国の全額助成が明記された。近年，オランダでは移民労働力の流入にともない，宗教マイノリティが増加し，彼らも学校設立の自由にもとづいて，みずからの宗教・宗派の学校を設立した。これまでに，イスラーム初等学校やヒンドゥ初等学校が設立され，公的助成を受けている (江原, 2003)。

ドイツでは文化政策に関しては州に主権があり，教育も州の所管事項である。ただし，宗教教育に関してはドイツ基本法によって規定され，「宗教教育は，国の監督権をさまたげることなく，宗教団体の教義に従って行われる」（第3項）とされる。宗教教育は宗派別にあたえられ，その内容は宗教団体と州との協力と交渉によって左右される。トルコ系移民労働者の子弟のための宗教教育が問題となるが，イスラームの場合，教義的に聖職者を区別せず，また教会組織のような宗教組織も欠いている。宗教教育の提供をめぐって，州と交渉すべき代表団体がないという問題に直面したが，そこで考えられたのが，母語の補償教育の一部としてイスラームの宗教教育を実施するという方策である。トルコ語教育の一部にイスラームの宗教教育を位置づける場合，その交渉相手はトルコ政府ということになる（丹生, 1993）。

インドネシアはオランダの植民地支配を受けた地域で，五つの公認宗教に関する別個の宗教教育が公教育に位置づけられている。1945年憲法の29条で「①国家は唯一なる神への信仰に基礎を置く。②国家は各々がその宗教を信仰するための，また，その宗教と信仰に従って信仰の義務を実践するための各人の自由を保障する」と規定された。人口が2億2千万人あまり，イスラーム教徒がその中の90％近くを占めるが，唯一なる神の信仰はイスラームに限定されるわけではなく，イスラームの他にキリスト教（プロテスタント），カトリック，ヒンドゥ，仏教が公認されている。宗教省の組織も宗教別に局が置かれ，五つの宗教を平等に扱う姿勢が示されている。

1999年「宗教教育の実施に関する決定」において，①すべての学校で宗教教育が提供されなければならないこと，②生徒みずからが信仰する宗教に従って宗教教育を受けなければならないこと，③宗教教育は生徒と同じ宗教の宗教教師によって与えられることが確認された。一つのクラスには複数の宗教を信仰する生徒が含まれるのが一般的だが，一つの宗教を信仰する生徒が10名以上いる場合はそのクラスを対象に宗教教育が提供されなければならない。また，10名に達しない場合は「その学校のいくつかのクラスを集めて（集合形式で），その生徒が他の教科を学ぶのに支障のない時間を設定し」宗教教育を提供しなければならない。それでも提供できない場合は，学校の外で，宗教教師ではな

く(宗教教師資格をもたない)「宗教育成者」によって与えられるという規定である。この規定によって宗教別宗教教育の徹底が図られた。

4．宗教と教育をめぐる新動向

(1) 宗教教育の要請と実施の難しさ

　宗教教育は狭義では，ある特定の宗教の立場に立つ宗派教育を意味するが，広義の宗教教育には，宗派教育に加えて特定の宗教にはもとづかない宗教知識教育や宗教的情操教育が含められる。宗教的情操教育は公教育における宗教の扱いの点では，宗派教育と宗教知識教育の中間に位置づくと捉えられる（江原，2003）。

　宗教知識教育は，仮にマレーシアのイスラームのように単一の宗教を対象とする場合はさほど問題ないが，イギリスのアグリードシラバスのように複数の宗教を扱う場合は内容編成が難しい。もともとキリスト教の教派をこえた合意が考えられていたが，移民マイノリティのイスラームやシーク，ヒンドゥにも考慮せざるをえなくなった。しかし，他方でキリスト教に基礎を置くことをあらためて確認するにいたっている。マレーシアにおける道徳教育の16の価値についても，宗教の違いを越えた普遍的な価値とされる。これはイギリスのアグリードシラバスを脱宗教化したような性格をもつといえる。しかし，その内容にはマレー・イスラームの価値が色濃く反映されていることは否定できない。特定の宗教の知識教育でない場合，すなわち複数の宗教に関する知識教育を考えることは難しい。各宗教に関する知識の並列・羅列になりがちであるし，どの宗教を取り上げて，どの宗教を取り上げないかという問題もある。また，だれがその宗教知識教育を担当するのか，みずからの宗教について教えることはできても，みずからの宗教以外の宗教について同じレベルで教えるのは容易ではない。いかにすぐれた教師であっても，すべての宗教を同じレベルで深く知り，理解し，教えることは不可能である。また，宗教知識教育一般に関して，宗教を知識として理解できても，その宗教の信仰と実践には結びつかないという問題がある。

Column

エホバの証人原級留置退学処分事件

　神戸市立工業高等専門学校で「エホバの証人」の信仰に従う生徒が，必修科目である保健体育の剣道実技に参加しなかったことから，二度にわたり原級留置処分を受け，成業の見込みがないとして学校の規定により退学を命じられた事件。

　1990年に生徒は神戸市立工業高等専門学校に入学した。同校では保健体育が全学年の必修教科とされ，1990年より第一学年の体育の授業科目として剣道が採用された。生徒は，聖書に固く従うという信仰をもつキリスト教信者である「エホバの証人」であり，その教義に従い，格技である剣道の実技に参加することはみずからの宗教的信条とは相いれないとの信念のもとに，その旨，担当教員に説明した。レポート提出などの代替措置を認めてほしい旨申し入れをくりかえしたが，教員によって拒否された。逆に，学校側は剣道実技に参加するように説得し，保護者にたいして参加しなければ留年が必至であり，また代替措置は取らない旨，伝えた。特別救済措置として補講を行うこととしたが，生徒はそれにも参加しなかったため，体育科目の単位が認定されず，同校では学年制が採用されており原級留置となった。翌年も同様に単位が認定されず，原級留置となり，二回連続して原級に留め置かれたことから「学力劣等で成業の見込みがないと認められる者」との判断のもとに退学処分が告知された。

　この処分に関する最高裁判決は，信仰上の理由による剣道実技の履修拒否の結果として，他の科目では成績優秀であったにもかかわらず，原級留置，退学という事態に追い込まれたもので，その不利益がきわめて大きいとした。また，代替措置をとることが可能であり，それも特定の宗教を援助することにならず，憲法20条第3項に違反することにならないとした。

　他方，宗教教育を宗派の教化のための教育と考える場合，ドイツやインドネシアのケースがそれに該当する。すなわち生徒を宗教・宗派別にわけて，それぞれの宗教教育を提供するやり方である。その内容をコントロールするにはインドネシアのように宗教省を設置するか，ドイツのように政府（州）と宗教機関の代表の協議の場を設けるといった措置が必要である。教化のための教育と

捉える場合，その宗教を信仰する教師が担当することになる。教師が（教師資格とは関係のない）宗教者なのか，あるいは特別に養成された専門の宗教教師なのかによって，宗教教育の性格も変化する。また，各宗教の熱心な信仰が，他宗教にたいする理解と寛容を保証するものでもない。しかし，多宗教混在の社会を考えると，宗派教育の他に何らかの倫理教育，価値教育が必要と考えられるが，その内容も宗派教育と整合させなければならない。

　また，西洋諸国では宗教学習とよばれる開放的な宗教教育が次第に広く受け入れられるようになっている。宗教学習はいろいろな解釈や理解が可能な世界観や人生哲学の探求を含んだ教育的な宗教教育であるとされる（江原，2003）が，しかし，現実にはその具体的な教育内容，それを担当する教師の資質など，宗教知識教育や宗派教育と同様に難しい問題が少なくない。

（2）教育基本法の見直し・改正をめぐって

　2003年3月20日中央教育審議会答申「新しい時代にふさわしい教育基本法と教育振興基本計画の在り方について」が出された。同答申概要では，現状に関して「教育は危機的な状況に直面。青少年が夢を持ちにくく，規範意識や道徳心，自律心が低下。いじめ，不登校，中途退学，学級崩壊が依然として深刻。青少年の凶悪犯罪が増加。家庭や地域の教育力が不十分で，家族や友人への愛情をはぐくみ，豊かな人間関係を築くことが困難な状況……」と問題の深刻さを指摘している。そして「21世紀を切り拓く心豊かでたくましい日本人の育成」を目指すため，これからの教育は，以下の五つの目標の実現に取り組むことが必要とされた。すなわち，(1) 自己実現を目指す自立した人間の育成，(2) 豊かな心と健やかな体を備えた人間の育成，(3)「知」の世紀をリードする創造性に富んだ人間の育成，(4) 新しい「公共」を創造し，21世紀の国家・社会の形成に主体的に参画する日本人の育成，(5) 日本の伝統・文化を基盤として国際社会を生きる教養ある日本人の育成の五つである。

　特に宗教教育に関する第9条については「宗教に関する寛容の態度や知識，宗教の持つ意義を尊重することが重要であり，その旨を適切に規定することが適当」「国公立学校における特定の宗教のための宗教教育や宗教的活動の禁止

については，引き続き規定することが適当」とされた。

　教育と宗教とのかかわりについて，「宗教に関する寛容の態度の育成」，「宗教に関する知識と，宗教の持つ意義の理解」，「宗教的情操の涵養」，「特定の宗教のための宗教教育」といった側面に分けてとらえ提言を行っている。「宗教に関する知識と，宗教の持つ意義の理解」については下記の通り述べられている。すなわち，

　　宗教は，人間としてどう在るべきか，与えられた命をどう生きるかという個人の生き方にかかわるものであると同時に，社会生活において重要な意義を持つものであり，人類が受け継いできた重要な文化である。このような宗教の意義を客観的に学ぶことは大変重要である。また，国際関係が緊密化・複雑化する中にあって，他の国や地域の文化を学ぶ上で，その背後にある宗教に関する知識を理解することが必要となっている。

　また，人格形成において宗教的情操をはぐくむことの重要性にふれ，「現在，学校教育において，宗教的情操に関連する教育として，道徳を中心とする教育活動の中で，様々な取組が進められているところであり，今後その一層の充実を図ることが必要である。また，宗教に関する教育の充実を図るため，今後，教育内容や指導方法の改善，教材の研究・開発などについて専門的な検討を行うことが必要である」と提言を行っている。

　教育基本法改正論議に関しては，「たくましい日本人の育成」が戦前の「皇国民練成」に相通じる性格を持つとの批判や，また，子どもの心や家庭に国家が過剰な介入をしようとしているといった批判が向けられた。しかし，基本法9条に限っては，宗教の重要性を認識し，タブー視し避けられてきた宗教に関する教育の充実にもふれ，専門的検討を行う必要があるとした点で，諸外国の常識のレベルまで戻ったともいえる。

（3）イスラーム世界における教育改革の可能性

　2001年におきた9.11事件＝同時多発テロは世界を震撼させた。アメリカのブッシュ政権はテロリズムにたいする戦いを宣言し，アフガニスタンに軍事侵

攻を行った。テロにかかわったとされるイスラーム過激派組織アル・カイダのオサマ・ビン・ラディンをタリバーン政権が匿っているとの理由からであった。テロリズムにたいする戦いがイスラーム過激派にたいする戦いとなった。タリバーン政権は崩壊したが，その後もイスラーム過激派によるものとされる爆弾テロ，自爆テロが世界各地で相次いでいる。希望が持てない現代の閉塞状況の中で，宗教的なアイデンティティにすがり，自爆行為さえも辞さないというのであろうか。

　世界の平和と紛争解決は，イスラームに限らず宗教アイデンティティの高まりをいかに建設的な方向に導くかにかかっている。排他的・狂信的な方向ではなく，開放的で柔軟な姿勢が人々の間に形成されねばならない。世俗化の進行が一部の熱心な信者の反発と尖鋭化を招き，原理主義的な姿勢を形成するのはイスラームに限ったことではない。

　イスラーム世界ではこれまでの政教分離を乗り越えること，現代社会をあらためてイスラームを基盤に据え直すこと，すなわち「イスラミゼーション」（イスラーム化）が共通の課題とされる。教育のイスラーム化も一つの鍵であり，復古的なイスラーム教育への回帰ではなく，近代と発展を受容しつつ，そのなかでイスラーム信仰をいかに強めるかが教育改革の課題である。かかる点で，マレーシアとインドネシアのイスラーム教育改革は，柔軟で開放的な方向をめざすものとして注目される。

　両国では，急速に進められた開発の恩恵に与って，ムスリム中間層が拡大した。彼らの教育ニーズの高まりにこたえて，教育機会の拡充・教育の質の改善が進められてきた。コーラン速習法イクロが開発され，それを用いたコーラン幼児教室／コーラン幼稚園が多数設置された。基礎教育，中等教育レベルではイスラーム学校（マドラサ）のカリキュラム改革が進められ，一般教科の割合が増加し，また職業科目の導入も図られた。高等教育に関しては，マレーシアでは1983年に国際イスラーム大学が設立され，インドネシアでは2002年にジャカルタのイスラーム宗教大学が国立イスラーム大学（総合大学）に格上げされた。いずれの大学も宗教（イスラーム）関係の学部だけでなく，経済・経営，工学，医学などの学部を新たに設置し，イスラームの理念のもとでそうした分

野の研究・教育を行うとの考え方に基づく。同時に西洋的な学問の方法をとりいれて、イスラームについても同じ学問の土俵で研究しようという方向がめざされている。

両国では女性の高等教育就学率も高く、女性の社会進出も加速化されている。このような状況は、タリバーン政権下のアフガニスタンで、復古的なイスラーム教育に回帰し、女性の教育機会が著しく制限されたのとは対照的である。イスラームに限らず、社会における熱心な宗教グループあるいは宗教共同体と信徒が、開発の中に包摂され、諸問題をみずからの信仰とのかかわりで主体的に考察し直す場が必要なことを示唆するものでもある。

おわりに

社会における多宗教の混在、世界の「多文化社会」化は今後ますます進むと思われる。こうした中で、公と私を明確に区別し、宗教を私的領域に押し止め、公的領域においては厳格にそれを排除していくのか。あるいは、何らかの形で宗教を公的領域に位置づけるのか。前者の方向の難しさはフランスとアメリカの例に示されている。他方、後者は宗教教育を公教育の中で保障する方向であるが、その場合にも各宗教・宗派間の平等・公正さをいかに保つか、これも難しい問題である。

世俗化の一層の進行と、世界の開発と富の不均等な配分は、取り残されたものの間に宗教的アイデンティティの強化をもたらしがちである。将来に夢をえがけず、行き場のない怒りに満たされる時、武力でいくら抑えようとしても、過激派、急進派の温床が絶えず生み出される。科学と信仰の調和は、かつてのイスラームの黄金時代や、近年のマレーシア、インドネシアのイスラーム教育改革のように、現実に信仰者が科学の恩恵を受け、それと真正面から取り組むことによって、調和をはかろうとする契機がもたらされる。宗教における科学の位置づけの検討、宗教の側からの現代社会の理解が進むような、宗教の高等教育・研究の発展が望まれる。公教育における宗教教育の革新は、宗教と科学の高等研究とあい携えて進まなければならないであろう。

生きるための教育と生活するための教育，来世のための教育と現世のための教育，そのいずれも人にとって必要なものであろう。信仰のみでは生きていけないとしても，生の意味づけが人間が生きていくうえで不可欠である。人はいずこから来たりていずこに行くのかという哲学的な問いを人は問いつづけていかなければならない。そのための手がかりを現代化された「宗教教育」が提供することはできないであろうか。

参考文献
市川誠『フィリピンの公教育と宗教——成立と展開過程』東信堂，1999年
江原武一編『世界の公教育と宗教』東信堂，2003年
小口偉一・堀一郎監修『宗教学事典』東京大学出版会，1973年
國學院大学日本文化研究所編（井上順孝責任編集）『宗教と教育——日本の宗教教育の歴史と現状』弘文堂，1997年
丹生久美子「イスラム教の宗教教育をめぐる論争」梶田孝道編『ヨーロッパとイスラム——共存と相克のゆくえ』有信堂，1993年
村田翼夫編『東南アジア諸国の国民統合と教育——多民族社会における葛藤』東信堂，2001年

（西野節男）

Ⅲ-5 グローバル時代における多文化共生教育

はじめに

2000年3月,国連からある衝撃的な報告書が発表された。それによると,日本が生産人口を保持し,現在の経済水準を維持するためには,今後50年にわたり,毎年,約60万人の移民を受け入れる必要があるという。3,000万人の移民の到来,という途方もない事態であるが,日本社会が置かれている今日の状況を考えるならば,「机上の空論」として看過できるものではない。

急激なスピードで進行する少子・高齢化にくわえて,日本社会は今や,国境を越えた人の移動というグローバルな潮流のなかに存在している。世界人口の3％に相当する約2億人が生まれ故郷の母国を離れて居住しており,その数は今後さらに増大すると予測されている(鈴木,2004)。経済市場の拡大,情報・通信技術の革新,交通手段の発達などによるモノ・カネ・情報等の国家の枠組みを越えた地球規模での移動＝グローバリゼーションは,必然的にヒトのグローバルな移動を促進する。

ヒトのグローバル化という趨勢は,日本の人口構成を大きく変えつつある。日本の総人口は,過去10年間ほぼ横ばい状態で推移しているが,近い将来には減少に転ずると予測されている。そのなかで,「外国人」人口は驚くべきペースで増加しているのである。2003年末現在の外国人登録者数は191万人を超え,総人口の1.5％を占めている。10年前に比べ,約5割の増加である。こ

の他に，超過滞在者などの非正規滞在者が20万人以上いるとされており，日本に住む外国籍の人の数は200万を超えている。「登録者」の出身国は実に186ヵ国を数え，世界のあらゆる国・地域出身の人々が日本社会に生活しているのである。

また，日本国籍をもつ人のなかには，異文化にルーツを有する人々が多数存在している。アイヌや沖縄の人々，在日韓国・朝鮮人で日本国籍取得者，帰化した人々の存在は，国籍以上に民族的・文化的多様性が大きいことを示している。

グローバル化する人口構成の変化により，日本社会が民族的・文化的な多様性を増しつつある状況において，日本の教育，なかんずく学校教育はどのような対応をせまられるのであろうか。本章では，グローバル化が進行する現代の日本社会における学校教育のあり方について考えてみることにしたい。

1．多文化化する子どもたち

日本社会における人口構成の変化は学校にも色濃く反映している。日本の学校には，従来から在日コリアンの子どもたちが多数在籍してきたが，近年ではこれらの子どもたちに加えて，「ニューカマー」と呼ばれる新来の外国出身の子どもたちの在籍が急激に増加している。

彼／彼女ら（以下，かれらと呼ぶ）の存在が注目されはじめたのは，1970年代の中国帰国者の子どもたちが最初であったが，その後，1980年代に入るとインドシナ難民の子どもたちが加わり，そして1990年代以降は南米出身の日系人の子どもたちが日本の学校に就学することになって，その数は飛躍的に増大した。今日では，これらの地域や国以外の出身の子どもたちも多数，日本の学校に在籍している。最近の文部科学省調査によると，その数は2万人弱であるが，第1回調査（1991年）に比べると三倍強に増加している。かれらの母語は，ポルトガル語，中国語，スペイン語が中心であるが，全体ではじつに60言語以上にもおよんでいる。

また，「ダブル」と呼ばれる複数の民族的・文化的背景をもつ子どもたちの

増加も顕著である。これはおもに，日本人と外国人の国際結婚の増加によるものであるが，今日では，日本人の結婚のうち約20組に1組が国際結婚である。その結果，父母どちらか一方が外国人である出生数の割合は，おおよそ30人に1人となっている（李，2002）。

このように，今日の日本の学校にはじつに多様な国籍や民族，そして言語をはじめとする文化的背景をもつ子どもたちが在籍している。多文化化する子どもたちをどのように受け止め教育するのかは，現代の日本の学校が当面する大きな課題なのである。

2．学校教育の現状──ニューカマーの子どもの場合

ほとんどのニューカマーの子どもたちは，日本の学校に通いはじめる時点では，日本語を話すことができない。もちろん，かれらが言語を話すことができないというのではなく，学校で用いられる言語（学校言語）が，かれらが家庭で使う言語（母語）と異なっているということだけである。したがって，学校は，学校言語である日本語を母語としない子どもにたいして，どのように教育をするのかという問題に直面することになる。対応方法はさまざま考えられるが，日本の学校が選択しているのは，子どもたちに日本語を教えることによってこの問題に対処することである。

日本語教育は多様な形態をもって行われている。担任／教科担当教員が授業の合間に他の児童生徒とは別の教材を用意して教えたり，休み時間や放課後などを利用して指導したり，あるいは担任以外の教職員が，特定の時間だけかれらを原学級から「取り出して」教える場合もある。

しかし，このような方法ではごく限られた時間，それも片手間にしか指導がなされないゆえに，授業を理解するための日本語の習得にはいたらず，結果的に子どもたちは学級内で，「お客さん」として一日を過ごしてしまうことになる。

こうした事態を打開するために，文部省（現文部科学省）は1992年から，ニューカマーの子どもが一定数在籍する学校に，日本語指導を担当する専任教員

を特別に配置（加配）する措置をとっている。教員が加配された学校では，特定の時間に当該児童生徒を原学級から取り出して，日本語の指導をしたり，原学級で教員が子どもと一緒に授業を受けて，授業内容をわかりやすく説明するなどの個別指導を行っている。

ニューカマーの子どもがもつ「異質性」は，言語のみに限られるのではなく，より広範に文化的な領域に及ぶものである。とくに自国での学校経験がある者にとっては，日本の学校文化との相違を多くの場面で経験することは容易に想像される。集団での登下校，給食や清掃等の当番制，服装や持ち物の特定や規制，授業時における学習の姿勢や態度など，数えあげればきりがない。このような「学校文化」との「摩擦」が生じる時もある。たとえば，給食で出される食べ物が口に合わなかったり，ピアスをして登校したり，授業中に席を離れたりする児童や生徒も少なくない。

このような文化的な相違から生じる事態にたいして，多くの学校では，無理強いせず徐々に慣れさせるよう見守っていく「配慮」の必要性が認識されている。事実，ニューカマー児童生徒の受け入れを契機として，国際理解教育に取り組む学校が少なくない。国際理解教育とは，一般的には，「諸外国の人々の生活や文化を理解し尊重する態度を育成するための教育」といえるが，ニューカマーの子どもの存在を意識した実践では，日本の子どもたちがニューカマーの子どもが持つ文化的背景（ことば，食べ物，踊り，歌，国の様子など）を理解して，日本とは異なる環境で育ってきたかれらをよりよく理解することに力点がおかれている。これは，日本の子どもたちの異文化理解や国際的視野を拡大することにつながると期待されるとともに，日本の子どもとニューカマーの子どもが共に学び，相互理解や交流を深めることのできる環境を作りだすことが期待されているともいえる。

ただし，このような国際理解教育の実践によって，「新たな学校文化」が生み出されつつあると考えるのは早計である。集団行動や協調性の涵養を重視する日本の学校では，多くの規則の遵守が子どもたちに求められており，ニューカマーの子どもといえども例外ではない。ある調査によると，「ニューカマー児童生徒と学校の規則やルールのあり方をどう考えるか」との質問にたいして，

ほとんどの教員は、「既存の校則・ルールを守ってほしい」と回答している（国民教育文化総合研究所編、2003）。

このような教員の意識を考えると、ニューカマーの子どもの参入に伴って、新たな学校文化が創出されつつあるというよりも、むしろ、ニューカマーの子どもたちが、既存の学校文化に「ソフトランディング」できるように、つまり「不適応」を起こさないですむ環境づくりに国際理解教育が貢献しているということができる。

3. 行き悩む子どもたち

ニューカマーの子どもにたいする日本の学校の対応は、日本語教育と適応教育がその基調をなしている。そこでは、子どもたちは、日本語を習得し日本の学校文化に順応することによって、学校に「受け入れられる」のであって、学校がみずからの「文化」を変容することによって、つまり、学校を「多文化化」することによって受け入れるというのではない。その意味で、モノカルチュラル（単一文化的）な対応ということができるが、これが多様な文化的背景をもつ子どもたちにさまざまな「危機」をもたらすことになるのである。

第一の危機は、子どもたちの教育達成をめぐる問題である。日本語を母語としないニューカマーの子どもにとって、日本語のみによる授業は学習のための有効な言語をもたない状態で学習に参加することを意味している。この事態を打開するカギは、子どもたちが日本語を習得することに求められる。それゆえ、かれらが日本語を習得するまでの間、教科の学習はいわば「断絶」状態におかれてしまう。

ところで、子どもたちの日本語習得は短期間に十分達成されるものなのであろうか。学習の可否は、じつにこの日本語の習得いかんにかかっているのである。

結論からいうならば、子どもといえども、第二言語である日本語の習得は生易しいものではない。ある中国帰国生徒はみずからの経験を次のように語っている。

日本に来てすごく困ったことは言葉で，でも言葉は友達と話している（間に）自然に覚えられますけど，授業での言葉は全く違うものでした。ふだん友達との間でしゃべる言葉と全然違って，全く外国語に聞こえました。

(太田, 2003)

　この生徒の体験は，授業内容を理解するには，比較的習得しやすい日常会話とは質的に異なる言語能力が求められることを示唆している。このような言語能力＝学習思考言語の習得は，日本語を母語とする者にとっても容易ではなく，長期にわたる継続的で意図的な学習が必要となる（岡本, 1985）。ましてや，第二言語としての日本語において獲得するには，子ども自身の相当な努力と教員による長期かつ適切な支援が必要なことはいうまでもない。第二言語習得研究によると，第二言語における学習思考言語の習得には，少なくとも5〜7年はかかるといわれている（詳しくは，太田, 2000を参照）。
　授業理解を可能にする日本語の習得がある程度長期にわたることを考えるならば，ニューカマーの子どもたちの教育達成が不十分なまま推移することは免れえない。また，かれらの多くは，ほとんど特別な支援を受けることなしに日本の子どもと同じ授業を受けている現状からすると，教育達成上の困難はなおさらである。
　第二の危機は，「母語の喪失」である。ニューカマーの子どもたちは，日本の学校に編入学した時点からほぼ常時，日本語のみでの学校生活を経験することになる。学校内に，かれらの母語を話すことができる教職員は皆無といってよい。例外的なケースを除けば，学級内に同じ母語を話す級友がいるわけでもない。教員や級友との会話だけでなく，読み書きや教科の学習にいたるまで，日本語のみを媒介とした言語生活を送ることになる。
　このような「日本語化」は，家庭にも及ぶ。とくに，親が意識的に子どもに母語を話させない場合，それは急速に進行する。たとえば，筆者が調査した来日3年目のアルゼンチン出身の家庭は次のような状態であった。
　父親は日系二世で，日本語は片言を話す程度であり，母親は非日系ゆえ日本語はほとんど話すことができない。子どもは4人で，上から13歳（中1），10

歳（小4），7歳（小1），2歳であるが，両親の母語であるスペイン語を両親に向かって話すことができるのは，中1の長男だけである。小4の長女は小2から，小1の次男は保育園から日本の学校・園に通い，2歳の次女は生後まもなくから保育園に通っている。筆者が同席した家族5人（父親は夜勤のため留守）の夕食では，母親が小1の次男と小4の長女にしきりにスペイン語で話しかけるのであるが，2人は押し黙ったままで，見かねた長男が日本語で問いかけると，2人は兄にむかって日本語で答え，その内容を長男が母親にスペイン語で伝えるという具合であった。

「日本語化」は，子どもたちから母語を奪うことによって，親子間のコミュニケーション不全という深刻な問題をもたらしてしまう。

「母語の喪失」は，さらなる「危機」をもたらす。それは，「自分のことば＝母語」という言語的かつ人間的資源を失うことによって生じる。

一つには，母語喪失という「代償」にもかかわらず，第二言語である日本語の習得が不十分なレベルに止まることにある。第二言語習得研究によると，母語が十分に確立していない時期（小学校高学年以前）に，第二言語のみの教育環境におかれると，母語・第二言語ともに母語話者の識字レベルに達しない，「セミリンガル」におちいる危険性があることが指摘されている。日本の学校に通うニューカマーの子どもの多くが，こうした教育環境にあることを考えれば，かれらが母語・日本語双方において，教科学習に必要な言語能力を獲得できない状態におちいる危険性をはらんでいると考えられる。

「母語の喪失」はさらに，「アイデンティティの危機」にも連なる。母語がある程度確立した年齢の子どもの場合では，母語を喪失する危険性は低くなるものの，母語を肯定的・積極的に使用できる環境にはない日本の学校の中では，意識的に母語の使用を避けることが起こる。たとえば，母国から編入してきた生徒の通訳を頼まれても，「そんなことば知らない」といって拒否する生徒や，自分の親にたいして，級友や教師の前では母語で話しかけないようにクギをさす子どもも少なくない。

「ことばは自分自身である」といわれるように，みずからのことばに誇りをもつことができないかぎり，自分自身に誇りをもつことはむずかしい。その意

味で，みずからのことばや文化に「引け目」や「負い目」を感じながら日本の学校に通う子どもたちにとって，肯定的で安定的なアイデンティティ形成は困難な状況におかれてしまう。

第三の「危機」は，「不就学」である。後述するように，日本の法律は，外国籍の子どもをもつ保護者には就学義務を課していない。それゆえ，保護者が就学の手続をとらないかぎり，その子どもは不就学の状態におかれてしまう。もちろん，日本の学校に通わせずに他の教育機関（たとえば，「ブラジル人学校」）などで教育を受けさせることもできるが，全く教育を受ける機会をもたない子どもたちもでてくるのである。また，当初は日本学校に通っていたものの，「退学」する者も少なからずいる。

退学にいたる経緯はさまざまであるが，一つには日本の学校文化への「不適応」が考えられる。学校文化への「一方的適応」が期待されているニューカマーの子どもたちのなかには，学校文化と折り合いをつけることができずに，あるいはそれを拒んで学校を去る者がいる。

また，学習上の理由により通学を断念する場合もある。すでに述べたように，「教育達成上の危機」にある子どもが少なくないが，高校進学が主たる目的となる中学校において，事態はより深刻化し，通学の意味を見いだせずにドロップ・アウトする生徒が顕在化してくるのである。

4．グローバル時代における日本の学校の選択

（1）岐路に立つ日本社会

人口構成がグローバル化する今日，日本社会は重大な岐路にさしかかっているといえる。すなわち，「日本人」による，あるいは「日本人」を中心にした「単一民族／文化」社会を維持するのか，それとも「日本人」のみではなく，多様な背景を持つ人々が共存／共生する社会形成に取り組むのかという選択を迫られている。

日本は従来にも増して，「日本人」のみではなく，「日本人」とは異なる民族的・文化的背景を持つ多様な人々によって構成される社会へと移行している。

読者のなかにも日々の生活の中で，このような実感を抱いている人も多いのではないだろうか。乗り合わせたバスや電車の中で，食事に入った食堂やレストランで，アルバイト先の店や繁華街で，あるいは近隣の通りを歩くなかで，また小学校や中学校時代に，「外国」から編入してきた級友と机を並べた経験をもっている人もいるかも知れない。もちろん，新聞やテレビなどのメディアを通して日本社会の「多文化」を実感することもあるだろう。

このような社会の変化が起きつつある一方で，「日本は単一民族からなる国家（社会）であり，またそうあるべきだ」という「単一民族言説」が，今日なお多くの「日本人」のメンタリティ形成のうえで支配的な影響力を有している。それは，「日本人同士ならお互いにわかり合える」ともいわれるように，民族的同質性は社会にとって，「よいもの」，「プラスになるもの」という価値観を含んだイデオロギーでもある。

「日本人同士ならわかり合える」という「言説」は，言外に，「日本人以外の者とはわかり合えない」，「外国人には日本の文化が分からない」という意味を含んでいる。数年前に小樽市で起こった「外国人入浴拒否」事件は，そのことを示す典型的な事例である。

同市にある入浴施設は，ロシア人船員の入浴マナー違反とそれによる日本人客の減少に悩んだ結果，「ジャパニーズ・オンリー（外国人お断り）」という方針をとったが，一般市民の反応は，「外国人は日本のマナーが分からない。だから，外国人が問題を起こす前に拒否するのはやむをえない」というものであったという（有道，2003）。

「ジャパニーズ・オンリー」という単一主義的な立場に立つならば，「日本人」ではない人たちが，排斥されたり，差別待遇を受けるなど，対等に扱われなくても仕方ないとみなされてしまいがちである。しかし，特定の人たちが不当に不利益を被ることを放置する社会は，決して健全な社会といえるものではない。

「単一民族／文化」を前提にした社会形成ではなく，現実の多様な文化的・民族的人口構成を前提にした社会の形成を考えることもできる。このような社会を「多文化共生社会」とよぶことにしよう。多文化共生社会については，今

のところ，具体的な社会像が確立されているわけではないが，おおむね次のような原則を持つ社会として把握することができる（山脇・近藤・柏崎, 2001）。

一つは，「内外人平等」の原則が確立されることである。これは，すべての人が社会の平等な構成員であるという前提に立ち，社会的な諸権利（たとえば，教育を受ける権利，年金などの社会保障）に関しては，国籍や民族的・文化的背景などにかかわりなく，だれもが同一に扱われなくてはならない，という考え方である。

もう一つの原則は，多様な文化の価値を平等に認めあうことを通じて社会を形成することである。価値観や文化を一方的に押し付けることによって，異なる文化的背景を持つ人たちを排除したり抑圧するのではなく，異なる文化を尊重し受け入れることによって，新たな文化やルールを作り上げていく努力をすることである。こうした社会では，たとえば，在日コリアンが「通名」使用を余儀なくされることはなく，独自の民族的・文化的アイデンティティは尊重される。

要約するならば，多文化共生社会とは，さまざまな背景を持つ人々がお互いの持つ差異を尊重し，対等な構成員として社会参加することができる社会なのである。

（2）日本の学校の選択

子どもたちの多文化化が進むなか，日本の学校もまた一つの選択を迫られている。それは，「単一文化」主義に基づいて，「日本人」教育を中心にすえる「国民教育」を維持するのか，それとも多文化共生社会の形成にむけて，「国民教育」に代わる新しい教育の原理を模索するのかという選択である。

日本における公教育は，従来から「国民教育」を一つの原理として展開されてきた。そこでは，国民的同質性の形成およびその維持・強化に主眼がおかれ，国民国家を担う均質な国民の育成が目的とされてきた。

「国民」とは誰を意味するのかについては，さまざまな解釈が成り立つが，日本政府（文部科学省）は，「日本国籍を持つ者」と規定しており，日本国籍を持たない者＝外国人には，義務教育諸学校への就学義務はないものとみなして

いる。

では，外国籍の子どもたちの日本の学校への就学はどのように実現されるのであろうか。これに関して，文部省は1965年に，同年締結された日韓条約をうけて，次のような「通達」を出している。

> 永住を許可された者が，当該永住を許可された者を市町村の設置する小学校または中学校に入学させることを希望する場合には，市町村の教育委員会は，その入学を認めること。

日本の子どもについては，法的に権利として，義務教育諸学校への就学が保障されているのにたいして，日本国籍を有しない子どもの場合は，行政当局の「許可」という「措置」によって，その就学が実現されることになる。

このように，外国籍の子どもは積極的には排除されないものの，日本人と同様の就学上および教育上の正統な権利享受者とは想定されておらず，いわば「例外的な存在」として位置づけられているのである。

ところで，前述の文部省通達には，就学に関する原則にくわえ，学校教育についての原則が明示されている。それは，就学を「許可」された外国籍の子どもにたいしては，「日本人の子どもと同様に」処遇するというものである。具体的には，「授業料の不徴収」，「教科書の無償措置」，「就学援助の措置」など行政上の措置とともに，「教育課程の編成・実施についての特別の扱いをすべきではないこと」と述べられており，教育内容上，日本人とまったく同様の教育を受けることを示している。

「日本人と同様の教育」は，外国籍の子どもにとっては，「日本人化教育」を意味することになりかねない。みずから「希望」して日本の学校に入るのであるから，日本語を学び日本のカリキュラムに従って，日本の学校習慣に則って勉強するのが当然視される。一方，外国人の子ども固有の言語や習慣・行動様式などは無視されるか，時には抑圧されることになる。民族的・文化的背景の「相違」に配慮した教育内容を期待することはできない。

前節で，ニューカマーの子どもたちがさまざまな「危機」に直面し，行き悩んでいる実態を述べたが，こうした「危機」は，公教育の対象を日本人に限定

し，教育内容を日本人教育と規定する「国民教育」が，「非日本人」の子どもに適用されることによるところが大きいと考えられる。

　日本人とは異なる文化的背景をもつ子どもを周縁的な位置に追いやるのではなく，さまざまな「危機」から子どもたちを解放（エンパワメント）することはできないものであろうか。かれらをエンパワーする教育を模索することは，とりもなおさず，上で述べた多文化共生社会の形成にむけての教育を考えることである。それゆえ，このような教育を「多文化共生教育」とよぶことにしたい。

　多文化共生教育は，民族的・文化的多様性を積極的に是認する多文化主義に基づく教育理念であり教育実践ということができる。人はともすれば自文化を中心に物事を考え，他の文化を自文化より一段低いものと受け止めがちである。多文化共生教育は，この自文化中心主義を否定し，異文化が自文化と同様に価値のある有意味な文化であることを認識させることを重要な目的とする。異なる文化にたいする理解，すなわち差異の承認は，自文化を相対化することによって，より深い理解をもたらし，また民族的・文化的な偏見や差別を解消するうえで不可欠な要件である。

　歴史的な視点からは，多文化共生教育とは，支配的な多数者文化への一方的な適応を強要する同化教育への否定を起点としている。同化教育のもとでは，少数者集団に属する者は，みずからの文化を放棄して多数者集団の文化を受容することを余儀なくされるのであるが，多文化共生教育は，この「同化」のプロセスにおいて抑圧され否定されてきた諸集団の文化，ないしアイデンティティの承認を求める。つまり，「ひとつの支配的な文化の反映」としての学校を，「多様な諸文化の価値の重要性を認める」（テイラー，1996）学校へと転換することが，多文化共生教育の重要な課題なのである。

　多文化共生教育は，ただ単に文化的な多様性を学校教育に反映させることに終始するのでないことにも留意しておきたい。学校をすべての子どもにとって，「公正な」教育機関として機能させること，とりわけ民族，人種，宗教，言語的背景に限らず，性別，社会階層，障害，性的傾向などに起因して，歴史的に不利益を被ってきた少数者集団の子どもにたいして，教育上の平等，すなわち

学力や社会的成功をもたらすための平等な教育機会を提供することが多文化共生教育の重要な目標なのである。

　要約すれば，多文化共生教育とは，多様性のなかの公正の実現を求める教育といえる。

5．多文化共生教育の構想

　多様性のなかの公正をめざす多文化共生教育とは，具体的にはどのような性質や特徴をもつものなのであろうか。

（1）普遍的な教育への権利

　まず，それはすべての子どもが不当に不利益を被ることなく，対等に学習および学校教育に参加することができる教育および教育システムでなくてはならない。それにはまず，「日本人」のみを対象にした学校教育を，「外国人」をも含めたすべての子どもを正規の対象とする学校教育へと転換することが必要となる。

　たとえば，現行の教育システムにおいては，義務教育諸学校への就学に関して，日本国民である「日本人」と，そうでない「外国人」の間には，その処遇において明確な一線が画されている。つまり，国籍の有無が教育を受ける権利・義務を大きく規定しているのであるが，国籍によるこのような「分断」は，多文化共生社会にはなじまない。ましてや，義務教育という基礎的教育を受ける権利・義務は，特定の者（日本人）には付与され，それ以外の者（外国人）には与えられないという限定的な概念ではなく，包括的で普遍的な概念であると考えられるのである。

　今日の国際社会においては，教育を受ける権利とくに基礎的教育を意味する義務教育を受ける機会を享受することは，基本的人権あるいは社会生活を営むうえでの諸権利の一つとして，人間にとっての普遍的な権利ととらえられている（たとえば，「国際人権規約」や「子どもの権利条約」を参照）。

　このような国際条約においては，すべての者，つまり国籍を問わず，また民

族的・文化的・言語的背景の相違にかかわらず,「同一的に」,すなわち「平等に」,基礎的教育を享受する権利が明らかにされ,内外人平等＝非差別の原則が明示されている。

　同時にまた,このような教育への権利は,「日本の学校」に就学することによってのみ保障されると考えるべきではない。周知のように,日本には,外国人学校（朝鮮学校,中華学校,ブラジル人学校など）や複数の国や地域出身の児童生徒を対象とするインターナショナル・スクールが数多く存在しているが,現状では日本の学校と同等の「正規の学校（「一条校」）」としては認められていない。それゆえ,このような学校に通うことはさまざまな不利益（たとえば,大学入学資格,奨学金,教育助成・補助などの対象にならない）を覚悟しなくてはならない（大学入学資格については,最近になってようやく一部の外国人学校卒業生に限り,認められるようになった）。

　「国民教育」から脱却して多文化共生教育へ移行するには,外国人学校などへのこのような処遇は当然見直されなくてはならない。対象が「日本人」であろうが「外国人」であろうが,教育水準に問題がない限り,正規の学校としての地位が与えられるべきであろう。

（2）実質的平等へのアプローチ

　教育への権利に関しては,すべての者を同一に扱う「形式的平等」の原則は有効であるが,多様な国籍・出自や文化的背景を有する子どもの教育に,この「平等」原則を適用すると,子どもの学習参加を阻害することになりかねない場合もでてくる。公正な学習参加を実現するには,差異を考慮した対応が必要になる。

　たとえば,日本語を母語としないニューカマーの子どもの場合について考えてみよう。日本語を十分には理解しない子どもが,日本の子どもと「同様に」,日本語による授業を受け,同一のテストを受けることによって,成績が評価されるとしたらどうだろうか（実際,多くのニューカマーの子どもたちはこのような状況の下にある）。子どもたちにとって,日本語でなされる授業は,「意味のない学習」になるであろうし,それによる評価は,かれらの能力を正当に評価

Column

多文化共生教育への誤解

　小学校の先生60数人に，多文化共生教育についての定義を簡潔に書いてもらいました。60数通りの定義が出てくる可能性もありましたが，結果は驚くなかれ，大差のない内容でした。最大公約数的にまとめると次のようになります。「さまざまな異なる文化を学び，異なる文化をもつ人たちとの違いを認め合い，共に生きることを進める教育」。この定義は，残念ながら，多文化共生教育にたいする誤解といわざるをえません。

　なぜなら，「マイノリティ」の子どもたちにとっては，その定義は，たとえていえば，「マジョリティ」の子どもたちや先生から，足を踏みつけられながら握手を求められることを意味するに等しいからです。

　ある研究者は次のように定義しています。「学習者が，その人種・民族・宗教的背景や社会経済的地位，性別，障害の程度などにより，公教育において不利な立場に陥らないように，学校がカリキュラムや授業方法，評価のしかた，スタッフの構成など，教育環境全体の改革に努めること」（中島，1997）。

　さて，あなたの「誤解」はとけたでしょうか。まだの人は，本文に「ヒント」がちりばめられていますから，今一度，熟読してください。

するものではないことは明らかである。言語的な背景を異にする子どもにたいして，その差異を考慮せず同一的に扱うことが，かれらに不利益をもたらすことになる。

　そこで，かれらには「特別に」日本語指導が行われるのであるが，しかし，これはいうなれば「差異を解消する」ことによって，問題の打開をはかろうとする試みである。「違いを違いと認め違いのまま受け止める」多文化共生教育とは志向性を異にするものである。

　では，この場合，言語的差異を尊重し，「意味のある学習」を可能にするには，いかなる方途が考えられるだろうか。答えは明確である。子どもが理解で

きる言語で授業を行うことである。そして，それと並行して日本語教育が行われるなれば，言語的差異にかかわらず，学習を中断することなく，両言語の習得も可能になるのである。事実，多くの国では二言語を併用した教育＝バイリンガル教育が多文化教育のプログラムの一つとして実践されている。

　近年，都市や建築のあり方をめぐってユニバーサル・デザインという考え方が注目されている（中西・上野，2003）。車椅子で移動しなくてはならない人にとっては，階段や段差は自由な移動を阻むバリア（障害）になる。もし，階段とともにエレベーターが設置され，段差のない工夫が施されているならば，この人は何ら「障害」を感じることなく，自由に移動することができるわけである。階段などのバリアがなく，すべての人にとってアクセス可能な都市や建築を設計するというユニバーサル・デザインは，多文化共生教育の理念に相通じるものがある。

　日本語による授業がわからない子どもに，日本語の習得を優先的に求めるのは，車椅子の人に階段を登らせるのと同じ発想であろう。多文化化する子どもたちの教育をより公正にするためには，多様な教育的ニーズをもつ存在としてかれらを認知したうえで，異なるニーズに対応する多様な手立てが必要となるのである。すべての者にたいして，「同一的」な扱いをする「平等」＝形式的平等にとどまらず，異なるニーズをもつ者にたいしては，異なる対応（「特別扱い」）をするという「実質的平等」のアプローチが求められるのである。

　「障害」を作り出してきた社会の変革なしにはユニバーサル・デザインが実現できないのと同様に，多文化化する子どもが，「障害」を感じることなく学習に参加できるためには，「実質的な平等」にむけての教育システムおよび学校の変容が必要になる。

（3）多文化共生への新しい「知」の育成

　ここ数年，日本の子どもの「学力低下」の問題が指摘され，メディアなどでも盛んに取り上げられるなど多くの人々の関心を呼び起こしてきた。調査結果やテストスコアなどからみると，現代の子どもの間に何らかの「学力低下」の現象が生じていることは否定できないようである。

しかし，そこでいわれている「学力」とは，いつの時代やいかなる社会にも有効な「普遍的学力」ではなく，従来の日本の社会において重視されてきた一定の能力を意味しており，「産業社会型学力」と呼ばれるものである（汐見，2000）。この学力は，生徒を，教師によって提供される知識を受動的に吸収する器とみなしたうえで，生徒が事実を暗記し，試験を受け，練習問題を反復して取り組むことによって形成されるという特徴を有している。

多様な文化的背景をもつ人々が，共存／共生をめざす多文化共生社会の形成を担う子どもたちに期待される学力は，このような従来型とは質的に異なる内容を含んだものになるであろう。多文化共生社会の実現の可否は，差異をもつ人々が，差異を解消あるいは否定することなく，お互いを認め合い，さらにいうならば差異を称賛することができるかどうかにかかっているといっても過言ではない。差異を有する人々と共生する力が求められるのである。日本の学校は，一般的に「違い」や「異なるもの」にたいする許容度がきわめて小さく，異質なものを極力排除しようとする傾向が強いという特徴をもっている。それゆえ，日本人とは異なる文化的背景を有するニューカマーの子どもは，しばしばその「異質性」ゆえに「いじめ」の対象となる。「外人」「おまえは〇〇人だからダメ」「服装が外人ぽい」などと攻撃をうけてしまうのである。

差異にたいするこのような否定的な態度や行動は，異なる文化集団の歴史，経験，価値などにたいする理解の欠如，そして自集団よりも劣ったものとして他集団を評価することなどから生じてくるのである（コルデイロ，2003）。したがって，異なる者への偏見や差別と向き合い，それと対峙することができる新しい「知の力」が，多文化共生の時代には必要となる。

具体的には以下のような「知」の育成が期待されるであろう（山岸，1997）。

・グローバル化した今日の複雑な社会のあり方を理解するための知識
・既存の価値観や自己の価値観を問い直し，視点の転換をはかる力
・文化や言語を異にする人々と建設的なやりとりができる能力
・他者を共感的に理解し，さまざまな異なる見解に対処／調整する能力

このような新しい「知」は，子どもを「空っぽの器」に見立てて，教師が一方

的に既存の知識を教え込むという旧来の学習スタイルから生まれてくるものではない。子どもを学習の主体的な存在ととらえ，子どもと教師が協同して知識や課題を探究するという教授／学習スタイルによって生み出されてくるのである。

おわりに

多文化共生社会の実現が求められるのは，少数者集団に属する人々の利益を促進するためばかりではなく，多数者集団の人々をも含めた社会の多様な構成員一人ひとりにとって，より住みやすい社会を形成する必要があるためである。たとえば，階段に併置されているエスカレーターやエレベーターは，身体的に「障害がある」人々のみならず，「障害のない」人々にとっても，疲れている時や足に怪我をしている時などはアクセスを容易にする役割を果たすのである。

同様に，多文化共生教育においても，マイノリティの子どもたちだけがその恩恵をうけるのではない。たとえば，日本語を母語としない子どもを意識して，教員がゆっくりとわかりやすい言葉ではっきり話すことを心掛ける授業は，当該の子どもだけではなく，「日本人」の子どもにとっても，よくわかる授業になるのである。

多様なニーズをもつ子どもたちが，その多様性ゆえに不利益を被ることのない教育は，あらゆる子どもにとって意味のある学習を提供することになる。多様性を受容する多文化共生教育が求められるゆえんである。

参考文献
有道出人『ジャパニーズ・オンリー——小樽温泉入浴拒否問題と人種差別』明石書店，2003年
太田晴雄『ニューカマーの子どもと日本の学校』国際書院，2000年
太田晴雄「『日本語の問題』とは何か——学習，母語，アイデンティティとの関連で」国民教育文化総合研究所編『教育総研年報 2003』労働教育センター，2003年
岡本夏木『ことばと発達』岩波書店，1985年
コルデイロ，P. A. 他『多文化・人権教育学校をつくる——TQE 理論にもとづく実践的ガイ

ド』平沢安政訳，明石書店，2003年
汐見稔幸「学力『低下』問題と新たな学力形成の課題としての総合学習」『教育』2000年2月号
鈴木江理子『多文化化する日本を考える——国境を越えた人の移動が進展するなかで』フジタ未来経営研究所，2004年
国民教育文化総合研究所編『教育総研年報 2003』労働教育センター，2003年
テイラー，C.「承認をめぐる政治」A. ガットマン編『マルチカルチュラリズム』佐々木毅他訳，岩波書店，1996年
中島智子「『在日外国人教育』から多文化教育へ」『国際人権ブックレット2——人権教育は今，そしてこれから』ヒューライツ大阪，1997年
中西正司・上野千鶴子『当事者主権』岩波書店，2003年
李節子「いのちをみつめる在日外国人の母子保健——多様性を尊重しながら」渡戸一郎・川村千鶴子編『多文化教育を拓く——マルチカルチュラルな日本の現実のなかで』明石書店，2002年
山岸みどり「異文化間リテラシーと異文化間能力」『異文化間教育学』11号，1997年
山脇啓造・近藤敦・柏崎千佳子「多民族国家・日本の構想」『世界』2001年7月号

(太田晴雄)

あとがき

　1990年に刊行された田浦武雄・潮木守一・日比裕編『現代教育の原理』(名古屋大学出版会)はこれまで広く読まれ，テキストとしても多く用いられてきたが，すでに10年以上経過しているので，内容を一新した新たな教育原理の本を制作したいと，名古屋大学出版会編集部の橘宗吾氏から企画の話が出たのは2001年の初夏であった。それから私たち編者三人は何回か集まっては内容構成について議論を積み重ねた。議論の中心はいつも，教育も含めたさまざまな領域で20世紀の枠組みが崩れ，21世紀の新たな仕組みの模索が始まっているというマクロな論点をめぐってであった。

　たとえば，日本が世界に先駆けて突入する少子超高齢社会のなかで，あるいはまたすでに進行している高度情報化やグローバリゼーションのもとで，私たちはどう生きていくのか，いかなる人間像をめざすのか，どのような知や価値のありようがあるのか，格差や差別のより少ない公正な社会をどう築くのか，若い世代と年長世代との対話も含め，いかなる人間関係や集団・組織のありかたが求められてくるのか，といった類いの議論がしばらく続いたのである。教育という狭い領域内に止まらず，むしろ教育を位置づける巨視的な視野が今，求められているのではないか。そうした視野を持たないと，眼の前で矢継ぎ早に打ち出されている教育改革の個々の動きにただ振り回されるだけで，そうした教育改革を全体として冷静に捉え，個々の改革の是非について詳細に論じることもできないだろう，と考えたのである。

　そこで，「人間」「社会」「文化」という三つの領域から教育を捉え直してみよう，という大枠が固まった。また逆に，教育を通して人間・社会・文化につ

いて改めて検討してみることができれば，教育の可能性と限界も明らかにできるのではないか。そうした意図のもとに，本書「はじめに」でも述べた「社会変化」「教育の新たな役割」「国際的視野」という三つの基本的観点を設定した。そして「変動する時代の人間と教育」「新たな社会関係と教育」「教育文化の再構築に向けて」を柱として全体を三部構成とし，各部にとって重要と考えられるトピックスを4〜5項目選んですべての章構成が最終的に出来上がったのが，2003年の盛夏であった。

　以上のような編集方針であったから，教育領域内の諸事項について完結的にまとめるような他の教育原理テキストとは本書はひと味違っているはずである。「ジェンダー」（II-3章）や「多文化」（III-5章）はすでに身近な問題になりつつあるが，教育研究においても教育実践の場でもこれまで触れられることが少なかった「市民教育」（III-3章）と「宗教教育」（III-4章）を本書ではあえて取り上げた。これらは，これからの日本で考えざるを得ないテーマであると判断したからである。

　また，各章に一個ずつ，特定の研究者や学説，用語，文献，さらに教育に関わる争点や諸問題に関してコラムを挿入した。各章の内容への理解と興味・関心がさらに高まるきっかけになれば，という意図である。

　もちろん，もっと具体的に多くの青少年問題や，あるいは学校・学級経営，授業方法などについて言及してほしかった，との苦言が出されるのは承知している。ただ，さまざまな領域の変化のなかで，それ自体も揺らいでいる現代の教育を広い視野から把握し，将来への展望を持てるような基本的な知識と視点を提示することに主眼を置いたのがこの『新しい教育の原理』なのである。それでも紙幅の関係もあって十分に論じきれていない部分があるかとは思うが，21世紀の教育の原理を新たに問い直す契機となれば，編者として嬉しい限りである。

　2004年4月の国立大学法人化をはじめ，公立・私立大学でも未曾有の大改革に直面して多忙を極めるなか，原稿を寄せていただいた各執筆者にお礼を申し上げたい。

　企画段階から思いがけず長い時間を要してしまったが，原稿の編集段階に入

ってからは，同じく編集部の三木信吾氏が入念に，しかも手際よく作業を進めてくれた。橘・三木両氏の援助がなければ，本書は形をなさなかったであろう。

2005 年 2 月

今津 孝次郎

索　引

ア　行

愛国心　201, 203, 216
アイデンティティ　3, 17-18, 20, 22, 24, 54, 162, 211, 238, 248, 252
——の危機　247
アカウンタビリティ（説明責任）　157, 173
アグリードシラバス（協定教授細目）　231-232, 234
新しい学力観　46
新しい行政管理（New Public Management）　157
アリエス, P.　35
アンドラゴジー　13, 93-94, 97
e ラーニング　127
生き甲斐　87
生きる力　3-4, 13, 28, 36, 40-42, 44, 47, 49-50, 87, 90, 92, 122-123, 125-127, 131, 171, 192
畏（い）敬の念　225-226
いじめ　34, 42, 106-107, 115, 127, 141, 170, 236, 257
イスラーム大学　238
イスラミゼーション（イスラーム化）　238
イニシエーション（通過儀礼）　166
意味パースペクティヴ　94
イリッチ, I.　14, 35-37, 41, 128, 130
インターネット　119-121, 123-124, 126, 129-131
ヴィゴツキー, L.　55
ウィリアムズ, B.　69
ヴィルヘルム, T.　212-213
ウェンガー, E.　53-54
内村鑑三　221
エッカート, G.　205-206
越境　18
——型人間　18, 26
——教育学（ボーダー・ペダゴジー）　20
エリクソン, E.　17, 19, 89-90, 92

エンゲストローム, Y.　56-57
横断的・総合的な学習　194-195
応答する能力　60
オーエン, R.　29
落ちこぼれ　37, 188
オルテガ・イ・ガセット, J.　10-11

カ　行

外国人登録者数　241
解放教育学　214
学習権　82-83
学習思考言語　246
学習指導要領　36, 38, 50, 72-73, 122-123, 125, 127, 171, 178, 186-193, 195, 197-198, 204
学習社会　82
学制　31-32, 71, 167, 220
拡張的学習　56
学力　3, 13, 40, 48, 50-52, 57, 59, 106, 110, 186, 192-193, 195-198, 257
隠れたカリキュラム　71, 137-138, 147
仮説実験授業　188
価値教育　230-231
価値の相対化　67
学級崩壊　42, 170, 236
学校教育法　33, 105, 176, 180
学校裁量の時間　188
学校週5日制　171
学校選択性　149, 151, 154, 159, 173, 178, 180
学校病理学　100
学校文化　103, 135, 147-148
合衆国憲法修正第一条　229
課程制大学院　181
カテキズム（教理問答）　228
カリキュラム　6, 36, 51, 71, 106, 118, 122-123, 131, 153, 171, 186-188, 204, 230, 232, 238, 255
——・ポリティクス　186
カント, I.　35, 67-68, 75, 217

機会の平等　134-135, 170
『危機に立つ国家』　12, 50-51
擬似市場（化）　152-153, 155-156, 162
技術的合理性　55
基準性　→スタンダード
規制緩和　150-152, 155, 157, 172, 178, 181, 188, 190
基礎基本（の重視）　192
「期待される人間像」　225-226
機能不全　6, 101, 104-105, 107-108, 114, 116
規範倫理学　67-69
義務教育（制度）　177-180, 183
義務教育費国庫負担法　178
教育改革国民会議　189
教育家族　32
教育課程　186
教育課程審議会　73, 122-123, 125, 171, 192
教育基本法　1, 3, 33, 104-105, 168, 177, 179, 211-212, 219-220, 224, 227, 236
教育計画　186
教育職員免許法　40
教育勅語　39, 71-72, 168, 221, 229
教育内容の現代化　188
教育ネットワーク　85
教育病理学　100
「教員の地位に関する勧告」　40
教化　235
教科書無償　178
教師―生徒間の相互行為　139
教室秩序の統制　143
「教師の倫理綱領」　39
競争　150-151, 153, 155, 158-159, 162-163, 169, 181-182
共同体　126, 200-201, 212, 217, 228-229
ギリガン, C.　77, 88
銀行型教育　52
「クーパーテンプル条項」　231
グローバリゼーション（グローバル化）　15, 62, 157, 200, 207, 228, 241-242, 248
ケア　19, 21-24, 41, 77
ケアリング　77
ケイ, E.　169-170
形式的平等　254, 256
系統主義　47
啓蒙主義　215
結果の平等　134-135, 217
ケルシェンシュタイナー, G.　212

高学歴志向　106
公教育　4, 29, 37, 39, 64, 152, 154-155, 160, 169, 173, 185, 203, 219-220, 232-234, 239, 250-251, 255
公正　23, 68, 253-254
構造改革特区　178-179
高等専門学校　181
コーラン修了式　228
コールバーグ, L.　75, 77, 88
国際教育評価協会（IEA）　197
国際理解教育　244-245
国際歴史教科書対話　204-211, 216
国民学校令　33
国民教育　6, 250, 252, 254
国民国家　39, 203-204
国民の教育権　202
国立大学の法人化　182
「心のノート」　226
心の問題　111-112
御真影　221
個人差　195
個性　19, 40-41, 46, 51, 65, 68, 84, 182, 191-193, 195-196, 198-199
　――化　154, 162-163, 171
　――化教育　46
　――重視　6, 48, 86, 192
国家基準　190
国家神道　221, 223, 227
個に応じた指導　186, 196
個別最適化　109-110, 112-116
コメニウス, J.　30
コンドルセ, M. J. A. N. de C.　31
コンフリクト教育学　213-214

サ　行

再生産　160, 162
サイバー教育　127
サイバースペース　119, 126-127, 129-130
サイバーバイオレンス　127
GHQ　33, 72
ジェルピ, E.　83
ジェンダー　3, 20, 23-24, 133-134, 141, 146, 148
　――・アイデンティティ　141
　――構造　137, 145
　――の再生産　136
　――・フリー　6, 134, 145-147

自己責任　46, 109, 156, 158, 162
自己点検・評価　181
自殺　106
市場化　151-152, 159, 162
市場原理　6, 12, 25
市場メカニズム　151-152
実質的平等　254, 256
児童中心主義　33
『児童の世紀』　169
児童福祉法　177
師範学校令　39
自文化中心主義　252
市民社会　66
社会化　102
社会階層　159, 162, 252
社会葛藤理論　213
社会的構成主義　52
社会病理学　100
「ジャパニーズ・オンリー」　249
宗教学習　236
宗教教師　236
宗教共同体　228
宗教省　233
宗教知識教育　234
宗教的情操（教育）　219, 221-222, 225-227, 234, 237
宗教に関する寛容の態度　227
宗教マイノリティ　232
習熟度別指導　1, 3, 187
修身（科）　71-72, 224, 229
宗派教育　234
授業研究　187
授業料無償　178
シュプランガー, E.　212
準市場化　152
生涯学習　6, 13, 24, 40-41, 46, 80-89, 95-97, 101, 110, 130, 173
　——審議会答申　87
　——振興法　87
　——体系　85
　——の組織化　86
生涯教育　13, 81-85, 101, 173
小学校令　32
状況の認知　52
少子高齢化（社会）　1, 33, 122
情報エートス（倫理）　123-126
情報教育　1, 6, 121-123, 125-126, 131

ショーン, D.　54-57, 59
女性学　146
自律神経失調症　114-115
ジルー, H.　18, 20
四六答申　118
進学競争　105
信教の自由　223
新自由主義　152-159, 162
人生の四季　22, 24
新世代型学習空間　127
神道指令　223
垂直的次元　81
水道方式　188
水平的次元　81
スクールカウンセラー　115
スタンダード　13, 48, 52, 56, 60, 190-191
正義　67-68, 77-78, 104-105
税源委譲　183
性差　133, 141, 146-147
政治教育　4, 6, 210-216
政治的判断力　215
成人期　24
　——の学習・教育　90
　——の発達　89
成人教育　93
性別カテゴリー　141-144, 147
性別ステレオタイプ　139
性役割の社会化　136-137, 139, 143-144
潜在的カリキュラム　186
専修学校　181
漸成的発達図式　90
全体最適化　109, 111-116
選択　150-159, 162-163
選別と配分　102
総合学科　172, 179
総合的な学習（の時間）　1, 3-4, 6, 16, 19, 40-41, 46-50, 58-59, 73, 123-124, 186-187, 189, 192-194, 197
相対主義　67-68, 78
ソンタグ, S.　202

タ　行

ダーレンドルフ, R.　213
怠学　106
大学基準協会　182
大学設置基準　171, 181
大学評価・学位授与機構　182

第二言語　245-247
対話　55
「脱学校」論　14, 128
多文化共生教育　252-256
多文化共生社会　249-250, 257-258
多文化主義　15
多様化　150-151, 154-155, 158-160, 171, 179-181
単位制高校　172, 179
探究学習　41, 57, 59-60
男女の進学率の格差　135
男女の進路の違い　135
男女平等　137
知育偏重　106
地方教育行政の組織及び運営に関する法律　182
中央教育審議会　47, 49, 84, 125, 171, 192, 194, 201, 225, 227
――答申　122, 172, 236
中学校令　33
中等教育学校　180
中年期　89, 92
中年の危機　92
通学区　178
ティーム・ティーチング　128, 187
TIMSS（数学・理科の国際学力調査）　197
デューイ, J.　18, 39, 48, 51, 57-60, 213
寺子屋　31
ドイツ型国民　201
ドゥーフェ, F.　202
同化教育　252
登校拒否　106
道徳教育　4, 6, 62, 64, 66, 71-75, 79, 127, 224, 232
道徳性発達理論　75-76
道徳的価値　62, 64
道徳の時間　224
徳　65, 69
――倫理学　67-69
トルコ系移民労働者　223

ナ 行

内外人平等　250, 254
内閣府　189
21世紀教育国際委員会　83
21世紀COE　1, 5, 182
日本語化　246-247

日本語教育　243, 245, 256
（日本国）憲法　33, 168, 177, 219, 223-224
ニューカマー　242-246, 248, 251, 254, 257
入試問題　105
任意選択制宗教教育　230
人間の欲求　89
認識変容学習　94
ネチケット　125, 127
ノールズ, M. S.　93-94
ノディングズ, N.　77
ノラ, P.　202

ハ 行

ハーシュ, E. Jr.　51-52, 57
バーチャル・リアリティ　127
パートナーシップ教育論　212-213
バイリンガル　256
ハヴィガースト, R. J.　89, 92
バウチャー制度　152
発達段階　38, 75, 83, 89
ハッチンス, R.　82
反省的実践　54-56
ピアグループ　138, 140-141
ピアジェ, J.　75, 88
ひきこもり　106
非行　106
PISA（国際学力調査）　197
批判的教育学　214
評価　151, 153, 155, 183
病理学　100
ファシリテーター　56
フーコー, M.　35, 37-38
フェミニスト・ペダゴジー　146
フェミニズム　146
フォーマルカリキュラム　139
福沢諭吉　32
不就学　248
フット, Ph.　69
フランス型国民　201
フレイレ, P.　52
フレーベル, F. W. A.　31
フレーミング　126
プログラム学習　122-124
フロント・エンド・モデル　78
文化的逃亡者　24
分権　150-151, 154-155, 157, 159, 183
ペスタロッチ, J. H.　30

ペダゴジー　13, 94, 97
ベル=ランカスター・システム（助教制）　37
勉強ぎらい　106
ボイテルスバッハ・コンセンサス　215
法科大学院　181
暴力　106
母語　243, 245-247, 254
――の喪失　246-247
ポジティブ・アクション　23
母性社会　11, 25
ホメオスタシス　113-114

マ・ヤ行

マクルーハン，M.　119-120
マズロー，A. H.　89
マッキンタイア，A.　69
『未来の学習』　82
民主主義　39, 72, 168, 202-203, 211-217
メジロー，J.　94
メディアリテラシー　122, 125
メディア革命　6, 119
問題解決学習　47, 59
ゆとり（教育）　4, 13, 28, 42, 46, 171, 180, 192
ユニバーサル・デザイン　256
ユネスコ　81-82, 173-176
――21世紀教育国際委員会　174
幼保一元化　176
ヨーロッパ史教育　208-210

ヨーロッパ統合　205
余生期　97

ラ行

ライシテ（政教分離）　202, 219-220, 223-224, 229-230, 238
ライフサイクル（の変化）　90-92, 95, 97
ライフスタイルの多様化　97
ライフステージ　88
ラヴィス，E.　202, 209
ラングラン，P.　81, 95
リカレント（教育）　78, 82, 87
リット，T.　212
リテラシー　63, 125
「良心条項」　231
臨時教育審議会　46-48, 122, 154, 170-171, 178-179, 189
――答申（臨教審答申）　85-86, 122, 180
臨時定員増　181
倫理的価値　62, 64, 66-67
ルソー，J.-J.　30
ルナン，E.　200
レイヴ，J.　53
レヴィンソン，D.　22, 91-92
歴史教育　6, 203-205, 207, 209-210, 212
歴史教科書問題　209, 216
レモンテスト　230
ロールズ，J.　68, 75

執筆者紹介 (執筆順)

早川　操（はやかわ・みさお）	編者，奥付参照。I-1章執筆。
鬢櫛久美子（びんぐし・くみこ）	名古屋柳城短期大学。I-2章執筆。
龍崎　忠（りゅうざき・ただし）	岐阜聖徳学園大学教育学部。I-3章執筆。
松下晴彦（まつした・はるひこ）	名古屋大学大学院教育発達科学研究科。I-4章執筆。
藤原直子（ふじわら・なおこ）	椙山女学園大学人間関係学部。I-5章執筆。
滝　充（たき・みつる）	国立教育政策研究所。II-1章執筆。
加藤　潤（かとう・じゅん）	名古屋外国語大学外国語学部。II-2章執筆。
中西祐子（なかにし・ゆうこ）	武蔵大学社会学部。II-3章執筆。
伊藤彰浩（いとう・あきひろ）	名古屋大学大学院教育発達科学研究科。II-4章執筆。
馬越　徹（うまこし・とおる）	編者，奥付参照。III-1章執筆。
安彦忠彦（あびこ・ただひこ）	早稲田大学教育学部。III-2章執筆。
近藤孝弘（こんどう・たかひろ）	名古屋大学大学院教育発達科学研究科。III-3章執筆。
西野節男（にしの・せつお）	名古屋大学大学院教育発達科学研究科。III-4章執筆。
太田晴雄（おおた・はるお）	帝塚山大学人文科学部。III-5章執筆。

《編者紹介》

今津孝次郎（いまづ・こうじろう）
現　在　名古屋大学大学院教育発達科学研究科教授
編著書　『変動社会の教師教育』（名古屋大学出版会，1996 年）
　　　　『教育言説をどう読むか』（共編，新曜社，1997 年）

馬越徹（うまこし・とおる）
現　在　桜美林大学大学院国際学研究科教授
著　書　『韓国近代大学の成立と展開』（名古屋大学出版会，1995 年）
　　　　Asian Universities (eds., The Johns Hopkins University Press, 2004)

早川操（はやかわ・みさお）
現　在　名古屋大学大学院教育発達科学研究科教授
著　書　『デューイの探究教育哲学』（名古屋大学出版会，1994 年）

新しい教育の原理

2005 年 3 月 20 日　初版第 1 刷発行
2007 年 9 月 30 日　初版第 2 刷発行

定価はカバーに
表示しています

編　者　今津孝次郎
　　　　馬越　徹
　　　　早川　操

発行者　金井雄一

発行所　財団法人　名古屋大学出版会
〒 464-0814　名古屋市千種区不老町 1 名古屋大学構内
電話 (052) 781-5027／FAX (052) 781-0697

© IMAZU Kojiro et al. 2005　　　　　Printed in Japan
印刷・製本　㈱太洋社　　　　　　ISBN978-4-8158-0504-3
乱丁・落丁はお取替えいたします。

®〈日本複写権センター委託出版物〉
本書の全部または一部を無断で複写複製（コピー）することは、著作権法上での例外を除き、禁じられています。本書からの複写を希望される場合は、日本複写権センター（03-3401-2382）にご連絡ください。

今津孝次郎著
変動社会の教師教育　　　　　　　　A5・344頁
　　　　　　　　　　　　　　　　　本体5,000円

馬越徹著
韓国近代大学の成立と展開　　　　　A5・320頁
―大学モデルの伝播研究―　　　　　本体6,300円

早川操著
デューイの探究教育哲学　　　　　　A5・306頁
―相互成長をめざす人間形成論再考―　本体5,500円

梶田正巳編
学校教育の心理学　　　　　　　　　A5・288頁
　　　　　　　　　　　　　　　　　本体2,800円

近藤孝弘著
ドイツ現代史と国際教科書改善　　　A5・460頁
―ポスト国民国家の歴史意識―　　　本体8,000円

松野修著
近代日本の公民教育　　　　　　　　A5・376頁
―教科書の中の自由・法・競争―　　本体5,700円

広田照幸著
教育言説の歴史社会学　　　　　　　四六・408頁
　　　　　　　　　　　　　　　　　本体3,800円